时代见证·系列丛书

全球视野 中国立场

大转折

中国房地产启示录

2008—2018

《时代周报》社

- 主编 -

SPM 南方出版传媒 广东人民出版社

U0664584

时代见证·系列丛书

全球视野 中国立场

大转折

中国房地产启示录

2008—2018

《时代周报》社 — 主编

SPM

南方出版传媒

广东人民出版社

·广 州·

图书在版编目（CIP）数据

大转折：中国房地产启示录 /《时代周报》社主编. —广州：广东人民出版社，2018.11

ISBN 978-7-218-13116-0

Ⅰ．①大… Ⅱ．①时… Ⅲ．①房地产经济—概况—中国
Ⅳ．①F299.233

中国版本图书馆CIP数据核字（2018）第182919号

DA ZHUANZHE
大 转 折
ZHONGGUO FANGDICHAN QISHILU
中 国 房 地 产 启 示 录 ·

《时代周报》社　主编

版权所有　翻印必究

出 版 人：肖风华

策 划 人：孙　波
执行主编：吴　慧　谭　骥　曾向荣

责任编辑：梁　茵　廖志芬
责任技编：周　杰　易志华

出版发行：广东人民出版社
地　　址：广州市大沙头四马路10号（邮政编码：510102）
电　　话：（020）83798714（总编室）
传　　真：（020）83780199
网　　址：http：// www.gdpph.com
印　　刷：珠海市鹏腾宇印务有限公司
开　　本：787mm×1092mm　1/16
印　　张：20.5　字　　数：300千
版　　次：2018年11月第1版　2018年11月第1次印刷
定　　价：68.00元

如发现印装质量问题，影响阅读，请与出版社（020-83795749）联系调换。
售书热线：（020）83795240

序

大转折

文／纪旭

窦义，唐代长安人，生卒无考。窦义从种树开始积累财富，后进军房地产业，在长安建立了一个商业地产项目"窦家店"，后成为唐代首富，人称"窦半城"。其事迹载入明朝人冯梦龙主编的《智囊全集》。

"窦家店"是有记载的中国历史上第一个房地产开发项目。现代房地产真正成为一个产业，起步于1978年十一届三中全会以后，一场后来给中国和世界都带来巨大变革的改革开放大幕拉开，中国的房地产业开始走向市场化，逐步成为国民经济重要组成部分。

观其四十年的风起云涌，起伏跌宕，无疑就是一部浓缩的中国改革开放史。

1979年，改革和开放刚刚在中国露出萌芽，广州出现了中国第一个商品房住宅小区"东湖新村"；1980年中房集团在北京成立，意味着中国有了第一家房屋开发公司；1987年，在还不为世人所知的南方小镇深圳，启动了一个不被世人所知的土地拍卖会，这是新中国进行的第一次土地拍卖。

潮起南方。在广东，1991年，王石创办的万科正式在深圳交易所挂牌上市，香港人彭磷基开始建设"中国第一村"祈福新村。这一年，全国第二次住房制度改革工作会议召开，房改进入了一个新的发展阶段；1992年，杨国强开始在顺德开发碧桂园，陈卓林的雅居乐在中山亮相。这一年，邓小平第二次南方谈话，市场经济确立，房地产开始迅猛发展；1993年，李思廉和张力创办了天力集团（富力集团前身），而朱孟依的合生创展开始拿地开发华景新城。这一年，第三次全国房改工作会议召开；1996年，许家印在广州创办恒大地产。

广东之外，几乎在同一时期，王健林正式创办万达。胡葆森结束驻香港的国企日子，北上回到中原腹地郑州创办建业地产。任志强成为北京市华远经济建设开发总公司总经理。冯仑和王功权、刘军、易小迪、潘石屹、王启富注册了万通地产，后被称为"万通六君子"。戚金兴带着七个人在杭州创立了滨江集团。已过不惑之年的李彬海放弃广州军区参谋部后勤部长的职位，带着八个转业军人创立了保利地产……

历史是人创造的。彼时，正是这些当年默默无闻的小人物，主动或被动地站上了时代之巅，拉开了中国房地产业市场化的大幕，也在中国四十年改革开放的历史画卷上，画下了浓墨重彩的一笔，不经意间成为时代的弄潮者。

四十年过去，这些时代弄潮者先后登上各类华人富豪榜。在福布斯网站公布的2017华人富豪榜上，每5.3个华人富豪中，就有1个从事房地产开发。同时，短短四十年间，我国住房制度经历了一场由福利分房和低租金公房制度向住房商业化、市场化的重大转变，中国人均住房面积由3.6㎡变为40.8㎡，自有住房超9成。这在整个人类发展历史上都是一项伟大的成就。

改革开放以来，房地产业一直作为中国经济的支柱型产业存在。按照联合国在1986年修订的《全部经济活动产业分类的国际标准》，全部经济活动分为10大类，其中房地产业被列为第8类。在我国，2003年国家统计局颁布的《三次产业划分规定》中，对三次产业划分作了最新的规定，房地产业被列入第三产业。

而且，从经济形态上看，房地产在各国都是一种十分重要的资产。在一国总财富构成中，房地产往往占50%以上，发达国家一般为60%～70%，其他财富之和也不及房地产一项。在一个家庭总财产中，房地产通常也是家庭财产的最主要部分。

可以说，现如今没有一件商品会像楼房那样牵动着全国民众的心，房地产已经成为关乎民生的产业。

本书收录的文章，是《时代周报》创刊十年来对中国房地产业发展报道的一部分，片羽吉光。媒体是纪录者，观察者，更是建设者。这些文章并非编年史，也无法全景式还原中国房地产业发展历史，却是一个个清晰的点，提供了像素级的观察视角。

人类的一切智慧是包含在这四个字里面的："等待"与"希望"！大仲马在《基督山伯爵》里写下的这句话，用来描述中国房地产业的过往再合适不过：在等待中存有希望，希望破灭后继续等待。所以我们从中看到情怀与贪婪并生，健康与扭曲并存。

调控轮番上场，政策文件不断出台，我们看到，多年来，在国家层面对房地产土地供应、信贷、税收、信息、住房保障等政策进行着全方位的检讨和反思，中国房地产制度体系在一步步规范和完善，国家对中国住房制度进行脱胎换骨变化的决心从来没有改变过。

大拐点、崩盘论、宏观调控，中国房地产业在一次次大转折中曲折前行。

"房子是用来住的，不是用来炒的！"习近平总书记在十九大报告中对中国房地产业定下新的发展基调，更大的转折已经到来。这种大庇天下的决心和勇气，真正体现了中国共产党全心全意为人民服务的根本宗旨。

历史无法改写，但历史可以创造。中国的房地产业正在摆脱传统的土地财政模式，一个科学合理的促进中国房地产业真正健康发展的政策体系即将构建完成，新时代已经到来。

CONTENTS **目　录**

第一章

危局

焦灼

幻景

复苏

第二章

乱战

冰火

扩张

换挡

第四章

跨越

新局

争雄

闽系房企崛起

隐退

第五章

建言

调控

机制

第一章

危局

"忍耐的尽头就是天国。"

2008年9月，一场危机如同疾风或是海啸一般席卷全球。由于美国政府不愿提供财政扶持，有着153年历史的全球第四大国际投资银行雷曼兄弟破产了，其债务总额达到6130亿美元。这也使得布雷顿森林会议上建立的美元体系经受了巨大冲击，而傲立于全球金融业的华尔街权力精英，像是受伤猛虎等待拯救。

高杠杆带来了灾难性的后果，金融海啸看似无形，伤害却远胜海啸。在美国无法自我消化的危机下，全球经济迎来了可怕的经济衰退。由于全球经济一体化与国际分工高度化，中国经济无法一枝独秀，并且面临着通胀、通缩、滞胀等几大威胁。

这是一次真正意义上的考验，酷寒中的求生，荒野下的挣扎。

在很多中国房地产圈内人士看来，这一年是多年来中国房地产行业发展遭遇的真正意义上的危机。2008年初，一线城市的成交变得萎靡，到了6月，这种成交低迷已经遍布全国。房地产市场的影响一方面来源于政策的严控，另一方面则是全球金融危机的冲击。如在暗无天日中等待黎明，众多房企选择了在等待中的自救。时任万科董事长的王石发表了著名的"拐点论"，一场自上而下的降价抛售逐渐从万科一家演变为众房企跟随。

这场危机的时间并不算长，越过2008年便见到了密不透风的森林中撒下的一丁点斑驳的阳光，这种丁达尔效应预示着，曙光已在眼前。

然而，谁也没有预料到，房企的幸运来得如此突然，2009年初，市场开始有了新的转变。而这种悄然发生的转变，让2009年下半年中，一批房企通过资本市场得以重获新生。

如今，很多能够雄踞地产市场的房企，它们的起点便由此开始。

焦灼

> 2008年，地产商的生死关。
>
> 观望气氛浓厚的市场，金融海啸带来的狂风暴雨，日渐紧绷的资金链，危机一触即发。这一年对于稍具规模的地产公司而言，都是一场极大的考验，焦灼之心显露无疑。

房产商转身之困

文/刘垚霞　黄蒂娟（实习生）

近两个月，身为房地产开发公司负责人的孙晓（化名）正在企业内部迅速推进他的裁员计划。此举的主要原因是他对高房价所抱有的幻想已经彻底破灭。

随着9000亿元投资保障性住房的政策出台，孙晓已经意识到，目前的市场环境下，房价已不可能在高位运行。为了消化降价给财务造成的压力，孙晓开始主动推进公司的裁员计划和压缩企业开支。而这些还不是孙晓最头痛的，如何解决年底前偿还银行贷款、结算土地款、偿还税收款以及发放农民工工资等各项结算才是最要命的。

"今年年底，将是整个房地产行业中所有企业面临的一个非常难过的年关。"阳光100置业集团常务副总裁范小冲对时代周报直言不讳。

开发模式须转变

而9000亿元的保障性住房的出台，让身处地产寒冬之中、本已万分焦虑的开发商们变得更加沉默。SOHO中国董事长潘石屹最先开腔指出，"保障性住房将改写房地产市场格局。"潘石屹认为，房产市场格局正处于调整期，而保障性住房的进入，会对商品房市场形成较大的冲击，而房地产市场的格局也要重新改写。

国家住房和城乡建设部政策研究中心副主任王珏林对时代周报记者表示，随着中央大力推动的保障性住房进入市场，与保障房价格很接近的普通商品房会逐渐失去价格优势。开发这些普通商品房的房产商将会逐渐失去发展空间。他们要想在市场继续求得生存，就要认清政策大势，调整自身方向，转变开发模式。

而对中央出台的一系列政策，无论是开发商潘石屹还是学者王珏林，都认为"帮助低收入人群解决住房问题"是这些政策重复传递的一个信号，保障性住房是大势所趋。

财税改革迫在眉睫

但房地产商要转变开发模式，建设保障性住房，绕不开的话题是如何解决拿地价成本高的问题。在现有的"招拍挂"体制下，地价被不断地推高，全国因此涌现了多个地王。不少土地的楼面地价甚至比周边在售楼盘的价格还要高。如今，房地产形势急转直下，为回笼资金，一些开发商只得大幅降价销售，有些甚至亏本卖房。

开发商们不禁要问，要顺势转型，但不能总做亏本生意。建保障性住房，是否有利润空间，是开发商首要考虑的问题。拿地成本高是开发商转型进军保障性住房的硬伤。

近些年来，推行财税制度改革的声音不绝于耳，却没有实际内容浮出水面。国家财政部财政研究所副所长刘尚希对时代周报记者表示，保障性住房是未来几年国家要大力推行的，地方政府必须要转向，财税改革也势在必行。刘尚希指，地方政府必须减少对土地财政的依赖性，通过其他方式补充财政收入，维持政府正常运转。刘尚希提供了两个解决思路：一是地方政府通过开源节流，压缩财政开支。二是中央批准地方政府发债，有明确的融资渠道来解决财政之急。

（原文刊发于《时代周报》2008年12月8日第3期）

存量房隐忧

文 / 刘垚霞

不要误以为红叶是春天来临的象征，那是秋天进入冬天的标志。

10月底以来，国务院出台了一系列拯救房地产市场的政策，并不足以使房地产商们乐观。对他们来说，2009年甚至可以用"可怕"来形容。

可怕的原因是，今年全国商品房空置率有可能会升至1.5亿～2亿平方米左右。被业内称为"大嘴"的华远集团董事长任志强在一房地产会议上预测。

为了应对房地产市场"可怕"的局面，12月21日，国务院甚至以公文形式要求开发商主动采取措施，以合理的价格促进商品住房销售。

库存激增2亿平方米

尽管2008年初以来，全国房价一直处于下行的通道中，销量也大幅下滑，由此引发房屋空置量不断攀升。这正在危及房地产市场今后的发展前景。

任志强称："就销售情况来看，去年全国销售房地产面积7.7亿平方米，而今年年初到目前为止，全国商品房销量只有4.5亿平方米，到年底也超不过6亿平方米。与去年相比至少少卖了1.7亿平方米。全国房地产形势非常严峻。"

北京、上海、深圳、广州等一线城市的销量出现负增长，多数二线城市的形势也并不乐观，宁波、福州、郑州、石家庄、成都、南京等地，商品房销售面积同比降幅均超过了40%。

房产销售大幅下滑的后果就是，"很多城市普遍面临着存量房激增、房屋空置率上升的问题"。北京联达四方房地产经纪公司总经理杨少峰对时代周报称。

事实上，早在2006年全国房价处于普遍暴涨的情况下，业内人士对国内房屋空置率的问题就有所警觉。中国社科院金融研究所研究员尹中立当时曾建言说，相关部门应该摸底这个准确的数据到底是多少，因为它对于判断房地产市场是否正常，非常重要。

今年以来国内房屋成交量的持续下滑，再次引起了人们对房屋空置率的警觉。

有公开数据显示，2008年全国房地产开复工面积是24亿平方米，而全国只销售了5.5亿平方米。业内人士预测说，全国需要四五年的时间才能够将这些面积消化掉。而这还没有考虑到政府未来三年在保障性住房方面的投入对市场的冲击。

以北京为例，根据北京市房地产交易管理网的最新数据显示，而就在今年年初，北京空置的存量房合计为9万多套。而从年初至今，北京空置的存量房又上升了6万多套。仅从套数上来看，不到一年的时间，北京未销售住宅的空置比例就比去年上涨了60%。

大家感觉到的可怕不是没有道理。据杨少峰介绍说，2006年北京住宅销售量为10万套左右，2007年，销售量上升至约12万套，而2008年迅速下滑到了8万套左右。"即使明年开发商一套新房也不开发，北京市场仅消化现有的存量房就需要差不多两年的时间。"杨少峰指出。

（原文刊发于《时代周报》2008年12月29日第6期）

万科再掀降价狂潮

文／陈晓双

春江水暖，万科王石在2008年便发布了经典的楼市拐点论。这意味着，万科能够感受的那就是行业的风向改变。而如何过冬？龙头的带动就是行业的方向，万科最早开始降价促销，回笼资金。

万科在上海、成都等城市的楼盘采取的促销策略，引发了业内人士的担心：在万科的影响下，今年的楼市是否会有一场更大规模的降价战蔓延全国？

在全国商品房销售速度严重萎缩的情况下，受到资金链和销售萎缩的双重压力，房企将不得不加快推盘和降价销售。

"金色里程第一期卖得很火爆，这个大家都知道的，所以万科对二期还是很有信心的。而且万科金色里程二期开盘，有很多优惠，回馈活动很多。在二期推出的时候，凭我们的金色生活置业卡可以享受VIP服务，还有优先参观样板房和优先认购的权利。而且很划算的是，凭这个卡，金色里程开盘当天可以抵扣2万现金，之后还可以月月参加抽奖……"

2009年伊始，在上海万科金色里程，一位工作人员热情地向前来看房的人介绍万科所能提供的各种优惠。

推出种种优惠的不只金色里程一个楼盘，从2008年年底开始，万科上海旗下的花园小城、金色雅筑、白马花园等8个楼盘就开始了各种变相降价策略。

降价效果立竿见影。2月9日，万科公布了今年首月销售数据，销售面积28.6万平方米，销售额21.9亿元，其销售面积和销售金额均同比增长，这也是自去年5月份以来，万科单月地产销售金额首次实现增长。同日，万科股价上涨1.02%。

而就在一年前，万科董事长王石毫不客气地抛出"拐点论"之后，万科在去年的新春期间，率先以9.5折甚至更低的价格清仓存量房源。这一事件后来也成为中国楼市走向拐点的标志性事件。时隔一年，在许多房企还在观望和等待的时候，王石再次公开表态："根据宏观调控，2009年万科调价很坚决"。

当万科靠降价提高市场占有率时，其他房企绝不会无动于衷，一场更猛烈的房企降价狂潮或将来临。

万科降价首选上海

去年的经历已证明率先降价的万科做出了一个正确的选择，于是，今年万科的降价行动比以往来得更早、时段更长。

春节期间上海万科推出名盘贺岁活动，主要采用迎春大礼送祝福、新年认购幸运奖、8大费用全减免等。据了解，这次活动几乎涵盖上海万科的所有在售楼盘。这比去年万科掀起降价促销活动的时间提前了12天。

事实上，早在2008年12月13日至2009年1月11日，上海万科便展开"暖冬特别行动"的促销。

这场促销仍在进行。"如果登记成为我们的蓝卡会员，可以在此基础上享受0.2%的优惠，还能获得价值3万元的车位、家电、家具折扣券。2月底我们会有一次抽奖活动，中奖者可得到价值数千元的各种礼品，并且人人都能获奖。"上海万科白马花园的一位销售人员介绍道。

与去年9.5折的促销策略相比，今年万科的促销力度明显不如以前。

万科率先降价

相同的是，首先降价的区域选择的是上海。上海台庆房产副总经理陈史翎告诉时代周报记者，这跟上海楼市过往涨幅过大和存量房过高不无关系。一般来说，存量供应在一个季度到半年的销量区间较为合理。小于这个区间，房价具有上涨的潜力；若大于这个区间，房价则面临下跌的压力。目前，上海一手住宅存量房约需10个月才能消化，已远大于一般水平。这为新年后开发商的降价行为埋下一个重要的伏笔。

不只是上海，成都万科项目也在促销。成都金域蓝湾1月7日推出的最新房源均价只卖5500元/平方米，比去年12月30日推出的上一批房源（6666元/平方米起）便宜不少，还可以享受一定的价格优惠。而深圳万科在2月7日至9日元宵节期间整合旗下6个在售项目推出"金牛拜年"活动，内容包括购房可在正常优惠之外再享受额外1万元的现金优惠等。

降价影响盈利能力

降价促销给万科带来了销售上的增长，但并不意味着万科就走上了一条光明大道。

根据万科公布的数据，其18.6%的销售金额增速明显落后于24.2%的销售面积涨幅。2009年1月，公司房屋销售均价约7657元/平方米，远远低于2008年12月的8079元/平方米和11月的8480元/平方米。

对于万科上海销售均价的下降，万科执行副总裁肖莉的解释是，主要是因为万科上海公司本月配套车位销售量相对较大，而车位单价低于住宅；另一方面，住宅整体的平均价格也略有下降。这一说法得到了万科董事会办公室的确认。

"万科销售均价环比跌幅增大，下跌幅度从2008年12月的4.73%下跌到2009年1月的5.22%，说明房价的下降趋势尚未改变，这将降低公司2009年的盈利能力。"中信建投房地产行业分析师张朝晖说道。

从万科公布的近期房价下降和销量上升的销售数据看，2008年四季度以来，万科最畅销的是中低价位和中小户型商品房。"这将意味着公司未来毛利率将有明显下降，这也是行业未来盈利能力和盈利表现下降的缩影。"张朝晖表示。

这意味着，即使降价影响了万科的盈利能力，但因为全国房地产销售市场状况并没有好转，房价仍然处在下降通道中，在存量、新增土地储备等诸多压力面前，降价是万科不得已而为之的举措。况且万科作为行业的龙头企业，全国战线拉得过长，灵不能免于降价的命运。

而对于此次上海万科的促销力度并不如前，业内人士透露，这跟万科上海公司的部分高层可能会调整有关，可能会对上海万科今年的营销计划带来一定的影响。

❝ 真正挑战才刚开始

万科在上海、成都等城市的楼盘采取的促销策略，引发了业内人士的担心：在万科的影响下，今年的楼市是否会有一场更大规模的降价战蔓延全国？

他们的担心不无道理。在全国商品房销售速度严重萎缩的情况下，受到资金链和销售萎缩的双重压力，房企将不得不加快推盘和降价销售。

事实上，紧跟万科之后，绿地、保利等大型开发商已经掀起了一波更猛烈的降价潮。

绿地东岸涟城举行的元宵特惠活动，部分房源最高优惠竟然达到15万元。绿地领海推出的元宵活动，优惠价格没有如此夸张，但购房即有机会获得最高两万元的购房优惠。

保利西子湾的优惠力度也强于万科。保利规定，购房客户均可享受相应的优惠平方，一房优惠2平方米，两房优惠3平方米，以此类推，最高4

房优惠5平方米；购买四房的客户前20名可以获赠全产权地下车位一个，如期签约的客户，还可享受总价减去1万元的优惠。

不可否认，楼市实质意义上的大规模降价即将掀开。"不只因为面临市场存量房过多的问题，也与2008年的严峻形势有关。对于开发商而言，通常前一年度的销售回款为其这一年度的流动资金，尽管2008年销售形势不佳，但因2007年楼市较旺，2008年开发商销售回款尚为丰厚，尽管去年上半年银根紧缩，尤可勉强撑住。"陈史翎担忧道。

然而经历了较为惨淡的2008年后，2009年对开发商来说，真正的挑战才刚开始。

（原文刊发于《时代周报》2009年2月23日第14期）

"华南地产五虎"生死救赎

文/纪　旭

死亡预言如同一道魔咒，笼罩在"华南地产五虎"的头上。

近日，坊间传言，号称"华南地产五虎"的富力（02777.HK）、恒大、合生（0754.HK）、碧桂园（2700.HK）、雅居乐（3383.HK）五家地产公司，至少有一家会在今年"死掉"。

传言说，这是多家重量级机构分析师的共识，并且是经过对企业财务状况和行业整体形势进行深度分析后达成的。

靠人不靠已，自救才能自强。显然没有一个地产商心甘情愿地"死去"。包括"华南五虎"在内的华南房地产企业正通过自救来摆脱魔咒。恒大集团总裁助理柯鹏信誓旦旦地说："市场会证明一切。"

❝ 降价自救进行时

在"华南五虎"的一系列自救行动中，降价似乎是最有力的武器。

就在很多人认为2009年新春楼市可能会黯淡无光之时，合生创展的楼盘却在春节期间逆市热销。截至2月中旬，合生全国销售近20亿元，仅春节期间就实现15亿元的销售额，同比增长8倍，即使与2007同期相比，业绩增长也超一成以上。

逆市热销得益于大幅降价。今年1月，上海合生江湾国际公寓销售了24套房源，销售均价14706元/平方米，但在2008年房价最高峰时，该楼盘曾经连续数月卖21000元/平方米以上的高价，甚至在2008年7月，销售价格一度攀高至25000元/平方米。以比计算，其最大跌幅超过40%。

此外，合生在广州的楼盘珠江帝景、逸景翠园等销售价格也呈现不同程度的环比下降。

而恒大地产则以"价格屠夫"的面目出现，大张旗鼓地打出"开盘必特价，特价必升值"的大旗。

去年十一黄金周前，恒大地产在全国12大城市的18个项目全线"85折成本价开盘"，实现销售47.9亿元；今年1月，恒大在全国近20个项目再次统一以成本价发售，3天时间约可笼了10多亿元的资金。

2008年年初上市遇阻时，恒大地产集团董事局主席许家印便表示，将利用项目融资、引入战略投资者及降价促销等措施解决资金问题，在2008年年中完成6亿美元的私募和项目融资后，恒大把主要精力都集中在了降价促销上。

合富辉煌市场研究部首席分析师黎文江告诉时代周报记者，按照潘石屹"百日剧变"的说法，恒大在去年就应该"死掉"，但现在仍然活着，"实实在在的价格优势，使得恒大迅速在竞争中突围"。

反思过往得失

"华南五虎"之一的富力地产也在反省高速膨胀所带来的教训。

据富力地产公布的数据称，2009年2月份，富力协议销售额达23.48亿元，与2008年同期相比增长了135%，较今年1月份环比上升了83%；售出楼面积为26.1万平方米，同比增长163%。

2008年富力地产全年销售面积160万平方米，实现销售收入约160.2亿元，与2007年富力地产的销售收入161亿元基本持平。同时，富力地产将2009年的销售目标定为220亿元。从这一数据看，富力既对2009年充满信心，又保持了更加谨慎和理性的一面。

这是过往冒进行为的修正。2007年，为了回归A股市场，富力开始大量储备土地，仅在广州珠江新城这一黄金地段，富力就在短时间内拿下十几个地块，而在广州以外的多个中心城市的中心地段，富力也抢下了多个地块。2007年一年之中，富力的土地储备就增加了46%，总面积达约2617万平方米。

大量的土地储备自然也会带来高负债。富力地产2008年的中报显示，其总负债一度高达437亿元，净负债比率高达140%，而其负债对股东权益比率已经高达325%。

"如果不买地的话，富力地产的资金状况其实还是很好的。"富力地产联席董事长、行政总裁张力在接受媒体采访时反思高速膨胀带来的后果，并开展"自救"行动。

张力表示，2009年富力地产会放缓投资步伐，减少开工面积，按照市场需要去开工，并将公司的年增长速度调整为10%～20%。去年底，富力地产华南区总经理朱荣斌曾向时代周报记者透露，今年全国项目将减少开工面积150万平方米。

在买地方面，张力表示，在未来的1～2年内，富力地产买地的速度会放慢很多，除非是很好、很便宜的地才买。

同时，富力地产还采取了各项措施控制成本，以便控制好整个资金链的运作，目前已经将成本总体下降了15%～20%。

2009年，富力地产的销售目标是220亿元，以60亿元的盈余计算，加上计划发行的60亿元公司债，将有效地降低公司的负债。富力表示，要在2009年年底将净负债权益比降低至80%。

而国际投行也开始看好富力。香港联交所披露的数据显示，瑞银集团于3月6日增持了约865.61万股富力地产，涉资5897万港元，增持后持股比例由早前的14.9%增至15.75%。

内外兼修是王道

同样在反思过后放缓了扩张脚步的，还有在2008年同样遭遇资金链困扰的碧桂园。

3月16日，碧桂园公布的3月公司通讯显示，其在建可销售总建筑面积已较去年8月减少142万平方米，只有1392万平方米，施工证审批中的总建筑面积减少268万平方米，缩减至639万平方米。

"2009年碧桂园的步子要迈稳，规模要得到一定的控制。"碧桂园总裁助理周宁向时代周报记者表示。

碧桂园把2009年称为"内外兼修"的一年。今年，碧桂园将根据房地产市场的情况对企业的战略做出调整。一方面，碧桂园在今年将继续为区域市场提供物超所值的住宅产品，除2008年顺利开盘的新项目外，2009年，碧桂园将在部分区域市场推出新型产品，并加大销售力度，实现资金的快速回笼，保证资金链的稳健。

另一方面，碧桂园将实现资源的有效配置，从而达到有效的成本控制及管理。"2009年，碧桂园会在成本控制、内部管理、项目开发的各种环节、流程上去自省。"周宁说，"只有稳健的资金链，企业才能走稳。"

时代周报记者了解到，截至2008年12月31日，碧桂园在全国共实现合同销售175亿元，比2007年同比增长10.6%。2009年，碧桂园的开局也不错，该公司3月通讯披露，2009年前两个月，碧桂园实现合同销售额约23.3亿元人民币，与2008年同期相比增长约11%；实现合同销售建筑面积约48.5万平方米，同比增长约28%。

碧桂园称，广东省于3月上旬出台的十五条救市政策，将有助于提振市场信心，释放刚性需求，碧桂园广东项目亦可从中受益。

但在碧桂园所有开发的47个项目中，广东省内的只有24个，其余23个分布于省外。如此看来，仅依靠政策救市显然不够，"内外兼修"才是王道。

"内外兼修"的还有雅居乐。

雅居乐方面表示，2009年将制定稳健灵活的开发及销售计划，加强各个项目的销售策划执行力，以提升销售速度。

时代周报记者了解到，从去年11月开始，雅居乐就在全国范围内采取价格回归的策略，雅居乐旗下大盘纷纷出现2500～2900元/平方米的优惠价，部分楼盘的优惠价格甚至已经低于素来号称"价廉物美"的碧桂园。

而将于3月28日开盘的三亚清水湾项目目前已预售了500套。雅居乐预期这个项目2009年将会为公司带来30亿元的收益。

而较低的土地成本也将变成雅居乐抵抗市场风险的有利工具。在雅居乐目前的53个土地储备项目中，大多数项目的楼面地价只有数百元，最低的只有170元/平方米。

而在"内修"方面，雅居乐表示将继续采取审慎的财务政策，致力于降低负债率至合适水平，确保现金流充裕，维持健康的财务状况。

据雅居乐今年1月份公司通讯披露，截至去年底，雅居乐未付的土地款总额为5.16亿元人民币，这些土地款将在2009年底前全部付清。

3月4日广东省15条救市政策出台后，增添了开发商自救的信心。

3月8日，时代周报记者来到位于广州东莞庄的在售楼盘富力院士庭。该楼盘目前的平均售价为12000～13000元/平方米，而去年年底的均价为11000元/平方米。"院士庭只剩最后一栋了，景观和户型都很好，这段时间来买楼的人也特别多。"售楼小姐说。

"楼市开始复苏了，市场变好了。"在2月底举行的首届中国房地产先锋论坛上，富力董事长张力如是说。同时，张力透露，公司旗下的部分项目价格也有所上调。

而在刚刚过去的3月第一周，虽然H股市场表现欠佳，但富力地产却累计大幅上涨14.24%，成为表现最好的H股指数成分股。

"华南五虎"只是华南房企"自救"的样本。作为中国房地产市场的领军者，华南房企在房地产寒冬中经历了阵痛和洗礼，但经历这一轮"寒冬"的磨砺，强者才会真正胜出。

（原文刊发于《时代周报》2009年3月23日第32期）

幻景

> 越过2008年，谁也没有预料到2009年。
>
> 楼市在低迷了近一年的时间后，剧情反转，土地招拍挂市场火爆，让人联想起了2007年时的情景。小阳春这种局面的出现让所有人都在思考，房地产市场真的复苏了吗？

楼市触底

文/张 睿

"2009年前两个月，全国住房成交量同比增长6.1％。"住房与城乡建设部"微服私访"进行了一场全国房地产市场调研，并于近期得出了上述最核心的数据。尽管抹杀了地域间的差异，但从总体上看，反映出房地产市场成交量回暖的现实。

这个调研组在为期一个月的、对全国30个大中城市的实地踩盘和调查后，住房与城乡建设部做出判断：2008年下半年连续出台的刺激政策已经开始显现成效。因此，未来一段时间，住建部对房地产市场的政策仍定位于观察期，近期中央不会再出台新的房地产政策。

❝ 政策刺激短暂反弹

最近一段时间，广州、深圳的地方政府统计数据，以及几大开发商公布的销售快讯，都给乌云笼罩的房地产市场拨开一片云雾。与此同时，广东省房协也提前透露了2009年房地产蓝皮书的主要内容。该书预测，在政策支持和房价调整的双重作用下，各地市场将有不同程度起色。

蓝皮书中，广州市房协分析，2008年广州楼市均价微涨，达9338元/平方米，中心城区价格仍高企，但总体走势处下行。广州市房协预测，2009年上半年商品房交易不会有很大起色，下半年住宅成交将视总体经济恢复情况而定，最快也要到年末才有望扭转低迷局面。年内，商品住宅年均价格将保持在8500元/平方米左右，中心城区楼价将继续在10000元/平方米上下波动。

深圳市房协则认为该市的救市效果已经显现。报告称，2008年，深圳市房地产市场进入了明显调整态势，土地交易平淡，商品房成交量创下历史新低。目前市场存量大，可售面积达620万平方米，开发商的销售压力继续增加。但从成交状况来看，政府的救市措施效果开始显现，对消费信心产生了积极的影响。当宏观经济向好之时，楼市交易将"量价齐升"。

而受惠"广佛同城"利好的佛山市场，在经历了观望、低迷、调整之后，于2008年年底开始回暖，成交均价探底回稳，交易量开始反弹。2009年春节过后，各项目楼盘进场人流明显增加，成交量进一步回升。佛山市房协在蓝皮书中预测，以刚性自住需求为主的佛山房地产市场，今年将会延续2008年年底所呈现的活跃。

楼市的这丝暖意能够保温多久？开发商目前欢呼市场反弹是否理智？

❝ 景气指数或将下行

国家统计局日前发布的《2009年1—2月全国房地产市场运行情况》给

回暖的市场泼了一桶冷水，2月全国房地产开发景气指数为94.86，比去年12月份回落1.6点，比去年同期回落10.69点，创下这一指数5年来的新低。

"开发商必须有清醒的认识。"上海易居房地产研究院综合研究部部长杨红旭对时代周报记者分析，"目前，宏观经济还没有见底；而中央政策一直讳提'救市'，目前也明确近期不会再出新的政策；此外，楼市的景气指数也还没有触底。只要这三个前提条件没改变，房地产行业就不会改变目前下行的趋势，现在的回暖仅仅是下行通道中短暂的反弹"。

根据上海易居房地产日前刚发布的报告——《2009年中国房地产业将跌入历史最低谷》，今年的国房景气指数将会触底，时间很可能出现在第三季度，如果早的话则会出现在第二季度，而底部将跌破90点，与1997年的历史最低点相近，甚至更低，在85—90点区域的可能性最大。"这就意味着，2009年极有可能为改革开放30年来，中国房地产开发业发展史上最不景气、最寒冷的一年。"

业内人士普遍认为，春节以来的回暖同开发商的降价促销密不可分，加之目前不少开发商普遍受到存货压力。"因此，开发商早做打算，早下决心，调整战略，继续促销，紧缩'瘦身'，方是正理。"杨红旭说。

中央政府近期的言论也给房地产开发商发出了信号。"两会"前，房地产未被纳入"十大振兴产业"规划，"两会"期间，温总理政府工作报告对房地产进行了大篇幅的阐述，但大部分内容都为以前政策的重申，住房与城乡建设部官员也公开表示，近期中央不会再出台新的房地产政策。

"中央政府目前表态'不再出台新的房地产政策'，就是希望楼市能够自然回归到理性的轨道中去。"北京大学经济观察中心主任仲大军对时代周报记者分析道。

（原文刊发于《时代周报》2009年3月23日第32期）

"圈地运动"重演

文/纪 旭

　　夺地大战，圈地潮涌，地王重现，在低迷了近一年之后，国内的土地交易市场近期战鼓擂擂，抢地大战再度上演，似乎一夜之间回到那个疯狂的2007年。

　　用"疯狂"一词形容当前的土地市场并不为过——虽然数量与价格还没有达到2007年的高位，但这一轮"圈地运动"来势之迅猛、开发商态度转变之迅速、各地政府推地之密集及急迫，却是前所未有的。

　　据统计，仅仅在5月，中国20个重点城市的土地成交地块超过40宗，成交金额逾100亿元，北京、上海、天津等城市的土地成交量更出现倍增，一些地块的成交价格亦创出新的地王纪录。

　　"在全国乃至全球宏观经济均无起色的情况下，最近土地市场在天量信贷刺激下的繁荣并非正常现象，有产生新一轮土地泡沫的可能。"著名经济学者徐滇庆如是说。

　　6月第一周（6月1日至7日），全国20个重点城市再次成交土地42宗，武汉、宁波等二线城市"地王"频出，地块大幅溢价。6月8日，厦门一日拍卖出去的土地量是2008年全年的2.3倍。

　　然而回溯到今年的头两个月，开发商们虽为成交量小幅上升而窃喜，但仍然表示今年的主要任务是"去库存化"，对拿地一致表示"谨慎"。但到了4月，开发商却态度大变。统计显示，4月，住宅用地成交量首次超过去年同期水平。全国60个重点城市住宅用地成交183宗，环比增加89%，同比增加83%。

　　到了5月，土地成交更是出现了久违的"井喷"。

更多的资金还将涌入土地市场。据不完全统计：近期包括华润置地、龙湖地产、保利地产（23.45，−0.86，−3.54%）、金地集团（13.55，−0.75，−5.24%）等在内的10余家大型房企已经或计划融资总额近540亿元，融资方式包括股票增发、发行企业债、贷款（包括银行授信）等，这些募集资金大都用来购地。

多位业内人士认为，6月份，土地市场将是一片混战。

去年年底，今年年初，土地市场还是流拍频频，如今却已经上演"夺地大战"。"去年很多房企没有拿地，为了开发可持续性，开发商必须拿地。"住房和城乡建设部政策研究中心副主任王珏林告诉时代周报记者，原因是，当前房地产市场好了一点，成交量的上涨给了开发商信心的支撑，加上融资变得相对容易，资金充裕，开发商有了拿地的资本。

一部分金融从业者认为：近期房企踊跃拿地，实质上是因为担忧未来出现通货膨胀，使手里的流动资金贬值。但易居中国地产研究院综合研究部部长杨红旭在接受时代周报记者的采访时，并不认同开发商为防通胀而以土地保值的说法。

2007年出现的流动性过剩导致的圈地潮，如今已不具备重来的基础。杨红旭认为，开发商目前的拿地，是看好房地产市场的长期走势，而开工量的下降，则说明他们对短期的走势还是持谨慎态度。

满堂红首席分析师龙斌告诉时代周报记者，过去的经验说明，拿地越多，死得越快，生死抉择与拿地保值相比，前者更重要。

（原文刊发于《时代周报》2009年6月15日第30期）

抑虚火，房贷收紧

文／纪　旭　　黄　丹（实习生）

商业银行二套房贷全面收紧可能将在近期实行。

7月8日，多个渠道证实杭州各商业银行已经明确通报关于二套房贷的收紧口径，从本月初开始，在杭州购买第二套商品房将不再享受首付两成、利率七折的优惠。与此同时，南京、广州、深圳等地也开始收紧二套房贷政策。

分析人士认为，收紧二套房贷表明，由流动性泛滥引发楼市过热已经引起关注，以抑制投资、防止过度繁荣为目的楼市调整将再次被强调。

银监会从未放松二套房贷

今年五六月份，全国各地楼价加速上扬，楼市火爆程度甚至超过2007年。各地地王纪录不断被刷新，北京新地王广渠路15号地中标价高达40.6亿元，推动北京房价进入3万元时代。

7月10日，国家统计局公布的6月份全国70个大中城市房价数据显示，各大中城市房屋销售价格同比上涨了0.2%，涨幅比上月扩大了0.8个百分点；环比也是上涨了0.8%。而在国内不少城市，楼价已经回到2007年的水平。

楼市泡沫引起监管层的注意。有媒体报道，银监会办公厅已于6月22日正式向各地银监局和各银行总行印发了名为《关于进一步加强按揭贷款风险管理的通知》，要求各银行严格把关二套房按揭贷款的审查和发放，不得自行解释"二套房贷"认定标准。据了解，这是银监会自国务院办公厅去年底下发国办131号文之后，第一次明确要求商业银行参照标准执行二套房贷。

但中国银监会发言人夏令武却告诉时代周报记者，自己不知道有这个通知，也不知道通知的内容。不过，夏令武向时代周报记者表示："二套房贷政策一直没有变，银监会的监管力度也一直没有变"。

"确实有这样一个通知。"建行广东分行住房与个人信贷部副总经理方劲松向时代周报记者确认。中原地产项目部总经理黄韬也向时代周报记者透露："前不久各大银行的领导被叫上去问话，随后就有了6月22日银监会的通知。"

7月8日，多个渠道证实，杭州各商业银行已经明确通报，购买第二套商品房不再享受首付和利率的优惠，调整为首付四成和利率1.1倍。

随之，南京、广州、深圳各银行一线网点的业务受理标准也开始收紧，二套房严格执行首付四成和利率上浮的规定。

受此消息影响，7日地产股整体暴跌3.17%，成为A股市场最弱势的板块。

❞ 政策遭遇市场挑战

二套房贷政策如同"橡皮筋"，被市场拉得忽松忽紧。

2007年9月27日，为了给过热的楼市降温，央行、银监会共同发布了《关于加强商业性房地产信贷管理的通知》，对商业性房地产信贷政策进行了调整，其中规定申请购买第二套（含）以上住房的，贷款首付款比例不得低于40%。贷款利率不得低于基准利率的1.1倍。至此，二套房贷政策正式亮相。

而进入今年以来，国内多数城市的二套房贷政策已经名存实亡。时代周报记者发现今年楼市过热后，杭州才又重新严格执行二套房贷政策，而其他各地银行对二套房贷收紧还是继续放松并没有明确表态。而时代周报记者对北京等地的银行的采访请求也被以各种理由拒绝。

"房贷已经成为商业银行重点开拓的业务。"满堂红企业发展部首席分析师龙斌向时代周报记者表示，银行都有业绩上的要求，他们都会根据风险评估来决定二套房贷是否收紧、何时收紧。

深圳发展银行一位内部人士则向时代周报记者透露，其实目前各银行都在抓紧"处理"前段时间签约积累下来的"单子"，这些享受优惠的二套房"单子"一旦处理完毕，将伺机收紧二套房贷。龙斌向时代周报记者证实了这一说法。他告诉时代周报记者，今年春节过后，房价上升很快，土地市场也急骤升温，大量以投资为目的资金进入市场，使楼市出现过热现象，而一旦楼价与地价形成互动，楼市泡沫将不可避免地出现。"此时重申这一政策很及时"，龙斌说。

业内人士认为，"二套房贷"限制适当放宽的政策，对投资型购房者起到了引导作用，也对投资型需求的入市起到了"推波助澜"的作用。深圳媒体报道称，温州购房团已经开始在深圳"游弋"。

中央财经大学中国银行业研究中心主任郭田勇表示，在信贷激增的背景下，房地产行业是银行贷款的主要投放对象之一，一些城市出现的部分银行放松二套房贷的限制，让不少投资性购房需求入市，这不仅使通货膨胀预期有所抬头，同时推动房价上涨。

"政府担心楼市过热。"黄韬向时代周报记者表示，所以有一些声音出来，将之前对二套房贷放松的"默许"取消，"这表明近期楼市将会出现调整"。

（原文刊发于《时代周报》2009年7月20日第35期）

千亿资本会战海南旅游地产

文/纪 旭

9月29日，台风"凯萨娜"登陆海南。

同一天，"鲁能城"在三亚挂牌。这个整合了鲁能地产在海南16年资源积累的新地产公司，在海南已经拥有19平方公里的项目土地，堪称是岛上最大"地主"。抛弃了过去16年的保守战略的"鲁能城"，打着"国际休闲地产供应商"的大旗，其三大全新高端项目将于10月同时在海口、三亚亮相。

由保守到激进，"鲁能城"看中的是"海南国际旅游岛"这一千载难逢的机遇。

善于把握商机的不止"鲁能城"。从海口到三亚595公里的黄金海岸线上，投资几十亿、上百亿的旅游地产项目星罗棋布。在海南建设"国际旅游岛"的战略刺激下，上百家地产企业陈兵海南，其中不乏国内一线及上市地产公司，投资总额超过1000亿。

"百企千亿"会战海南旅游地产，对这个只有3.39万平方公里海岛带来的震动，超过了任何一场台风。

▌百企陈兵，千亿会战

今年10月，"鲁能城"将同时向市场推出三亚湾新城游艇2区、海口的海蓝福源首期桃花涧项目和海蓝椰风二期、三期三大产品，力度之大是过去16年从来没有过的。其中，三亚湾新城占地6.8平方公里，拥有9公里长的海岸线，面积甚至大过广州CBD珠江新城。位于海口西海岸的海蓝福源则占地11平方公里。加之三亚大东海滨海豪宅群山海天，"鲁能城"在海南的项目土地面积已经达到19平方公里。

而在海南，像"鲁能城"这样的超大型地产项目还有很多。今年3月开盘的雅居乐清水湾项目是雅居乐和摩根士丹利联手开发的，占地高达1.5万亩，总投资达200多亿元，开发面积900万平方米，开发周期长达10年。数据显示，雅居乐总土地储备约3000万平方米，清水湾项目就占其中约三成。据了解，清水湾是雅居乐17年来开发规模最大，投入资金最多的项目，甚至被海南省作为"国际旅游岛"的一张名片。

同样来自广东的地产商富力地产也大手笔投资海南。2008年，珍珠海岸所在的陵水县政府提出打造"珍珠海岸：休闲度假之洲"的个性化旅游品牌，富力地产在珍珠海岸的香水湾开始打造旅游地产项目富力湾，投资超过15亿。

在富力湾的带动下，仅珍珠海岸三大湾之一的香水湾就已经吸引了13家大公司进驻。不仅如此，2009年9月9日，富力地产在海南的另一项目"富力·红树湾"在澄迈县正式开工，同样以"度假居住"为核心目标，投资逾百亿元。

作为旅游地产的旗舰产品，星级酒店也密集登陆海南。目前亚龙湾已经集聚了高星级酒店19家；而在海棠湾"国家海岸"，未来五星级以上的度假酒店将达到18家；在珍珠海岸的香水湾、土福湾和清水湾三大湾内，已规划至少25家五星级以上度假酒店。据统计，海南2010年全部营业的五星级酒店至少36家，海南成为名副其实的"五星级酒店岛"，其中三亚以超过21家的数量，成国内高星级酒店最密集的城市。

据了解，目前进驻海南旅游地产领域的企业已有上百家，其中不乏万科、新世界、保利地产、杭州绿地、华润、富力、雅居乐、鲁能、中信、中体等地产大鳄，投资总额超过1000亿。

百企陈兵，千亿会战，直接催热了海南的房地产投资。2000年，三亚全市房地产投资只有0.17亿元，2008年这一数字已经达到76.18亿元。而截至今年8月，海南全省的房地产投资已经达到167.95亿元。

三亚市房产管理局局长李洪海告诉时代周报记者，在本地人口只有20万人的地级市三亚，目前共有房地产开发企业130家左右，其中70%左右是外来开发商。"这一现象在国内地级市绝无仅有。"

旅游大开发海南先行先试

把千亿资金吸引到海南来的，正是建设"海南国际旅游岛"的构想。

2008年国务院批准海南建设"国际旅游岛"，在旅游业对外开放方面将先行试验。国家旅游局中国旅游研究院副院长戴斌告诉时代周报记者，从地方政府的制度创新和中央政府的重视程度来看，旅游业发展正在融入经济社会发展的主流，正在从一个行业的事情提升为国家战略核心之一。

其实，早在8年前，中国（海南）改革研究院执行院长迟福林及其团队就撰写了《建立海南国际旅游岛框架建议》。但直到2007年4月26日，海南省第五次党代会上才正式将国际旅游岛建设列入了"十一五"海南推进的四大改革。

2007年6月，中央组织多个部门对海南国际旅游岛建设进行调研。中国（海南）改革研究院专门为中央部委的这次调研重新制作了一份《推进海南国际旅游岛建设》的方案建议。这份方案将国际旅游岛的内涵总结成9个字："免签证、零关税、放航权"。

2008年4月，国务院批准海南建设"国际旅游岛"，同意海南在旅游业对外开放和体制机制改革方面积极探索，先行试验，并批准在海口、三亚、琼海、万宁四市各开办一家市内免税商店。

建省20年后，海南终于有了清晰的产业定位。海南在建省初期，曾围绕主导产业定位进行了长时间的争论。曾经，海南在热带农业、新兴工业等领域培育成长起一批支柱企业。但是，随着经济发展，农业在国民经济结构中的比重逐步下降，而海南岛的生态环境对工业的承载力有限。海南人终于发现，海南真正的优势和潜力在旅游。海南省委书记卫留成指出："未来5年、10年、15年或者更长一段时间，海南省真正能够影响中国的，能够给中国作出贡献的，不是海南的工业，也不是海南的科技，而是海南独特的、不可替代的自然环境，以及在此基础上发展起来的大旅游产业。"

正因为中央及地方政府的共识，"海南国际旅游岛"横空出世。海南国际旅游岛概念的首创者之一迟福林表示，海南建设国际旅游岛，其本质是更大程度的开放，目标是建设国际化的海南岛，以此寻求在亚洲区域经济循环中发挥海南开放的独特优势，使海南在中国对外开放的大格局中成为与亚洲区域经济合作的桥梁和枢纽。

数十年来，"天涯海角，到此一游"的老照片，几乎成为人们对海南旅游的全部记忆，但这种"观光旅游"恰恰成为建设"国际旅游岛"的软肋。

夏威夷，每年吸引700万游客，其中境外旅客达50%以上，每年有120亿美元的旅游收入；巴厘岛，面积不到海南20%，人口不到海南40%，旅游业对GDP的贡献率超过50%；海南岛，旅游业对GDP的贡献率仅6.3%，2009年上半年，入境旅游者仅占游客总数的2.7%。

显然，"天涯海角"式的"观光游"无法把海南变为夏威夷、巴厘岛那样的国际度假天堂。"要在把观光游做精做深的基础上，打造度假旅游，把人留下来。"戴斌说。目前我国旅游人均消费不到500元，就是因为处在观光旅游的阶段，"这是日益增长的旅游休闲需求，与我们相对滞后的产业模式之间的矛盾和相对落后的产业发展水平的矛盾"。

无疑，"国际旅游岛"战略从制度层面要求海南必须加快旅游业转型升级和国际化进程。而对市场最为敏感的房地产企业，已经率先进入这一领域，力图成为破局的先行者。

（原文刊发于《时代周报》2009年10月5日第46、47期）

复苏

> 2009年是一个起点。
>
> 对于很多地产公司而言，在遭遇了2008年的冲击后，并没有变得畏手畏脚。相反，一些企业抓住了机会，通过资本市场成功撬动了宝贵的发展资金，这也为多年后的企业发展奠定了基础。可以说，这一年就是这些地产商的新起跑线。

富力李思廉：我们没有困难

文/纪 旭

2008年对于富力而言，是极其痛苦的一年。受到市场的影响，富力资金链绷紧，不惜断臂求生卖掉苦心运作的多个商业项目。越过寒冬，富力迎来了2009年的良好开局，双老板之一的李思廉终于锁眉展开，坦然站在了媒体面前。

"我们做了十几年房地产都没有见过这么好的开局的。"李思廉在笑，鬓角泛起的几丝银发无法掩藏自信的喜悦。在熬过地产寒冬之后，李思廉有信心把富力2009年的销售目标调高至220亿元。

3月19日，位于广州珠江新城CBD的富力中心54楼，东、南两面落地玻璃窗把大半个珠江新城尽收眼底，使得会议厅里格外敞亮。

彼时，富力地产发布2008年年报两天之后，接受媒体采访的富力地产董事长李思廉有如春风拂面，情绪格外高涨。

让他如此春风满面的原因是，2009年，富力地产有着黄金般的开局。截至3月18日，富力今年的销售额已经超过50亿元。这是富力地产成立十几年来的"最佳成绩"。这一扫去年销售利润缩水四成的颓势。这位香港知名学府数学系的高材生不停地为记者算账，那一串串数字就像被他把玩于股掌之间的水晶球，等号后面的答案只有一个：2009年会更好。

富力乾坤大扭转

过去的一年，李思廉也许很少会有如此轻松的笑容。富力的2008年烦心事不断，先是"回归A股"一再受阻，后来"资金链断裂"等负面传闻不断。

而今，2个月零18天就完成去年全年收入的1/3，在熬过酷冬之后，颇有"乾坤大扭转"之势，李思廉终于可以轻松地面对媒体记者了。

甚至，这份惊喜让李思廉也颇感意外。为此，李思廉有信心把2009年的销售目标调高

李思廉露出了过去一年少有的笑容

至220亿元。

他分析，由于去年全国房地产的销售金额少了1/3左右，随着国家和地方一些房地产新政的出台，"市场的购买力一下子释放出来了。"这是"天时"之利。

此外，由于富力的项目大多都是一线城市的"市区盘"，使之占尽"地利"之优。

"在市区征地不是一般的难，是很难，即使政府出面也是很难的。"所以李思廉表示，在短时期内出现很多市区新盘是不现实的。

他告诉时代周报记者，眼下市区楼盘的销售情况非常好，北京市区五环内对1万元/平方米左右的价格承接力很大，总价300万元左右的别墅是市场能接受的心理价位；而广州珠江新城的心理价位在1.6万～2万元/平方米。

所以，富力去年底就停止降价，"一部分卖得好的、所剩单位不多的楼盘价格小幅上调，幅度在1%～2%。"

"我们没有困难"

李思廉大学毕业后的第一份工作，是从事证券金融业，这让他更懂得如何"平衡用钱"，而对"资本"的理解也异于他人。

富力的最新年报显示，其净负债比率为123.8%，较之2008中期业绩报告中139%的净负债比率有所下降。李思廉表示，有望在今年将净负债比率降至80%。

"高负债"一直让业界为富力捏把汗，也是引发"富力资金链断裂"等诸多负面传闻的根源之一。但李思廉却认为，低负债不一定就是好公司。

李思廉提醒，钱多是没用的，如何来平衡用钱是一个学问。"做房地产的，有钱该还给银行或者是派息，如果不做这两样事就应该去买地，不买地，明年、后年的增长就没有了。"

李思廉告诉时代周报记者："富力商业地产的价值，不只是成本那么多，如果按实际价值估值，富力的资产负债并没有大家想象的那么大。"

而对于债务偿还能力的质疑，李思廉表示，"我们没有困难"。他告诉记者，如果出现坏账的记录，人民银行必定在网站公布的。"我可以很骄傲地说，我们这么多年还是符合银监局跟人民银行的政策的。"

富力去年的纯利达31亿元，"这表明我们还是赚钱的"。李思廉表示期望在2009年底将资本负债比率降低至合理的水平，他认为，国内房地产公司负债率在80%～100%是最好的。

李思廉按"负债率=负债总额/总资产"的标准公式算了一笔账：今年富力的销售目标是220亿元，而总支出会控制在160亿元之内，这样就会有超过50亿元的盈余，负债总额会降至130亿元左右；同时，今年的模拟利润不会少于30亿元，总资产会增加至180亿元左右。这样，负债比率就会降至80%。

先发债后回A股

然而，富力能否成为2009年的赢家，仅仅凭借首季的"开门红"显然不够，要想实现全年220亿的销售目标，接下来的考验也许更严峻。

李思廉透露，截至2008年12月31日，富力有预售证没卖出去的库存有200亿左右，加之2009年预计将有170亿市值的楼盘拿到预售许可证，总计370亿。按60%的售出率，即可实现220亿元的销售目标。富力在年报中表示，将利用灵活的定价策略加快销售速度。

李思廉还表示，短期内将大幅减缓拿地。截至2008年底，富力地产的土地储备达2540万平方米，富力称可以满足未来3～5年的发展需求。

　　"买地要根据我们的腰包现金流，就像去逛街，兜里面钱多一点就买多一点东西。"李思廉表示，如果买地的话，还是以主要的城市为主，次序是北京、广州、天津、上海。

　　与此同时，富力也将寻求及开拓更多的融资渠道，以巩固集团的财务平台及改善债务资本结构。除商业银行贷款外，富力正在申请发行内资公司债券，并继续寻求A股上市。

　　"这两件事公司能说的话不多，要等证监会的批准。"李思廉透露，去年11月，在看到回归A股机会相对少了以后，富力就申请了发行60亿的公司债，日前已经将公司2008年业绩报告作为最后一份申请材料递交了证监会，等待批准。但证监会的处理流程是只能先批一件事，所以，肯定是先发公司债，然后才能回归A股。

❛ 商业地产不是负担

　　曾让富力引为自豪的商业地产，在2009年的战略中则放缓了脚步。

　　李思廉介绍，2008年，富力把一定的人力、财力、物力转移到商业地产上，已完工的投资物业的市值约为人民币150亿元，包括四家共有1590间客房的酒店，以及可出租总面积达35万平方米的两幢国际甲级写字楼和两个购物中心。

　　"去年比较吃力，2009年我们放慢了速度。"李思廉说。

　　富力今年将交付的投资物业只有两个：一个是重庆的商场，另一个是成都的商场熊猫城，合计可使用面积27万平方米左右。

　　李思廉表示，放缓不是停止，"包括天津的富力中心、重庆的酒店、汉阳的酒店，我们还是会按计划做，但是就不会赶工来做了"。

　　富力地产董事长助理陈志濠告诉时代周报记者，富力地产从2005年开始每年都有一栋写字楼建成，今后仍将每年有一栋写字楼+公寓交付市场，但持有型物业的建设会放缓，预计3年半到4年完成一个项目。按此计算，最早在2011年，富力才会有新的持有型物业面世。目前，富力的商业地产最集中的区域是广州的珠江新城，共有15个项目，包括写字楼、酒店、公寓和商场。陈志濠表示这些项目将在3～5年内完成开发。对市场广为关注的迟迟没有开工的"猎德村"项目，陈志濠透露，今年肯定会开工。

对于商业地产成为富力"负担"的说法，李思廉表示，这是一种误读。

李思廉为时代周报记者提供了一组数据。目前富力持有的三个主流酒店，每家酒店管理方按协议在2009年平均将交回给业主5000万元，合计将有1.5亿元的收入。

另外，北京富力广场在出租率只有80%的情况下，今年1月份进账租金大概是1000万。"我们希望富力广场每年为公司带来2亿多的收入。"李思廉说。

而可用面积20万平方米的成都熊猫城，将在今年7月底完成装修工程，计划10月底开张。李思廉表示，"希望熊猫城能在短时间内给集团提供2亿多的收入"。

"投资物业是集团多元化发展之举，所占比例甚小。"李思廉说，"我的理想状态是，在3～5年内，富力旗下商业地产的收入占到集团利润总额的20%左右"。

显然，富力并没有放弃曾"寄予厚望"的商业地产。

（原文刊发于《时代周报》2009年3月30日第19期）

恒大在港成功上市

文／纪　旭

《哈姆雷特》中有一句流行的话：是生存还是死亡？这是一个问题。发展迅速的恒大力求扩张，大量的土地储备为其上市增加了砝码，不过也背负了大量债务，不碰巧的是恒大在上市时却遭遇了全球金融海啸的冲击，资金链已经绷紧到极致。但最终恒大还是缓了过来，并且成功上市，戏剧性的为自己争取到了未来。

10月29日，恒大集团主席许家印在结束全球路演后，从美国回到香港，有一种尘埃落定的轻松。在接下来的一周时间里，许家印在为11月5日的庆功会做准备，这一天恒大地产在港交所挂牌。他偶尔还与已经成为恒大股东的香港富豪们见见面，加深感情。

对于许家印来说，这几乎是恒大地产成立13年来最轻松的一周。去年3月上市暂停后，许家印在香港度过了"压力最大的3个月"，为了募集到资金，他每周要与郑裕彤吃上一两次饭，但吃得并不轻松。

一年半之后，重启IPO的恒大地产招股却出奇的顺利，不但获得了李嘉诚、郑裕彤等诸多香港富豪们的"踊跃认购"，而且其公开发售部分还获得了46倍的超额认购，国际配售则录得超11倍的超额认购。

另外，以十家主要证券行合计，较早前截止的孖展（Margin，即保证金）认购额高达约58.6亿元，恒大地产成为香港近期认购反应最热烈的新股。

而与恒大地产火爆招股场面相比，同期在港招股的数只内房（内地房地产）新股却反应平淡，其中卓越还出人意料地宣布搁置上市，唯有恒大独领风骚。

众多香港富豪热捧

由去年IPO暂停到今年重启，恒大地产足足准备了18个月，而由悬而未决到胜券在握，则只用了短短数天时间。

10月19日，恒大在香港举行投资推介会，成为香港媒体关注的焦点。推介会现场，当有香港记者听说当天香港富豪、新世界发展主席郑裕彤将到场时，纷纷表示怀疑："彤叔很久没有露面了，会出来给新股捧场？"

但郑裕彤果真到场，推介会后轻松地在现场走来走去，并说："恒大销售额大，定价便宜，抵买，我钟意买恒大"。郑裕彤的这句话第二天被香港媒体纷纷引用，为后来的公开认购起到了"示范效应"。

不仅郑裕彤到场，华人置业主席刘銮雄、英皇集团主席杨受成、中渝置地主席张松桥及人称"壳王"的陈国强等香港超级富豪，都前来撑场。

一位现场人士向时代周报记者透露，在当天没有记者参加的投资者午餐会上，许家印说了四句话："没买的人会心痛，买少的人会后悔，买

恒大上市吸引了众多香港富豪认购

多的人有成就感，股东会感觉惋惜，因为卖得便宜。"但他随之补充道："在香港上市是恒大发展的里程碑，即使集资额不多，却意义重大。"

恒大的定价确实便宜，每股招股价3.5元，集资规模56.5亿，集资规模较市场预计的78亿元少，但仍然是今年以来内地房地产赴港融资的最大一单。恒大这次在港发行股份的数量仅15.11315亿股，仅占总股本的10%。

而时代周报记者了解到，众多香港富豪掏出"真金白银"认购恒大股票。其中，郑裕彤、刘銮雄及张松桥等富豪认购的金额都高达1.5亿～2亿美元，英皇集团杨受成、星岛主席何柱国等也斥资认购，而久未沾新股的首富李嘉诚，也加入热捧行列，出现在恒大的投资者名单中，已被确认以1亿美元认购恒大地产。

恒大风格延续

图／邝阳升　摄
恒大香港上市标志着恒大新的起点

获重量级"资本大佬"的支持，为恒大公开招股带来正面影响。10月22日，恒大地产在香港正式招股，根据英皇、辉立、时富、新鸿基、信诚、耀才6间证券行的合计数据显示，招股第二天的累计认购金额较首日跃升了近一倍，达到了29.1亿元，相当于公开发售超购3.5倍。

这意味着恒大两天已获得42.6亿元的认购额，国际配售超额认购情况已突破6倍。吸引了最少377.9亿元资金的关注。恒大地产发行可谓顺风顺水、胜券在握。

"恒大的能量绝不仅如此。"时富金融零售金融业务董事总经理郑文彬认为，恒大自公开招股以来气势如虹，可以持续看好。

截至恒大招股结束，公开发售部分录得超额认购46倍，冻结资金达300亿元，国际配售则录得超11倍的超额认购。

但太平山下的资本角逐并非都是一帆风顺。自7月29日北京金隅赴港上市以来，已有恒盛地产、宝龙集团、华南城等多家房企完成境外上市。在恒盛和华南城招股的时候，香港市场行情很好，所以两家公司定的价格都比较高，但上市后受大市影响一路下降。

到宝龙路演时，不得不大幅下调招股价。当时香港投资者对内地地产股的看法确实一度出现悲观的情绪。

而与恒大地产同期在港招股的另三只地产股禹洲、卓越和明发也反应平淡。10月27日晚，距卓越置业次日招股定价时间还有12个小时，卓越置业宣布搁置IPO。而消息人士透露，明发集团是否如期上市也仍存变数。

恒大地产一枝独秀被市场关注。市场解释这一现象时认为，恒大的定价极具吸引力，此外恒大地产计划每年派发盈利的10%作为股息，这也成为吸引投资者的一个重要原因。

"这是恒大风格在资本市场的延续。"一位业内人士向时代周报记者指出，恒大一直以"成本价销售"战略占领市场，今年第三季度销售额超越万科。如今许家印将这一低价策略运用到资本市场，为投资者留有明显的升值空间，从而成为今年到港融资额最多的内房股。

▌聚拢效应让强者恒强

但显然，"低价策略"只是许氏战略的表象。一位投行人士表示，境外市场对企业IPO的判断标准，更偏重于企业在行业内是否拥有良好的发展前景和盈利能力，因此内资优质房企赴海外上市的成功率便相对较高。

目前，恒大地产土地储备覆盖全国24个城市，面积高达5120万平方米，已经超越碧桂园成为国内"最大地主"。更为重要的是，由于这些土地大部分购于2006年及2007年，每平方米平均成本仅为445元人民币，具有极高的成本优势。

同时，恒大地产的54个地产项目大部分位于省会级城市，今年前9个月获得合约售楼收益逾230亿元人民币，单季销售面积及金额为同组之冠，且在建面积多达1700万平方米。发展前景和盈利能力皆为乐观。

"房企的市场聚集度，演变成资本聚集度，这反映了'强者恒强'的市场规律，同时，也说明投资本更加理性。"

2004年开始，许家印就派出小组人马在全国寻找优质土地，这一曾被质疑的举动，如今已经在资本市场上"开花结果"，显示了许家印长远的战略眼光。

2006年12月6日，恒大地产与包括德意志银行在内的四家金融投资者达成交易，向后者发行8亿股可换股优先股，融资4亿美元。这笔交易是恒大地产历史上首轮私募，旨在应付恒大地产亟待支付给中国工商银行的2.3亿美元的到期贷款。

一年之后，即2007年11月，恒大地产即宣布等额赎回这笔4亿美元的可换股交易合同。投行人士表示，投行已与恒大结成利益共同体，当然不会一味逼宫，否则双方的利益都会蒙受损失。

业界担心的是，经过一系列融资后，许家印将极大地稀释股权。然而，恒大最新披露的招股文件显示，在众多融资中，至少有三笔交易为项目融资，本身并不涉及恒大地产的公司股权。正是这几笔关键交易，为恒大地产及时提供了项目拓展的资金。

这三笔交易分别在恒大地产与美林、恒大地产与郑裕彤旗下的周大福之间完成，投资对象分别为恒大在广州、佛山和武汉的三个物业。根据合约规定，恒大地产与美林共同开发广州恒大御景半岛，后者注资1.3亿美元。在佛山和武汉的两个项目中，恒六从周大福分别获得4.82亿元和2.72亿元的中长期贷款。

许家印在仍然享受武汉和佛山两个项目各40%权益的前提下，稍许折让，却引入资金，盘活全局。同时，通过如此合作，牢牢将合作伙伴聚拢在自己身边。此次招股，恒大地产受到香港富豪热捧，正是这种"聚拢效应"的反应。

（原文刊发于《时代周报》2009年11月9日第51期）

龙湖上市赶超中海

文/赵 卓

2009年11月9日，伦敦，甚少在香港市场有所动作的索罗斯悄然出手，抛出2亿港元的订单，申购一家内地的家族式房地产企业：龙湖地产。这家企业将在10天后正式登陆香港联交所，股份代号为：960。

这是一个连龙湖掌门人吴亚军也颇感意外的收获，9日是龙湖路演团队在英国伦敦进行路演的最后一天，尽管龙湖至今已获约100家国内外机构投资者入飞认购，其中不乏瑞银、花旗、大摩、INVESCO等多家国际知名机构。

由于成长性良好，龙湖很可能成为今年融资额最高的内地房地产企业，同时也是未来两年，二线上市房企中，最有可能率先达到中海地产规模的公司。

或成融资额最高房企

时间回到半个月前。

2009年10月30日晨，一个头发微曲的中年女子静静地坐在从北京飞往香港的港龙KA905次航班上，几乎没有人认出这位女子就是福布斯榜单上排名第四的女富豪、龙湖掌门人吴亚军。正如此时的吴亚军，对阔别一年后重启香港上市之旅能有何收获，也一无所知。

选择在11月份上市，或许不是个好主意。2009年10月，包括恒大在内共有7家内地房企排队在香港上市，而龙湖之后亦有数家企业在排队等着上市，仿佛一夜之间回到2007年那个"不是已经在香港上了市，就是在去香港上市的路上"的"光辉"岁月。

原定于10月下旬招股的内房新股深圳花样年推迟招股，上市前景不明；10月底卓越置业突然叫停最高集资78亿港元的IPO计划；10月31日晚，明发集团发布公告，将推迟招股时间；即使是有李嘉诚等资本大佬捧场的恒大，也不得不削减了筹资规模。香港市场对于内地房企股上市的态度已近苛刻。

不仅如此，最新上市的内地房地产企业股的股价表现也不尽如人意。11月2日挂牌的禹洲地产首日已经"破发"。面对更加理性和挑剔的投资人，龙湖的命运又会如何？

来自香港12间主要证券行的数据显示，11月6日，龙湖地产公开发售首日累计已借出的孖展额达87亿港元。

11月10日晚，时代周报记者再次和香港方面连线获悉，来自10余个国家和地区超过100家机构下达了订单，以公开招股集资7.1亿元计，超额认购13倍；龙湖地产国际配售已接近500亿港元，超额认购近10倍。国际配售及公开发售两者合计，涉及金额已经超过600亿港元。

接近龙湖的某基金经理透露，最新国际配售资料显示：花旗个人银行集团以无限制价格认购10.5亿美元；摩根士丹利私人财富管理公司认购4亿美元，新加入的推荐人瑞银也不甘示弱，瑞士银行全球资产管理机构以无价格限制的14亿美元订单成为目前的最高额度。

机构投资者则包括施罗德、霸菱（Baring）、Invesco、汇丰银行、安联、高桥等，甚至包括了Oaktree这样已经多年没有投资房地产股票的风险偏好很低的优质长线基金。

以目前的形势看来，龙湖很可能成为今年融资额最高的内地房地产企业。龙湖亦有望成为市盈率和定价最高的内地地产股。

持股员工数量过半

龙湖掌门人吴亚军素以神秘著称，在地产圈内，吴亚军被比喻为"三不人物"——"不签名、不上镜、不接受采访"，在互联网上搜索，关于吴亚军的照片不会超过5张。由于太过低调，在2003年的胡润《2003房地产影响力人物五十强》中，吴亚军的名字甚至被误写为"吴亚君"。

而这位低调的女性初在香港露面，就引起不小的轰动。一位参加了龙湖在香港推介活动的香港投行界人士告诉时代周报记者："一个内地位于重庆的家族企业女老板该是个什么样子？结果吴完全出乎我们的意料，这位有传媒背景的老板展现了超强的沟通能力。"

高效能干则是龙湖人对吴亚军的普遍评价。一位接近吴亚军的人士对时代周报记者表示，8月23日是个星期日，吴亚军召开紧急会议决定重启上市，从决定上市到通过联交所聆讯，时间只有一个多月。龙湖此次香港招股团队只有10人左右，而吴每天工作时间高达十六七个小时，白天要接待几十组的投资团队，每天签约机构高达20多家，晚上还要处理公司的日常工作。为了充分利用时间，龙湖花费不菲将整个办公系统"搬到了"手机上，这样即使是在路上，也不妨碍吴亚军办公。

而该人士亦用"慷慨"的字眼来形容吴亚军，根据龙湖最新招股书显示，龙湖地产有550名员工通过FitALL（由上述550名雇员为受益人设立的固定信托）持股2.35%，还有6名高级管理人员可根据上市前的购股权计划认购总额最高达0.75%的股份。

据时代周报记者了解，除去物业部分，龙湖地产业务骨干员工大概有900多名获得公司股份，此次获得股份的包括2000年以前的老员工、具备一定级别和业绩突出的员工，持股员工已经超过一半。

最有可能比肩中海地产

上市后，超过10亿美元的融资额将为龙湖带来更为充足的现金流，更为关键的是，拥有香港上市公司的身份将为龙湖带来更大的融资便利。

据公司招股说明书显示，公司的总资产为325亿元人民币，而前三季度龙湖共实现销售额137亿元人民币，回笼了大批现金。此外，今年5月，公司曾通过发行公司债筹资14亿元，10月再获得农行180亿元贷款授信，因此目前手中可调度资金非常充裕。龙湖的资产负债率仅在30%左右的行业内低水平上。

作为首家在完成公开发行前偿还上市前债务融资的房地产企业，龙湖也将成为少数在上市发行完成后，处于净现金状态的房地产企业。

充足的资金也为龙湖在土地市场做好了充分的准备。5月龙湖地产在北京顺义以4.58亿元成功竞得一幅规模约20万平方米的地块；8月，龙湖地产以6.44亿元竞得无锡一幅总面积约300亩的地块；9月，龙湖在沈阳、重庆、成都都有斩获，10月，龙湖在沈阳和常州拿地。

目前，龙湖地产还在青岛、常州、杭州分别就3块土地发展与当地签订两份意向书以及一份框架协议，如果最终能如愿拿下这些土地，龙湖地产在国内进入的城市数目将达到10个。

充足的资本和土地储备让吴亚军信心十足，在5日举行的香港新闻发布会上，吴亚军表示："虽然我们目前暂处在第二阵营，但我认为，我们是最有可能脱颖而出、成为全国房地产行业领导者的企业之一"。

按照资本市场定义，龙湖与远洋地产、世茂、雅居乐规模最为相似。不少业内人士认为，龙湖地产的成长性非常好，可能是未来两年，二线上市房企中，最有可能率先达到中海地产规模的公司。

而上市仅仅是一个开始，如何将一个家族企业变成更加规范的上市公司？如何在央企地王频出，拿地困难的时代找到自己的蓝海？龙湖的挑战才刚刚开始。

（原文刊发于《时代周报》2009年11月16日第52期）

融创第三次闯关上市

文／翟瑞民

曾经的联想少帅、地产狂人孙宏斌又回来了。

在公众审视的目光中，孙宏斌拉扯着他的融创中国控股有限公司（简称"融创"）站在了资本市场的大门口。

追随着业界众多的优秀地产公司，融创即将在香港上市。12月18日的香港证券交易所，将是外界是否认可这位传奇人物三年来奋斗成果的重要关口。

这一次，他想要得到的只有区区22亿元。而在经历了顺驰融资的惨痛教训之后，融创董事长孙宏斌"只做不说"的沉稳之气或许可以助他此番闯关成功。

融资规模最高只有22亿元

2008年的夏天，也许是因为融创尚抱着雷曼兄弟这棵摇钱树，也或许孙宏斌有意收敛了当年的狂放不羁，他曾斩钉截铁地表示："融创上市，那是谣传"。

就在这次辟谣一年半后，融创却已经悄悄完成了上市前的一系列准备。12月3日，融创在香港开始路演，展开招股工作，正式挂牌时间定于12月18日。

按照它的招股资料，融创此番上市的规模并不大，拟发行6亿股（90%国际配售，10%公开发售），不超过总股本20%，股价为2.9～3.7元，融资

融创上市的规模并不大

规模最高可达22亿元。

虽然香港媒体的报道称，融创3日路演现场遇冷，各方反应并不热烈，但是孙宏斌显然已经为这次闯关做足了功夫，其国际配售部分已经获得超额认购，剩下的就只等香港投资人捧场了。易居（中国）分析师薛建雄表示，市场对孙宏斌的能力和融创的前景还是看好的。

关于融创上市总是在谣传中发酵，在去年夏天孙宏斌辟谣的当口，业界已经风传融创将于2008年年底在香港公开发行，不过后来股市的飞流直下和雷曼兄弟突然死掉，最终使这一方案胎死腹中。

如今经历了三年的蛰伏，孙宏斌终于又有机会回到资本市场上一展身手，这是他在顺驰上市未果后第二次叩门香港股市，不过这次的把握显然大了许多。融创一直坚持稳健的发展战略，土地储备虽然规模不大但是地块较好，投资收益率一直不错。

位于北京CBD附近的禧福汇项目是融创在北京唯一开发在售的楼盘，去年底，融创甚至一度想把该项目尽快降价清盘，以腾出精力去做北京海淀区西北旺的项目。不过2009年市场复苏后，禧福汇销售形势很好，房价也在持续上涨。

据招股书透露，截至今年9月30日，融创拥有11个处于不同发展阶段的项目，总地盘面积约为453万平方米，持有土地储备约595.

5万平方米，项目大多位于北京、天津及重庆。

薛建雄认为，融资现在已经成为房地产公司老总的头等大事，开发商如果想实现跨越式发展，通过多渠道筹集资金是必不可少的操作手法。对于融创来说，20亿元的上市融资规模确实不算大，仅相当于购买一块中等规模地块所需资金。

顺驰因为过度扩张，资金链濒临断裂，不得已将顺驰中国94.74%的股权以25.7亿元贱卖给香港上市公司路劲基建有限公司（HK.1098）。原顺驰掌门人孙宏斌仅象征性地保留有5.26%的股权，顺驰几乎全部落入路劲基建囊中。这对孙宏斌来说是一次惨痛的教训。融创的融资之路显然吸取了这次教训。孙宏斌在香港面对外界的怀疑时，只是惜字如金地表示，经过顺驰融资之役已受到教训，故投资者应该放心而不是担心。

闭门思过谋划东山再起

很难说孙宏斌当初设立融创除了开拓业务领域之外还有别的想法，不过最后却是这个当初相当于顺驰附属性的公司，成为孙宏斌东山再起的主要根据地。

2003年，孙宏斌在地产界意气风发之时创立了融创，并将其定位于开发高档住宅以及商业物业的公司。跟顺驰的宏伟目标一样，融创的战略是2007年销售收入270亿元。此后到2004年年底，融创在拿到成都一块地后便销声匿迹。是时，顺驰已经风生水起。

2005年，孙宏斌第二次执掌顺驰并欲救其于危难之际，他对融创的调整已经开始。孙宏斌曾表示，对融创的调整分为四步：第一，缩减规模，果断放弃长三角等地；第二，人员调整，主要是管理层调整；第三，架构调整，即取消区域集团，由总部直接管辖城市公司；第四，资产重组。

在这几个步骤中，除了第一条收缩战线避免摊子铺得过大外，像取消区域集团等收权行动也进行得很及时。

只是这种有效的经验并没有被孙宏斌有效应用到顺驰的挽救行动中，苦苦等待上市不成后，顺驰与美国投行摩根士丹利的私募谈判也最终破裂，直接导致顺驰被"泣血贱卖"了。孙后来总结说，拖到2005年11月，顺驰才决定终止私募谈判，是决策上的失误。这使顺驰失去了对全国化战略进行调整的最佳时机。

在易居（中国）分析师薛建雄看来，孙宏斌的顺驰是完全依靠自身的实力去实现快速扩张的，没有原始积累的过程，所以后来很多矛盾具有不

融创在低调运营一段时间后，以拿下"地王"的方式回到人们的视线

可调和性，发展到最后只能是无路可走。

顺驰的一位前高层此前向时代周报记者透露，"回到融创的很长一段时日里，孙宏斌几乎都处在闭关的状态，不出门，很少开手机。"就像在四年牢狱生活期间的面壁思考，他说："我最大优点是犯错多，因为出错，受了教训，以后就特别注意"。

据透露，孙宏斌与融创高层进行了长时间的探讨和磋商，结果是孙宏斌说服了下属，暂时安于现状，解决眼前问题，即控制规模。全新的融创一改从属顺驰期间大开大阖的发展战略，开始悄悄关起门来做生意。另一方面，融创在2007年总体裁员将近30%。有报道称今年2月份，融创又进行了第二次瘦身。

孙宏斌重新回到人们的视线中是2008年12月获得"地王"称号。融创联合首钢置地不惜以20.1亿元拍下北京海淀区西北旺新村三期项目，这个举动在去年楼市寒冬中显得格外扎眼，人们在惊呼孙宏斌东山再起的同时，也很快认定，这是融创在谋划上市前的一个既定步骤。

▌炼狱过后的改变

如果说当初的四年囹圄之灾没有彻底改变孙宏斌的话，那么在11年后又败走顺驰显然触动了他的内心。三年新的融创时期，对外没有了战争式的战略宣言，对内没有了狂热的激励与煽动，孙宏斌一改往日的高调归于平淡，甚至沉默。

分析师对时代周报记者说，孙宏斌给不熟悉他的人留下一个偏激、容易走极端路线的形象，要么是高调张扬不可一世，要么就是彻底沉默不知行踪。

也许是不得已。有分析师认为，孙宏斌一次失败等于完全失去了在市场站住脚的机会，如今的融创并不稳固，也可以说孙宏斌还没有很好地恢复。融创上市并不能解决所有问题，他还必须付出更多的精力为公司筹钱。

在《地产江湖》一书中，作者肖宾写道，"孙宏斌是一个非常具有吸引力的人，涌动的激情非常容易在年轻人身上引起共鸣，此处插句后话，后来尽管顺驰被出让了，但笔者认识的曾经在顺驰公司工作过的人，绝大多数还是都说孙宏斌的好话，非常认同孙宏斌的理念和热情"。

不知道是否一个巧合，孙宏斌在北京西北旺拍下的地块距离那个曾经使他声名鹊起的故地仅咫尺之遥。联想北京总部所在地就在上地软件园。

在分析人士眼中，很难说孙宏斌是因为当年的狂放不羁不守规矩才惹来联想集团董事长柳传志的大棒，更深层次的原因被解读为是公司少壮派和元老层之间矛盾爆发的产物。最终，牺牲掉的是孙宏斌。

若干年后，当顺驰已经在地产市场掀起滔天大浪的时候，孙宏斌对着《地产江湖》一书的作者肖宾意味深长地表示："我现在要是要着饭呢，我肯定恨他，现在，唉……"孙宏斌狠狠地吸了口烟，烟雾缭绕。

如今又是几年过去，人事也已沧海桑田。年届46岁，已经不惑的孙宏斌如果回头再看顺驰的经历，他是否还会拥有同样的感叹？

（原文刊发于《时代周报》2009年12月14日第56期）

2009年的最后一个地王

文／纪　旭

《新约全书》马太福音称，让强者更强，弱者更弱。2009，地王辈出，寡头之势更加凶猛。

2009年6月30日，国企背景的中化方兴投资管理有限公司以40.6亿元的高价摘得广渠路15号地块，刷新了2007年地产市场调整以来北京地王的新纪录。一个月后，金地集团在上海以30.48亿元拿下青浦区赵巷镇特色居住区10号地块，创造了上海地王。2009年12月22日，终于轮到广州了。冬至当日，2009年中国最后一个、却也是更挑战世人想象力的地王在广州诞生了。

12月22日，国内最强悍的房地产国企与民企两大阵营——保利、万科、中海联合体与富力、雅居乐、碧桂园联合体，为争夺"世纪地王"亚运城项目在广州展开决战。

自2009年11月11日广州市宣布整体出让亚运城项目，即引人注目。该项目总建筑面积高达438万平方米，相当于2004—2006年广州市住宅供地总量，起拍价也高达165亿元，堪称"世纪地王"。

22日下午，经过短短35分钟48轮举牌之后，出让地价由165亿元飙升至

255亿元而落槌，此一役，民企胜，国企败，富力、雅居乐、碧桂园联合体笑到最后，2009年中国土地市场的"国企凶猛"现象在最后一刻被成功阻击。

但面对天价地王，所有人都明白，中国房地产的寡头时代来到了。

拍卖会上大佬云集

这场暗战注定吸引眼球。

虽然拍卖会15点正式开始，但14点刚过，广州市国土局三楼拍卖大厅已经开始升温。

14点46分，富力地产华南区总经理朱荣斌、雅居乐地产副总裁梁正坚及碧桂园地产代表等挤进竞买席。此三家公司组成民企联合体是首次合作，竞买号牌是7号。

4分钟后，88号竞买人国企联合体保利地产、万科地产和中海地产代表进场，万科广州总经理张海与中海地产广州总经理刘显勇并肩坐在竞买席的第5排。

这三家国企选择合作出乎业界意料。今年以来，万科和保利一直在争国内房地产的"头把交椅"，此刻却成了共同"御敌"的战友，此间意味深长。同时，以中海地产深厚的国企背景，却甘愿以联合身份竞投也让业界不解。此前中海地产曾以独立竞买人身份出现在报名名单中，但在交纳20亿元保证金时退出，仅保留联合竞买身份。业内分析，中海若以"双重身份"同时参与竞投的话，会对联合体的其余两个合作伙伴不公，因此最终选择了放弃独立竞投。

以华南区总经理刘裕兴为代表的6号竞买人中信地产最后一个出场。与两个以联合体出现的竞争对手不同，中信地产此次是单刀赴会。

此前，已有消息称，万科总裁郁亮、执行副总裁张继文今天会到场督战，但到最后也不见二人身影。倒是保利总经理宋广菊以一身黑衣出现，但亲自签名领取号牌后，并没有坐进竞买席。富力地产执行董事吕劲同样只现身片刻即不见踪影。

而广州市国土房管局局长谢晓丹、广州市土地开发中心主任丁强也破天荒地首次到场观战。

国内地产界七大巨头齐聚拍卖场，实属罕见，此拍卖，气场十足。

一个多月以来，关于谁是这场拍卖的最后赢家，业界的讨论和猜测一直没有停止。多数结论认为，保利联合体将最终胜出。

今年1—10月，保利在土地市场上买地的建筑面积达1152万平方米，合计地价约375亿元，甚至超过了同期签约销售额368.61亿元，成为今年拿地最多的开发商。同时，保利土储存续比（土地储备面积与单期销售额的比值）从2006年的41，2007年的40，2008年的34，下降到2009年上半年的23，表明其在土储上的狂飙带有强劲的惯性，但土储狂飙也使其现金流捉襟见肘，使得其在拿地时不得不邀请合作伙伴。

而截至11月底，万科销售达到579.2亿元，销售面积623.1万平方米，分别比去年同期增长26.9%和36.2%，即将逼近600亿元的新目标；中海地产则销售了449.9亿港元，销售面积456.9万平方米，分别同比增长了79.4%和83.5%。

根据拍卖前焦点网的调查，有73%的参与调查者认为保利联合体将拿下此地块。

三方博弈胜负谁定

15点04分，出任拍卖师的广州市房地产交易登记中心副主任李晓娟宣布拍卖开始，当她介绍完项目情况并宣布竞价阶梯为2亿元时，全场一片惊呼，这意味开发商每举一次牌就要多付出2亿元。

随后，拍卖师宣布网上最高竞价已经达到了总价180亿元，报价者为6号中信地产。这比起拍价跃升14.9亿元，创造了土地拍卖史上最大跨度的跳价。这是中信地产在此次拍卖会的唯一亮相，整个拍卖过程只是个看客，再没有举过一次牌。

15点13分，富力联合体率先举牌，出让价增至182亿元，保利联合体随即将价格追加至184亿元，两次报价之间时间差不超过1秒。此后也多次出现两次举牌间隔时间不超过1秒，这意味着亚运城地价不到1秒即蹿升2亿元。

接着，保利联合体与富力联合体两家相互紧咬，仅仅2分钟后，就由保利联合体叫价至200亿元。

静默。200亿元似乎是个心理门槛，也是拍卖前业界推测的最终出让价位。全场都在观望着这一价位能否被打破。

"下一个价位202亿元，或者你喊出高于202亿元也行。"拍卖师在鼓励举牌，全场哄笑。

仍然是静默。拍卖师提醒，此次拍卖与常规做法不同，设置了保密底价，即竞买人的最高报价达到或高于底价的确认成交，低于底价的不成交。拍卖师解释，此举是为了防止竞争不足以及竞买人恶意串通压低报价。半小时后，拍卖结束时，人们才知道原来这个神秘的保密底价是175亿元。

也许拍卖师的鼓励和提醒起了作用，富力联合体举出202亿元，全场鼓掌。坐在第一排的中信有人回头看了看，笑了。保利联合体毫不迟疑，随即举出204亿元，摆出势在必得的架势。

全场进入第二次静默。"我们计算了一下，2亿元折合楼面是每平方米61元。"拍卖师再次笑着鼓励道，很有煽动性，等待着再次举牌。

显然，这场拍地暗战中的博弈者，绝不仅仅是由地产商组成的两大联合体，急于将地卖出好价的政府，也是游戏的一个角色扮演者。

据广州市财政局最新披露的数据显示，截至11月底，广州市今年的土地出让金收益为108.4亿元，完成年度计划95.9亿元的113%。而12月份，广州有一大批土地集中推向市场，仅底价便超过200亿元。

根据广州市财政局历年向市人大的汇报，广州市近年来的土地出让金主要用在城市基础设施建设和大型工程项目的建设上，土地出让金已经变成城市建设的巨大"引擎"。

广州市国土房管局相关负责人表示，此次出让所得，也将主要用于亚运项目建设。

但这种"土地财政"也受到各界质疑。12月16日，广州市人大常委会在分组审议今年新增财力项目安排的报告时，一位常委会组成人员称，新增财力一半来自于房地产。"这些都是在花未来的钱。靠卖地来支付，我担心这样下去能维持多久，击鼓传花传到下一步怎么办？"叶育长委员认为，从近期公布的广州房价来看，增长速度在全国居前，高地价某种意义上也推高了房价，相关部门要把握好这个分寸。

而据中原地产统计，今年前三季度国内主要城市土地出让金暴增，其中上海已突破600亿元，分别超越2007、2008年全年总额；而北京也达571亿元，占了全市财政收入的1/3。

不论出发点如何，客观上，广州在努力缩小与前两个城市的差距。

恶战之后民企小胜

15点17分，朱荣斌与身边的雅居乐副总裁梁正坚及碧桂园代表低头商议了一下，示意工作人员再次举牌：206亿元。

此时的价位似乎已经超过了双方的预期，双方举牌的速度都明显放慢，并不时地商议，或者打电话请示。而拍卖师也间或地报出楼面地价。

15点22分，在保利联合体报出236亿元之后，在富力地产总裁助理陆毅的要求下，拍卖师将竞价阶梯降为1亿元。富力地产朱荣斌笑称，调低点大家多玩会儿。"1亿元等于30块钱的楼面价，考虑一下，要不要再加30块钱？"拍卖师继续鼓励。

接下来，保利联合体举牌不再像之前那么果断，而富力联合体似乎欲望越来越强。

15点34分，富力联合体把总价推到了255亿元。而保利联合体的工作人员则向拍卖师轻轻地摇头，表示不再举牌。"255亿元，成交！"拍卖师落下了中国土地拍卖史上最重的一槌。

由于国家最近出台的对房地产市场的政策，专业人士大多预计此次卖地总价不会超过200亿元。255亿元折合楼面地价5822元/平方米，扣除公建配套后，楼面地价达到6286元/平方米，比起价3767元/平方米溢价接近66%，此地块房价过万已无悬念。

在将火热的2009年土地市场推向一个新高峰后，亚运城项目精彩谢幕。

朱荣斌等人起身接受掌声，保利联合体数人则落寞离场。

而在此前，三家广州本土民营房企组成的联合体并不被业界看好。富力地产华南区总经理朱荣斌在之前接受时代周报记者采访时也表示，亚运城项目"拿着烫手，但作为广州市场占有率第一的富力，不报名又说不过去"。言下似有难言之隐。但事后看来，这似乎又像是朱荣斌的"烟幕弹"。

此役虽以富力为代表的民企拔得头筹，但在全国范围的土地市场竞逐中，国企仍是胜多负少。美联物业市场研究部统计数据显示，以北京为例，2009年出让的住宅用地中，国企拿地建筑面积654万平方米，共计417.3亿元，楼面价为每平方米6381元，这一数据相比民企分别高出54.35%、148.56%和61%。显然，富力联合体的胜出，不过是"局部性胜利"。

地产寡头时代来临

拍卖会后，富力华南地区总经理朱荣斌代表联合体向时代周报表示，三家同为本地民营房企，同在香港上市，相似的背景是他们联手合作的基础。参与广州亚运城项目开发，三家公司已经做好了充分的研究准备，认为亚运城政府已经做好了相关的配套，规划完善，"开发商可以坐享其成"。但对于此项目的开发计划，朱表示："怎么吃这个大蛋糕下一步再说"。

但有业内人士向时代周报表示自己的担心，亚运城项目过长的开发周期带来了较大的运营风险——来自政府打压房价的政策风险；来自消费者能否接受远离市区的高价楼盘的市场风险；来自三方长期合作的高沟通成本的不确定性风险；更有长期开发过程中的资金流动性是否可控的运营风险。"这些都将考验这三家民营企业的运营能力。"

拍卖前夜，国家出台土地出让金首付需达五成的新政，广州市国土房屋管理局相关负责人在接受记者采访时称，本次亚运城项目出让仍继续按挂牌公告文件的约定执行。

公告显示，此项目第一期要在本月25日前缴交40%的土地出让金，按成交价计算就是102亿元。这部分款项是支付亚运城已建成的106.65万平方米物业。第二期要在2010年12月10日之前缴交30%的土地出让金，剩下的30%土地出让金将在2011年12月10日之前缴清。

作为一则花絮，在拍卖后立刻派发给媒体的事先拟好的宣传通稿中，广州市国土局称"亚运城项目的成交价格是理性的"。或许这意味着，无论拍卖价格多少，成交价格都是"理性的"。

此前，市场很多声音质疑，广州市为了尽快回笼资金而整体出让亚运城项目，会造成区域垄断。国土局相关负责人指出，整体出让最能够体现亚运城项目的市场价值。亚运城项目商品住宅供应量为385万平方米，分6

年供应，每年的供应量约60多万平方米。而广州十区每年商品住宅的供应规模在800万平方米左右，亚运城项目供应量占全市供应量的比例仅为8%左右，这样的占比要形成垄断话语权可能性不大。

就在全国最大地王在广州诞生的同时，北京楼市业内人士猜测，北京即将上市的CBD核心区地块——中服地块有可能突破百亿，成为"北京新地王"。

12月18日，五部委打击囤地炒地、开发商拿地首付不低于50%的消息出台，地产股出现"恐慌性"下挫，整体跌幅超过6%，广州亚运地王的参战者万科、保利等都无一幸免。而自从中央经济工作会议内容公布以来，市场已经嗅到楼市政策走向，地产指数连跌多个交易日。

但"拿地首付五成"也将使小开发商拿地更难，却给了资本大鳄更多的机会。此次亚运地王中胜出的三家民企，虽然整体实力不敌国企对手，但前11个月的销售额均超过200亿元，资金十分充裕。而此次世纪地王的出世，似乎也在表明，中国房地产的寡头时代已经到来。

（原文刊发于《时代周报》2009年12月28日第58期）

第二章

乱战

一切都是变数。

纠结，无处不在的纠结。这是最好的时期，也是最坏的时期。这是一个政策利空、利多因素交织的时期。

2010年，房地产市场变得充满悬念。各种利益的纠葛，以及政策的出台，都左右着市场的走向。这与2009年，牛年的中国楼市走出了单边上扬的"大牛市"形成鲜明对比。

房地产紧缩政策密集出台，将使人们加大对楼市震荡的预期。然而，房产的调控正面临着两难选择：房价过快上涨，将会引发民生问题；遏制房价，又怕伤害到实体经济。

而且早前的房产调控政策，缺少具体的实施细则和惩戒措施，属于"旧瓶装旧酒"，可能会抑制投机需求，但期望房价大跌并不现实。

在楼市表现中，海南异军突起，房价飙升，短暂的狂热后又出现了"出货潮"。然而，没有人敢断言楼市迎来新的拐点。

正是在这种迷茫中，史上最严厉调控政策出台。胶着与博弈，观望与谨慎，部分房企因业绩大滑而调整价格或策略，土地市场也开始由热转冷……萧风瑟瑟，多家上市房企的成交金额及面积都大幅下跌，高者达到89%，在高资本杠杆下，上市房企的资金链受到考验，危险系数正一步步加大。

安得广厦千万间，大庇天下寒士俱欢颜。住建部在2011年加大了保障房建设力度，开发商的参与让刚需者看到了希望。

但地产市场却在发生巨大的变化，在一线城市因为限购、限贷等一系列调控政策的遏制之下，房价的涨幅终于有了一定程度的控制。而不少二、三线城市的房价上涨压力却因此而加大。随后，国务院宣布限购令将延伸至二、三线城市。限购范围的扩大，使得地产开发商再次面临重大的调控压力。中海、万科、恒大等企业率先降价，龙湖也开始加入降价队伍。业界认为，在新一轮调控的压力下，三季度房价或迎来拐点。

悲观情绪在蔓延，暗潮却在背后涌动。在适度宽松的货币政策和接连两次降息之后，房地产市场开始有所回暖，众多房地产企业及时抓住了机会。

先是万科率先进入千亿俱乐部，绿地、保利紧随其后，恒大、中海、万达急速追赶，身后还有地产狂人孙宏斌的融创。

一场意外的狂欢。

冰火

> 一面是房地产市场的火热，另一方面是密集的调控政策，越过2009年，楼市进入了一个冰与火的局面。
>
> 事实上，业内对于当时楼市刚需集中爆发的说法有着不少的争论，然而，排队买房的场景又屡屡发生在新开盘的项目上，土地市场的火爆让地王再度现身，楼房的供不应求却给了开发商提价的机会与底气。
>
> 有人在抢购，有人在狂欢，也有人在担忧。中央政府以"组合拳"的形式在信贷、房贷等方面不断推出调控政策，试图让楼市降温，调控逐渐步入深水区。而开发商则试图在这一火热的市场中抓住发展机会。

地产调控风暴再来

文／陶春宇

北京一日三地王，正引发中国新一轮的地产调控大风暴。

3月15日，全国"两会"落幕，"两会"政府工作报告首次提出的要抑制土地价格过快上涨。国资委立即表态：要求78家不以房地产为主业的央企要退出房地产市场；银监会相关负责人表示，对国资委公布的78家不以房地产为核心主业的中央企业停止新增授信；证监会也采取措施，暂停地产或与地产相关的上市公司通过股市进行再融资；国土部也摸底酝酿收紧地根。重庆、广州、南京等市也相继出台调控房价的政策……

中国农业银行总行高级分析师何志成对"两会"后地价和房价的再次疯狂颇为担心："如果地价和房价还将继续飙升的话，中央或许会有更加严厉的政策出台，时间估计是在今年五六月份，那时宏观经济走向大致明确。"

3月29日，国务院新闻办公室举行的新闻吹风会上，国土资源部土地利用管理司副司长冷宏志表示，正加快物业税出台进程。物业税或许成为调控房价的最后一个杀手锏。

一场调控风暴正在酝酿之中。

楼市急速回暖

2009年年底，全国各地房价出人意料地飙升，让房价问题再度成为各界关注的焦点话题。为此，在"两会"前，一系列房地产调控政策密集出台。从营业税征免时限由2年恢复到5年、到中央经济工作会议的增加供给、"国四条"、五部委打击囤地通知，再到"国十一条"，国土资源部、住建部、财政部、银监会等多部委同时出动，形成了土地、市场、信贷等全方位立体监管。

从已出台的政策组合拳来看，大有翻版2007年年末的趋势：二套房政策从严以及从紧的货币政策，再加上上调资本金比例，这三条政策直接将2008年楼市打入冰冻期。如今，这三条政策组合拳已经打出了两个：二套房贷政策收紧、上调准备金率。

这一系列的政策，确实在短期内对楼市起到了降温的效果。今年年初，京、沪、广、深四大一线城市一手房市场成交总量一度环比下跌20%，其余5个重点城市成交总量下跌44%。

期望购房的人希望在"两会"上，能够有更加严厉的房产调控政策出台，而这也恰恰是开发商们所担心的事情。

北京接连诞生地王的当天，就有人惊呼"房价又要涨了"。果不其然，在地王频出的影响下，"两会"前房价稍有回落的各地市场，北京、深圳、上海、杭州等地再次展露暴涨苗头。

统计显示，上周北京共开盘12个项目，开盘均价已经达到了23560元/平方米。而其中有6个项目在去年同期已经开始销售，从去年3月至今，几乎所有项目售价接近翻番，价格涨幅最高的甚至达到了140%。

近期，深圳楼市成交迅猛反弹，伴随着价格快速上涨，年前190万元的房子目前卖到260万元，年前预计卖1.8万元/平方米的现在要卖2.5万元/平方米，不少房子价格已经上涨30%以上。

来自杭州的消息也显示，楼市急速回暖。3月28日，位于杭州下沙的保利东湾楼盘通知开盘，仅170余套楼房引来一千余人排队等候，且该楼盘在4小时内基本售罄，预售均价在1.5万元/平方米左右。

新一轮调控风暴来临

为了遏制房价，控制恐慌气氛的蔓延，中央和各地方政府反应迅速。3月18日，国资委就下达"撤退令"，要求除16家以房地产为主业的央企外，78家不以房地产为主业的央企在完成自有土地开发和已实施项目后要退出房地产业务。国资委并给出了15天制定退出计划"大限"。

紧接着，银监会主席刘明康表示，已经注意到国内资产泡沫风险所带来的挑战，也正在严格管理购地贷款的使用。

相关报道称，银监会已经对国资委公布的78家不以房地产为核心主业的中央企业，对以非在建工程为抵押贷款的一切项目，不受理授信申请，已授信的要保全，并要停止对其新增授信。

同时，为配合国务院整顿房地产市场秩序，查处房地产企业违规行为，银监会要求商业银行，经国土资源部门、建设主管部门查实存在囤地、捂盘行为的房地产开发企业，要将其列入警示名单，不得对其发放新增贷款，已有贷款要切实采取保全措施。

同时，来自国内媒体的消息称，证监会已经采取措施，暂停地产或与地产相关的上市公司通过股市进行再融资，以抑制房地产泡沫。近期至少有30多家地产企业放弃了上市计划。记者致电证监会研究员王欧，其不愿就此发表评论。

而来自万科内部人士的消息称，去年9月，获得股东大会通过的万科112亿元的再融资方案，至今没有获得证监会的批复。

中国社会科学院金融研究所研究员尹中立在接受时代周报记者采访时表示，只要严格控制房地产类上市公司的再融资行为，同时让所有央企从房地产市场撤出，只要政府下决心控制银行资金通向地产的通道和途径，货币就不会在房地产领域泛滥，房价也就会得到遏制。

另有消息称，国土部已经派出百多名官员，分成30个小组，奔赴30个省市，进行为期10天的实地调研。同时，国土部今年将从3月开始到7月底，在各地用5个月时间全面开展清理查处房地产开发中闲置土地、囤地炒地、向别墅供地等各种违法违规用地的专项整治行动。

何志成认为，作为调控房价最后一个手段，只有在房价再次无法控制之时，才可能会临时召开人大常委会，审议物业税的草案。目前，更应该采取的措施是多建保障房等来抑制房价的过快上涨。如果猛踩刹车，导致房价暴跌，可能问题更加严重。中央的调控政策应该是防止暴涨，也要防止暴跌的。

住房和城乡建设部政策研究中心副主任王钰林认为，地王的频出，反映出的是调控政策需要时间，同时也看出调控政策要抓紧落实。

目前的主要问题是，企业宽松的资金和对出让后的土地没有进行科学配置和严格的管理。78家央企逐步退出住房用地的竞争，对其他开发企业应当是有利的，但不等于"地王"不会出现。

他同时对维护房地产市场的健康稳定发展提出其建议，主要还是加大市场供应量，囤地、捂盘的现象不能存在，另一个重点是规范市场行为，使消费者的权益得到保护。

（原文刊发于《时代周报》2010年4月5日第72期）

调控博弈下的政策"核武"

文/张　睿

一场突如其来的"回暖"，打乱了宏观调控下楼市的阵脚，原本蹒跚的步履又显得"轻快"起来。

成交量数周持续上扬、开发商即便小幅优惠促销房价也仍在高位震荡、土地市场上"地王"又重出江湖。

这一局面，同房地产宏观调控的预期是否相符？如何盘点宏观调控在这5个月的成败功过？逆流反弹后，更严厉的宏观调控政策是否会增加出台指数？

逆流回暖

"从8月28日开盘到现在,我们的优惠政策过一天少一天。因为南北通透的房源比较少,我们开过会,应该还会提价的。所以最好抓紧时间买。"9月4日,开盘一周的北京蓝光云鼎项目现场,销售人员一边告诉时代周报记者42套南北通透的房源已经只剩下四五套,一边"透露"开发商的涨价预期。她还告诉记者,刚开盘时还有1万顶4、5万的优惠,后来就只有部分楼层享受一定程度折扣的优惠了。

近期楼市一片飘红的数据似乎给了开发商酝酿提价的底气。

9月10日,国家统计局公布最新数据,8月份,全国70个大中城市房屋销售价格同比上涨9.3%,涨幅比7月份缩小1.0个百分点,房价环比继续基本持平。全国商品房销售面积较上年同比下降10.1%,但较7月份增加6.5%,商品房销售额比7月也高出近15%。此外,包括全国房地产开发投资、商品住宅投资、土地购置面积等在内的多项数据都比7月有不同程度的上涨。

"8月楼市反弹是刚需集中入市所导致的必然结果。"世联研究根据数据平台统计,发现8月各大城市楼市反弹呈现如下特点:在新政没有任何放松情况下的反弹;成交物业以90平方米左右的中小户型为主。中小户型总价较低,符合目前自住型购房者的需求;刚需爆发性入市导致楼市反弹,8月置业群体多位于30~40岁的年龄段,以企业的高薪白领、中高层管理者、政府公务员以及中小企业主为主导,其中,小两口年轻家庭占据较大比例。

调控临败

业内对这场没有任何征兆的回暖做出了不同定性,也让人们对接下来是否会引发更严厉的政策出台、有了不同的预期。

中国不动产研究中心给时代周报记者提供的《中国房地产宏观调控走向分析》报告显示：目前消费者和开发商，对于本轮宏观调控政策的效果和未来宏观调控政策的走向，出现了明显的分水岭。

该中心对消费者的调研结果显示：80%的消费者认为宏观调控没有达到预期结果；76%的消费者表示宏观调控会持续一年以上；58%的消费者认为未来楼市调控仍需加码；23%认为应坚持目前严厉的调控政策；只有16%认为会转为适度宽松的调控政策。

上海中原研究咨询部总监宋会雍向时代周报记者表示，在"最严厉调控"之下，大家觉得房价走向跟心理预期落差比较大，但第一轮调控有效果，遏制泡沫进一步膨胀是消除泡沫的第一步。

根据上海中原研究咨询部的跟踪，上海楼市目前的投资性客群比重为10%左右，较新政调控之前明显减少，同时实现一次性付款置业的客群占到了约1/3，市场新增消费的泡沫成分确实在减弱。此外，房价水平也开始趋于稳健，二手住宅交易价格已经连续3个月走平，一手房价也比新政前有小幅回落。

"就政策重点及市场走势来看，眼下的'新国十条'有它的片面性，我们可以看到在买卖双方信心恢复之后，局部市场出现反弹，8月份的统计数据也表明在全国多个城市中房价继续上扬的现状。它还需要进一步完善与更加严格的执行监管，以及其他政策的配合。"宋会雍说。

❝ 调控步入深水区

在业内对此轮宏观调控的是非功过争论不休时，市场已经走到了一个敏感的十字路口。市场上的风吹草动，都不禁引发遐想，更严厉的宏观调控是否已经箭在弦上？

8月中下旬，系列对开发商资金利空的消息在市场上传开。

在广东和山东多年前就开始执行预售资金的监管之后，北京市等地也开始酝酿商品房预售资金的监督管理办法。随即，市场又传出包括农行、建行在内的多家银行均接到监管层口头通知，暂停发放房地产贷款的消息。

"收紧开发贷对于房企，尤其是非上市房企影响是负面的。国内房地产企业融资渠道比较单一，负债率都比较高，杠杆高。但在预售模式下，如果销售情况好，资金回笼快，收紧开发贷影响就不会很大。"中信证券研究部研究员鲍荣富对时代周报记者表示。

"相对来说，如果真的是加强预收款监管，回笼的资金不能马上进行下一轮拿地、经营周转，那可能整个行业的开发模式都会改变了。"鲍荣富认为。

住房与城乡建设部政策研究中心副主任秦虹对时代周报记者表示，预售款是房地产开发企业最重要的资金来源之一，占到开发企业的30%到40%。预售款作为房地产开发企业主要来源之一，主要的客观背景在于房地产开发直接融资的渠道比较少，主要靠银行资金，造成开发企业资金的需求受到信贷政策约束非常大，对银行的风险影响也很大。在直接融资渠道非常有限的情况下，房地产的预售款成为房地产企业开发的资金之一。加强预售款的管理，这是非常有必要的。

但宋会雍认为，目前预售标准已经接近封顶竣工，预售资金监管实际效用有限；而停止开发贷款若一旦实施，遏制供应同样会强化后期市场反弹的预期。

而针对买房者的购房贷款同样慢慢收紧。时代周报记者从北京银行相关人士处获悉，如今北京除了北京银行仍能享受首次置业首付二成、利率7折优惠外，其他多家银行已经陆续取消了7折优惠。八月初又传银监会把京沪深杭纳入"商品住房价格过高、上涨过快、供应紧张的地区"行列，建议各家商业银行暂停这四地区的第三套房贷。

"但若要在重点城市全面停止三套房贷，目前围追堵截的大网还没有建设好。"宋会雍称，"必须完善城市家庭房屋登记信息系统，以及加强持证抵押消费贷款的监管追踪"。

相比之下，业内对呼声颇高的房产税或物业税在近期的出台指数预期却相对较低。

著名经济学家、国务院发展研究中心金融研究所副所长巴曙松在给时代周报记者提供的一份研究报告中即认为，政府暂时不会出台进一步更为严厉的调控措施，而是将采取静观其变的态度，近期欧洲主权债务危机恶化，以及主要宏观指标的逐步回落，强化了这一观望基调。"从这个角度讲，针对近期争议较多的房产税，我们认为一刀切地在全国范围内开征房地产税或物业税，短期看面临很高的操作成本。"

"预计2010年底可以进行实质性试点，信息系统的建设至关重要。"宋会雍表示，初始阶段，不论征收税率高与低，都将带来真正意义上的抛售潮。价格骤然下挫难以避免。

（原文刊发于《时代周报》2010年9月20日第96期）

地产行业迈入战国时代

文／赵夏蓉

史上最为严厉的调控仍在持续，市场风云变幻、跌宕起伏，房企界三大集团显著分化，拉开了混战。

它们在本色表演，用实力说话。这场较量里，有愈演愈烈的洗牌战、争夺战，也有抱团取暖的合作……当然，除极少数被淘汰出局外，房企的整体生存能力得以锻炼。

千亿军团竞争白热化

第一集团军依旧是万科、绿地、保利地产、中海地产、恒大地产、万达集团。与去年相比，房地产企业的销售金额排名上略有变化，但千亿俱乐部是个全新的关键词。

继万科2012年全年销售额突破1400亿元、连续3年超千亿元之后，绿地集团和保利地产正式跻身"千亿俱乐部"，中海、恒大、万达等房企则紧随其后，年度销售总额均超过900亿元，与千亿俱乐部只有一步之遥。

从百亿到千亿，万科用了5年。而从千亿元到两千亿元，万科将时间设定在2014年。虽然，万科依旧是老大，但随着千亿俱乐部的扩容，老大万科的优势已经不太明显，千亿军团的竞争白热化。

强者恒强，千亿俱乐部扩容就证明了这一点。但是，事实也证明着千亿定律的存在：即破千亿后成长速度会慢下来。万科也逃不出这个圈。2010年的销售增速为70.55%，2011年减至12.37%，2012年（前11月）仅9.88%。

"万科的体量很大，按现在的发展速度看，有些困难。我的看法是最终能实现，但不会那么快。"一名深圳券商地产分析师说。

不过，万科也正在努力捍卫自己行业老大的地位。从收购香港上市公司南联地产，到B转H股的方案出炉，万科搭建海外融资平台，剑指国际市场，不遗余力地巩固江湖地位。

不过，尽管霸主之争愈演愈烈，但龙头之间的关系已由过去的竞争演变为错综复杂的竞合，顺应时势的抱团取暖也成了其聪明之选。去年底，绿地与万科联手以54亿元夺得上海地王就是典型个案。

奋起直追的保利将两千亿元的目标定在了2020年，"保利擅长弯道超车"。

一位资深地产分析人士称，在行业最为艰难的2008年、2011—2012年上半年，保利地产均实现了高速增长。

而其既拥有得天独厚的央企资源背景，又遵循高周转高杠杆的市场化运作方式，使其兼具了万科规模化和中海"会赚钱"的特征。

恒大的土地储备是全行业最多的，而且拿地成本远远低于万科。

截至2012年12月31日，恒大的土地储备达到1.4亿平方米，成为首家土储过亿平方米的上市房企。同比去年的1.37亿平方米，增长了2.4%。在购地成本上，恒大2012年的购地成本为724元/平方米，2011年则为616元/平方米，每平方米增加了108元，但与万科2790元/平方米的土地成本相比，还是便宜了不少。这也与恒大扎根二、三线城市的战略有关。

从恒大拿地区域来看，2012年新增的47个项目中，位于二线城市的有13个，位于三线城市的达34个。

中海地产超过万科登上了最赚钱房企榜首，去年营收为517.3亿元，但在净利润方面，中海地产去年达到151.6亿元，比万科125.5亿元的净利润高20%，平均两天半就要赚1亿元。

万达带着"国际风"突飞猛进，到处攻城略地夺江山，在商业地产独占鳌头。但是伴随着其高投入、高扩张的却是其高负债率和低利润率，且其净利润的增长远远赶不上资产的膨胀规模。去年，万达资产规模膨胀至3000亿元，净利润逾百亿左右，万达净利与资产规模的差距竟达到了30倍。

第二军团一片混战

虽然，第二军团与第一军团的最小差距超过了400亿元，而在2011年，这一数据为250亿元，尽管如此，绿城中国、碧桂园、华润置地、融创、富力地产等领衔的庞大第二军团仍是房企界的主力军，过去的一年里，他们在较量中演绎了很多故事：龙湖的排名下滑，招商卖上了年度最贵的房子，融创中国业绩大增，小字辈房企宏立城凭借着"天下第一神盘"花果园成为年度最大黑马。

龙湖地产股份有限公司受"增持商业"战略影响，2012年合同销售额是401.3亿元，同比增长4.9%，排名由2011年的第8滑落到第14。

而年度"最贵"的房子则出现在招商地产，招商地产2012年累计实现合约销售363.86亿元，销售均价达到18352元/平方米，同比2011年的17500元/平方米微升4.9%。

值得一提的是，招商地产全年合约销售均价也是标杆房企中唯一突破15000元/平方米的企业。

名不见经传的贵州宏立城成了2012年度最大的黑马，其目前仅开发过两个项目，目前在售项目仅花果园，但这个总投资达900亿的棚户区改造项目却被誉为"天下第一神盘"，宏立城凭借花果园实现了245亿元的销售额，跃居第18位。

不过，调控升级下，出售股权，吸纳策略性股东、合作开发等亦成了这类中坚房企的生存之道，最为典型的就是绿城中国。

2012年6月，绿城中国将24.6%的股份出售给香港房企大鳄九龙仓集团，合计融资50亿港元，吸纳九龙仓成为公司第二大股东。

紧随其后，又放弃长三角，将上海、天津、苏州、无锡、常州5城9个项目地产出售给融创中国套现：绿城中国旗下绿城房地产，与融创中国旗下融创置地，成立各持50%股权的合资公司，融创向绿城购买其旗下8项物业，合营公司成立后，融创置地向绿城房地产购9项物业50%的权益，总额约为33.72亿元。

"这也是调控的结果，绿城终于也要卖股权了。"绿城中国董事长宋卫平笑道，话中也颇为无奈。

而融创中国坐收渔利，业绩高歌。去年全年，融创中国共实现合约销售金额356.4亿元，同比2011年增长了86%。"融创在去年下半年的大部分盈利是来自之前打包的合资平台项目。"香港地区某券商分析师说。

随着城镇化的推进，释放的刚需成为房企争夺的目标。"尽管房地产市场的营商环境面对不少挑战，但富力地产适时调整策略，把握自刚性需求释放后得到逐步改善的房地产市场，并扩展至较高端物业以及投资型物业的商机，推动了整体业务的稳定增长。"富力地产董事长李思廉今年剑指420亿元，"公司将把握城镇化持续推进对物业刚性需求带来的机遇"。

❝ 地产新势力异军突起

而与此同时，一批中型地产企业各显神通，自成风格，成为地产界的一股新势力。

在众房企为"走出去"而殚精竭虑时，建业地产安居中原一隅，践行"省域化发展"战略，亦是独霸河南江山，去年销售业绩突破百亿元，增速达27.4%，不亦乐乎。

"我们的目标主要是给自己定每年递增20%～30%，这样基本就能达到300亿元的目标了。但就世界范围内而言，一个企业能够持续10年、20年保证20%以上的增长也是很稀有的。"建业地产董事长胡葆森表示。

方圆地产却独重文化味。方圆集团在穿唐装、舞文弄墨的副总裁黄新发的操盘下，给项目穿上了文化色彩的外衣，云山诗意系列等产品以东方古典建筑的特色独树一帜，方圆集团"地产研发商"的名号得以打响。

起步梅州壮大于广州番禺的敏捷地产，依靠"快速开发、大盘开发、低价入市"脱颖而出，尤其刷新了从"拿地到预售在一百天左右"的最快销售纪录。

多元经营的广州珠江新城地主嘉裕集团，神秘低调，却一鸣惊人，去年派出旗下金逸影视，与万达麾下的万达院线，打起了"影视战"，争夺院线第一股。

值得一提的是，在上市堰塞湖的压力下，去年仍有房企突破重围顺利上岸。

去年11月23日旭辉集团终圆上市梦，成为去年首家成功赴港上市的内地房企，"上市对旭辉来说是水到渠成的事"，旭辉集团董事长林中说。

长江三角洲的物业开发商新城控股苦等11年，终于在去年11月29日登陆港股，首次公开发售更成为自2011年以来香港市场最大型的国内房地产上市项目，去年合约销售额较2011年增长15.3%至约人民币161.35亿元。

地产新贵中不乏特立独行的开发商，如华夏幸福基业，模式独特，以开发区投资运营见长。2012年，华夏幸福基业全年完成销售额211.35亿元，同比增长28.09%。"中等规模的房企将进一步加速全国布局，在城镇化的背景下，开发模式也会有所创新。"华夏幸福基业一高管表示。

（原文刊发于《时代周报》2013年5月17日第210期）

地王潮的喜与忧

文/赵 卓

进入9月，土地市场地王连续副高潮迭起。在不到半月时间里，北京、上海、杭州等地接连诞生五宗地王，揽金近513亿元。

仅仅在北京，7月3日懋源地产拿下位于南三环夏家胡同地王时已经将单价地王推高到4.2万元/平方米，任懋源地产的单价地王只做了20天，之后这一纪录就被中粮地产以5.2万元/平方米的价格打破，一个多月后，融创中国因拿下位于东三环的农展馆地块而成为北京乃至全国的新科地王，单价更是暴涨到7.3万元/平方米。

在融创创下全国单价地王后，上海易居房地产研究院副院长杨红旭撰文：地王，一个接一个，如同一颗又一颗，炙热的陨石，穿过大热层，狠狠地砸在了中国楼市的屁股上、胸口上。地王潮也引发了一场微博论战，有地产教父之称的万科董事长王石在微博上对孙宏斌隔空喊话："精明的李嘉诚先生在卖北京、上海的物业，这是一个信号，小心了！"

3天之后，融创董事长孙宏斌回应：我对王总的判断和判断依据很惊讶；对市场的判断有分歧很正常，我们继续看好北京上海，尤其是北京上海的稀缺地块；感谢王总的提醒，我们会以如覆薄冰如临深渊态度对待风险。

双雄较量再起，围绕着地王，此番争论，谁又将笑到最后？

回归一、二线引发地王潮

9月堪称地王月。

　　除了融创在土地市场上高歌猛进外，9月5日，新鸿基以217.7亿元的总价拿下徐家汇中心地块，成为历史上全国总价第二高的地王。9月12日，越秀地产以90.1亿元的总价拿下武汉精武路地块，成为武汉总价、单价"双料地王"。9月18日，融创再次出手，以103亿元拿下天津总价"地王"。

　　据链家地产市场研究部统计，北京在7月初的时候土地出让金已达745.8亿元，超过2012年全年的土地出让收入，目前，北京、上海的土地出让金收入已经突破千亿元大关，即便是南京前八月土地出让金收入也达到505亿元。一时间，土地市场仿佛回到2009年底至2010年初的楼市疯狂期。

　　尽管相关部门费尽心机，甚至不惜限购限贷，为何结果还是地王频出？

　　值得注意的是，半月内连拿下两个地王的融创，并非土地市场的激进派，就在8月27日融创中期业绩发布会上，孙宏斌还反复强调，目前土地市场竞争激烈，风险正在积聚，以北京为例，地价暴涨的速度远大于房价上涨的速度。因此，融创即使在最为看重的一线核心城市，也绝不盲目冒险拼地。

　　2012年12月24日，天津市南开区天塔道一地块出让，当时鲁能集团旗下的北京顺义新城建设开发有限公司力压融创，强势夺得该"双料地王"，竞地失败后，孙宏斌在微博中写道："天津是融创的大本营，绿荫里又是天津最好的地块之一……但是再好的东西也要价格合适，我们必须遵守纪律学会放弃……"

　　在亚豪机构市场总监郭毅看来，土地储备不足，是此轮房地产企业不惜重金也要抢地的最主要原因。华远地产董事长任志强曾形象地比喻道："众多的企业饿了，给一块骨头，也一定会打得火爆。"

　　"另一方面，随着三、四线城市楼市风险加大，甚至出现空城、鬼城，一、二线城市重新受到房地产企业的青睐，"郭毅对时代周报记者表示。7月3日，恒大地产以35.6亿元的价格拿下昌平沙河一块地，这也是恒大地产首次进入北京市场拿地。恒大地产的转向，也验证了这一趋势。

据中国指数研究院的统计数据显示，十大品牌房企在一、二线城市的拿地规模占比稳步提升，2013年一季度达到69.4%，二季度则增加至78.7%，房企回流一、二线城市引发的土地饥渴成为地王涌现的重要原因。

"还有一个因素，对于地方房地产企业而言，似乎只有在北京、上海这样的城市有了项目，才能打造全国性房地产企业的形象，因此这些企业不计利润，也要在北京拿地做项目，"郭毅表示。

❝ 昔日地王悲喜两重天

对于企业来说，追涨土地市场、拿下地王，究竟是企业加速发展的助推器还是一个烫手的山芋？

很多地王项目确实做得风生水起，比如当年的富力地产，2002年时曾以31.6亿元取得北京"双井地王"，如今的富力城已经建成乃至销售一空，二手房价格都已经涨至6万元/平方米，这个项目也帮助富力在北京站稳脚跟。2009年，中化方兴刚刚拿下"广渠路地王"的时候，因楼面地价超过周围二手房价，包括潘石屹在内的众多地产大佬都表示不看好该项目，但是现在其地王项目金茂府让进入地产行业时日尚短的方兴地产赚得钵满盆溢。

但是，所有地王都能笑到最后吗？

过去几年，折戟于地王、大伤元气的开发商并不在少数。2013年6月雅戈尔退掉了在2010年拿下的杭州地王，损失4.84亿元；7月5日南京市国土局发出公告，中冶置业在2012年拿下的南京地王项目，因供地手续和规划更改等问题，面临被南京市政府收回的问题，目前，中冶置业在追讨

11.3亿元的土地保证金。但最终结果尚未可知。

上海外滩地王经历更是曲折。2010年2月，上海外滩8-1地块以92.2亿元的价格成交，创下上海地王纪录，然而，拿下了地王的上海证大因无力独立开发，引入绿城和复星集团。又因证大与绿城联合将项目公司母公司股权出售给SOHO中国，引发复星集团与其他三大地产明星企业旷日持久的复杂诉讼，结果至今不明。

地产大腕潘石屹在自己的博客中写下了这样一句话："20年从商经验告诉我，对一个房地产公司来说，常常是一块土地定生死。短短10年的中国房地产历史，多少公司因一块土地死掉了。"

事实也的确如此。

以刚刚卸任北京单价地王的中粮地产为例，2010年10月16日，中粮地产以总价7.42亿元，楼面地价6074元/平方米拿下深圳坪山新区的地块，创下该区的地王。但该项目一直销售不畅，一品澜山项目的相关负责人曾感叹，这个项目只要不亏本就谢天谢地了。

2013年6月27日，经过48轮疯狂竞价，中粮地产以23.4亿元的重金拿下南京G34地块，楼面价直接由4390元/平方米飙升至7338元/平方米，亦引起业内担忧。

另一个深受地王其害的是远洋地产，其在北京和青岛等地的地王项目均惨淡收场，远洋地产不仅失守北京大本营，净利润更是节节下降，2010年中报显示，远洋协议销售额为83亿元人民币，净利润为11.52亿元，净利率高达24%，但是到了2013年上半年，协议销售额增长至178.13亿元，但是净利润只有14.17亿元，净利润率直接降至9.9%。

曾经饱尝地王之苦的远洋地产总裁李明在接受记者采访时称，北京当前的地价太高，远洋地产已经算不过来账。尽管远洋地产的地王项目已经缓过气来，但当年饱受地王的痛苦没有人能够体会。

此前中国房地产及住宅研究会副会长顾云昌接受时代周报记者专访时

指出，目前住宅用地供应不足，在他看来，开发商不能捂盘惜售，政府也不能捂地惜售。全国工商联房地产商会创会会长聂梅生则呼吁，出台房地产长效调控机制，推动住房用地供应渠道多元化，增加供应规模，逐步形成政府供地和市场供地的双轨制；同时，要以差别化信贷政策满足市场需求，推进房地产直接融资，将民间资金有效地导入房地产领域。

（原文刊发于《时代周报》2013年9月27日第252期）

扩张

> 对于开发商而言，如此火爆的市场背后，正是一个黄金的发展时期。抓住机遇便拥抱未来，在这其中，无论是央企还是民企，都希望能够在快速变化的市场上拥有一席之地。
>
> 但是，打法是不同的。一些企业经过快速进入各地城市，已经将棋盘摆得很大，是考虑在棋盘落子，还是考虑将棋盘造得更大？可以看到，当时很多的发展策略在未来几年里面影响了这些企业的发展，是福是祸均有因。

宋卫平：浪漫的地产赌徒

文 / 陶喜年

绿城集团的员工们，已经有几个月没见到董事长宋卫平来公司了。

4月20日，绿城中国在香港举行业绩发布会。绿城行政总裁寿柏年、行政经理罗钊明等均出席发布会，但宋卫平没有露面。

宋卫平的去向无法确定，可以确定的是，以"好赌"著称的杭州房地产老大宋卫平，正把绿城推向危机的边缘。

根据最新公布的销售业绩，今年5月，绿城销售额仅有区区20亿元，不及上月的31%——4月份，这一数字为65亿元。绿城已赫然位列5月上市房企销售业绩下跌榜首位。

刚刚在2009年绝地逢生的绿城，又将面临新一轮的生死考验。

绿城豪赌

绿城成立于1995年，2000年走出杭州，进军上海、北京、合肥，开始全国性扩张。到2009年，绿城已进入全国40个城市，但大部分项目，仍集中在浙江，尤其是杭州。

2001年，绿城的销售额不过6.7亿元，2003年突然跃至29.8亿元。2007年，又跃升至151亿元，绿城已经稳坐杭州地产一哥的宝座。但这样的数字，跟万科等地产大鳄相比，显然还不在一个层次上。

戏剧性的一幕，发生在2009年。

当年5月4日，一笔高达4亿美元的高息债压境，让绿城险些陷入破产清算的危局。最终绿城用发行20亿元的信托计划获取资金，顺利度过这笔海外债务之劫。但有关绿城资金链断裂的传言，依然在地产圈流传。压力之下，5月10日，绿城破天荒地召开"2009春季股东、媒体、金融机构恳谈会"，进行公关。

就在绿城召开媒体恳谈会

创始人宋卫平是绿城的精神图腾

的5月之后，楼市发生了大反转，绿城因为有大量的可售资源，成为最大受益者之一。短短数月后，10月26日，绿城的销售额突破400亿元。第四季度仅仅三个月时间，绿城就卖出229亿元。

善于豪赌的宋卫平，此时果断出击，屡屡在杭州高价拿地。

2009年9月3日，杭州新华地块拍卖，宋卫平身穿红衣入场，6轮共加价8.4亿元，以20.05亿元拍得，开启绿城新一轮拿地狂潮。

9月10日，杭州田园地块拍卖，绿城以66666万元拍得，楼面价9547元/平方米。

12月1日，绿城继续在田园拿地，并且以11118元/平方米的楼面价创下了田园地价的新高。

12月8日，经过48轮竞价，绿城以37.5亿元竞得杭州滨江地块，楼面价达15397元/平方米……2009年，杭州总价地王前十位中，有4个出自绿城之手。

年底公布的数据，让很多人大跌眼镜。年初还濒临破产边缘的绿城，2009年全年销售额达到510亿元（2008年销售额不过151.6亿元），一举超越保利、中海等大鳄，跃居全国第二，仅比万科的销售额少120亿元。而且绿城的平均售价达到14530元/平方米，比万科高了5000多元。此前在全国影响力一般的绿城，一下成为挑战万科龙头地位的不二人选。

绿城的异军突起无疑令人惊愕，而其背景，则是杭州市政府的支持及杭州楼市的火爆。

2009年，杭州（包括余杭、萧山两区）土地出让金高达1054亿元，超越上海、北京等城市，位居全国第一。其中杭州主城区土地出让总额784.8亿元，光绿城一家，就达到97.6亿元，占12.44%。

在楼市风声鹤唳的2008年11月，杭州市政府出台了稳定楼市的"24条"，杭州成为救市措施力度最大的城市。时任杭州市委书记王国平，更是公开力挺楼市，称"房价下跌最大受害者是老百姓"。而此时，正是绿城资金链趋紧、岌岌可危的时候。坊间传言，宋卫平曾对杭州市主要领导表示：杭州市政府如果再不救市，下次开会，就见不到他宋卫平了。

在地方政府支持下，2009年，宋卫平躲过一劫，豪赌成功。

双面宋卫平

1957年出生的宋卫平，是浙江嵊州人，1982年毕业于杭州大学历史系，在舟山市委党校任教，1987年南下珠海经商，其后回到杭州，创建绿城房产。

根据《新财富》杂志2007年度500富人榜的排名，宋卫平、夏一波夫妇以82.5亿元的身家成为内地最富有的夫妇。但这对"内地最富有夫妇"偏偏没有孩子。在杭州地产圈，许多人将其理解为宋卫平激进、敢赌的原因。据称，宋卫平经常去的地方，即是澳门和拉斯维加斯。反映在公司文化上，绿城一向以杠杆率著称，这使得绿城在房地产形势大好的关头，押宝成功，一举成为全国亚军。

在房地产业内，绿城巨额负债经营的方式一直备受争议。2007年年末，绿城资本负债率为88.2%，到2008年年末上升到140.1%，2009年负债水平回落至105%，但在地产上市公司中仍属高位。

与"绍兴师爷"一贯低调的作风不同，宋卫平一向敢说敢做。早在成为全国销售亚军前，宋卫平就多次对万科董事长王石"出言不逊"。

"2008年以前，万科是我们的一个学习榜样，但现在不是了。我们去看过杭州万科的房子，我们要是造出万科那么粗糙的房子，我们的项目经理要跳楼自杀N次！"宋卫平说。

在公司内部，宋卫平也以"骂人很凶"出名。"虽然他骂的事情肯定是对方做错的，但骂得确实不留面子，令人屈辱。"一位离开绿城的员工说。

但在地产圈火药味甚浓的宋卫平，却颇有细腻的一面，绿城的房产，被业内称为国内最女性、最追求完美的典型。

宋卫平对桂花情有独钟，这首先体现在其开发的项目名称上：丹桂花园、金桂花园、银桂花园、月桂花园、云桂花园、紫桂花园……有人就把宋卫平喜欢的桂花的"桂"字拆解开来："桂"字正好由一个"木"两个"土"字构成，暗合了建筑物中最主要的两种材料。

此外，绿城开发的楼盘中，很多还以玉兰、百合、紫薇、海棠、郁金香、玫瑰、丁香等命名。而这些，颇吻合"中国最女性化城市"杭州的地域文化，绿城"创造城市的美丽"的理念，亦与杭州"生活品质之城"的定位契合。

业内人士称，宋卫平是个完美主义者，如果发现某些待交付的楼盘不能满足他的要求，即使影响上市公司当期业绩，宋卫平也会毫不犹豫要求返工。

甚至有说法称，绿城每个项目的卫生间装修，宋卫平都要认真检查。而绿城也确实成为了品质的代名词。在杭州相同地段的房子，只要打上绿城的标签，就可以比其他楼盘高出20%的价格。

相对于万科的批量化生产，有人将绿城的房子，比喻为"纯手工制作"。

资金链再趋紧

一直到今年4月，绿城的形势一直大好。年初制定的年销售670亿元的目标，似乎不难完成。

但随后严厉的地产调控，打乱了绿城的步骤。

进入5月，绿城推盘的力度比4月份明显减弱，新推6个项目，总推盘面积约15万平方米。4月，绿城共有16个新项目或者项目分期推出新房源，总推盘面积约33万平方米。月销售额从65亿元骤降至20亿元，5月，绿城集团遭遇了寒流。

从5月开始，绿城的业主，开始不断收到绿城发来的短信，推介各地的楼盘。

"意向金30万元抵35万元，5天内签约优惠1万元，一次性付款优惠6万元。若贷款首付50%优惠2万元，送一个车位、中央空调、净水器。有意向可先交意向金，马上要开盘了。"这是无锡绿城玉兰花园向客户发出的一条短信。

在杭州最有人气的楼市论坛"口水楼市"，题为《绿城不死，调控不止》的帖子，跟帖无数。

6月14日，绿城中国公告，截至6月13日，绿城实现累计合同销售金额突破200亿元，同比上升17%。这似乎是个不错的数字。但这一数字，来源于今年1—4月房地产的火爆，如果按照5月20亿元的销售业绩，全年670亿元目标如何完成，无疑困难多多。

或许是为了回应外界对其资金链绷紧的质疑，绿城中国特意指出：集团目前现金流情况良好，本年度的总授信额度为660亿元，除已用授信额度外，尚有约380亿元可用授信；同时，集团今年携手信托合作伙伴成功发行31.5亿元的人民币信托基金，且基于绿城与平安信托签署的框架协议，预期未来2～3年内，平安信托投入绿城的资金总额有望达到150亿元。

时代周报记者发现，去年9月以来，高歌猛进的绿城，即不断加大与信托和银行的合作。

2009年9月10日，绿城与平安信托签署投资战略合作框架协议，未来三年平安信托投资规模有望达到人民币150亿元。

2009年9月19日，中国农业银行与绿城签署银企合作协议，未来两年农行将提供人民币100亿元授信额度。

据绿城透露，2009年，计算所有绿城有股权的地皮，去年绿城拿地总价455亿元，其中归属绿城的大概是246亿元，占60%左右。这些地价中，今年尚未付清的大致有120亿元。今年，绿城又多次拍地，耗资90亿元，其中绿城需支付的占85%。

"绿城95%以上的资产是住宅和土地，公司变现能力非常强。资金一旦发生问题，可以通过合作变现，我们有大量的战略合作伙伴，他们有钱。如果我们出让一些项目股份，他们还是非常乐意接受的。"绿城行政总裁寿柏年依然表现乐观。

寿柏年表示，政府出台的严厉调控政策，并未影响绿城670亿元的销售目标。绿城105%的高负债率依然是合理的水平，今年并未打算降低，公司的项目平均售价，预计还将进一步提升。

不过，在杭州一直标榜"不降价"的绿城，能否在这轮调控中笑傲江湖，显然还是个未知数。

（原文刊发于《时代周报》2010年6月28日第84期）

宁高宁谋划中粮大地产

文／肖素吟

"从集团战略的角度来讲，下一步会把地产业务板块做成一个统一的上市公司，即实现整体上市。"中粮置业投资有限公司总经理韩石此前接受采访时如此表示。

调控之下，央企地产大军浩荡拿地。其中，中粮集团旗下中粮地产的高端项目与中粮置业的商业地产齐头并进，其势如双雄。

"从集团战略的角度来讲，下一步会把地产业务板块做成一个统一的上市公司，即实现整体上市。"中粮置业投资有限公司总经理韩石此前接受采访时如此表示。一时间，中粮地产与中粮置业重组的传闻甚嚣尘上。或许，资本高手宁高宁将再次颠覆地产版图。

增强土储能力

8月3日，中粮地产斥资9.78亿元将杭州31号地块纳入囊中；此前的4月30日，中粮地产斥资6.28亿元竞得杭州闻堰镇一地块，三个月就在杭州市场斥资近16.06亿元。

新一轮地产调控下，"国字号"地产军团不减攻城略地之势，其中中粮地产更是蓄势待发。2010年至今，中粮地产四度竞得四宗土地，包括1月8日取得成都市武侯区一地块，以及5月18日联合北京万科取得北京市房山区长阳镇起步区3号地，土地成交总价24.3亿元。

事实上，在去年硝烟弥漫的圈地运动中，中粮地产反而倍显低调，全年仅新增成都和南京两宗地块，占地面积13.19万平方米。

"我们在杭州拿地有必然也有偶然。所谓必然，就是各地城市公司都会长期跟踪土地，对可能出让的地块进行长达几个月甚至一年的跟踪。"中粮地产高层人士8月9日接受时代周报采访时表示，中粮地产在每一个城市根据区域特性进行重点关注，因为中粮正在闻堰开发湘湖人家项目，所以再在闻堰掷金买地。

与此前的北京、上海、深圳和成都重大战略布局四大核心城市一说不同，其实中粮地产早已围绕长三角、环渤海、珠三角等区域布局全国。

"现在已经没有四大核心城市之分，而是十个城市公司，其他二级城市的小项目同样放到十个城市公司中去，要在当地做深、做透、做实。"一位中粮地产高层人士对时代周报记者表示，"与单项目公司不同，城市公司的定位是全价值链公司，就是说城市公司将整个价值量从头做到尾，在土地获取、客户定位、规划设计、采购、后期营销运营各个环节都做下来。"

然而，巧妇难为无米之炊。没有土地，一切徒劳。

该人士坦言，"今年重点增强土地储备能力，因为目前土地储备与我们的目标还有差距，原则上不少于3年、不超过4年战略目标的要求。基本上，我们拿地按照战略走，但是目前为止还没有超过3年的土地储备要求。"

数据显示，目前中粮地产储备权益土地213.35万平方米，规划总建筑面积为165.41万平方米。

大股东支持

根据中粮地产2009年年报，2010年公司计划新开工项目有8个，新开工面积65.35万平方米，较上年增加。又据第一季度报告，中粮地产新开工面积同比增加269%。加之频繁拿地，资金压力可想而知。然而子凭母贵，大股东中粮集团无疑是中粮地产的强大后盾。

事实上，中粮集团旗下的地产业务此前一直是由在港上市的鹏利国际集团经营，后私有化退市。直到2004年国资委确定地产业务为中粮集团三大主营业务之一后，接任中粮集团董事长的宁高宁誓言将地产业务做大做强。2005年11月，中粮集团以8亿元购得深宝恒59.63%股权，之后承诺逐步将优质的房地产业务注入上市公司。

2007年8月，中粮地产通过配股方式募集到13亿元资金，其中2.85亿元用于收购母公司旗下的厦门鹏源房地产开发有限公司的100%股权，以及成都天泉置业有限责任公司51%的股权，一举将厦门鹭江海景项目、成都天泉·聚龙国际生态园项目、深圳市海滨广场三期项目、深圳市中粮·澜山项目纳入囊中。

根据中粮地产2009年年报，仅厦门鹭江海景项目和中粮·澜山项目2009年签约面积就达到83547平方米，占全年销售项目的35.19%，签约金额为11.86亿元，占全年销售项目的31.51%。

此外，中粮集团于2008年8月给予中粮地产20.67亿元的1年期委托贷款，又于12月10日向中粮地产旗下公司增资7.8亿元。

"大股东的支持对中粮地产来说肯定是优势之一。实际上，中粮地产还是处于一个快速成长期，大股东对中粮地产各个方面都大力支持。我们从去年底开始在做配股融资，还没有做完，也是大股东在注资，35亿融资一部分用于收购，一部分投入现有项目。"一位中粮地产高层人士告诉时代周报记者。

2009年11月20日，中粮地产通过配股融资议案，拟通过配股融资，收购中粮集团旗下的5家住宅开发房地产公司股权，即上海加来房地产开发有限公司51%股权、苏源集团江苏房地产开发有限公司90%股权、苏州苏源房地产开发有限公司90%股权、北京中粮万科假日风景房地产开发有限公司50%股权和万科中粮（苏州）置业有限公司49%股权。目前，该融资方案正待有关部门批准。

据时代周报记者统计，上述五项房地产资产合计总占地面积183.22万平方米，总建筑面积153.54万平方米，可销售面积113.29万平方米。"我们希望通过此次几十亿的融资，把中粮集团旗下的住宅业务资产初步整合完毕。"中粮地产高层人士补充道。

对于债权融资、自有资金和股权融资以及混合融资，中粮地产可谓轻车熟路。

7月23日，中粮地产公告，公司于2008年8月向中粮集团有限公司申请了20.67亿元人民币的委托贷款，继2009年续借15.75亿元到期后，董事会因后沙峪项目持续开发的需要同意续贷。

"这是国企的固有特点和优势。因为毕竟它的资产包很大，相对来说资金比较宽裕，而且相互拆借也比一般公司要容易。"协成机构副总裁张国栋向时代周报记者表示。

伺机套现金融资产

值得注意的是，中粮地产的热点概念还在于其持有较多的金融资产。根据2009年年报，中粮地产持有招商证券1.1175亿股，以8月10日收盘价21.42元计算，总价值近23.94亿元，其初始投资成本为1.8亿元；又持招商银行800万股，以8月10日收盘价13.86元计算，总价值近1.11亿元，其初始成本仅为654万元。

一位中粮地产高层对此表示，所有金融类持股都是历史上形成的。从中粮地产专业化运营角度来说，中粮地产原则上不会再进行金融类投资，在适当时机将套现手中的金融资产，而获得资金都会投入房地产。如此看来，可供出售金融资产对于满足未来项目的资金需求诚然是如虎添翼。

然而，不可否认的是，中粮地产的业务发展一直比较缓慢。

该人士对此表示，中粮地产2005年11月才刚刚起步，公司的资产规模很小，当时总资产17亿元，净资产10亿元，到现在总资产140亿元，净资产60亿元，"就自身来说，发展速度还可以"。

"但是横向来看，这几年房地产发展太快，如果想进前十名俱乐部，没有200亿，这个门槛是进不去的。"这位人士并不讳言，"如果说过去是春秋时代，群雄并起，那么现在就是逐步走向战国时代，出现马太效应，集中度越来越高。我们希望能够成为战国时代的领先者，成为综合性的专业地产开发商"。

重组势在必行

"就差异化而言，首先是商业模式，我们不会单纯地走住宅开发的路子，我们想达到开发业态和投资业态相对均衡的状态，这也符合中粮地产的优势和现状。"中粮地产高层人士坦言。

这位人士向时代周报记者表示，房地产企业都在找两种业态的平衡点或者黄金分割点，中粮地产当然不例外，"我们认为开发型物业和投资型物业综合性比较好的产品就是城市综合体，这是中粮地产未来的发展方向"。

值得注意的是，"全服务链城市综合体"战略亦是中粮集团商业地产旗舰中粮置业未来的发展形态。中粮置业于2007年在集团原物业投资部基础上发展起来，自2008年北京西单大悦城一役成名后，"大悦城"复制遍地开花，几近问鼎商业地产。

6月23日，中粮置业宣布"中粮集团计划未来5～10年在全国拓展20个大型商业地产项目，总资产达到700亿元规模，占中粮集团总资产的30%。"对比中粮地产8月10日收盘时139.84亿元的市值，其磅礴之势不可小觑。

"从集团战略的角度来讲，下一步会把地产业务板块做成一个统一的上市公司，即实现整体上市。"中粮置业投资有限公司总经理韩石此前接受采访时如此表示。一时间，中粮地产与中粮置业整体重组的传闻甚嚣尘上。

"中粮置业上市是早晚的事。值得注意的是，万达经营多年，资产优良，但利润率并不高，至今还没有上市。这说明持有资产容易，但要交出一份很好的财务报表就比较难。未来的趋势就是将整个地产资产整合到同一个平台上。最重要的是，中粮集团不断将优良资产包放到地产唯一平台下面，运营会相对容易。"张国栋向时代周报记者分析道。

渤海证券分析师王智勇则对时代周报记者表示，"商业地产和住宅地产的整体整合是必然的。从中粮集团角度考虑，资产整合有非常好的盈利空间时，才会去做。如果综合资产的未来盈利能力越强，确定性越高的话，资产溢价率就越高，会降低重组成本。这需要盈利周期跟市场周期基本上整合在一起。但目前时机不成熟，短期内不会进行重组"。

宁高宁3月9日接受媒体采访时表示，"中粮地产在中粮内部占总资产的25%。现在百分之六七十资产还在中粮地产外面，包括商业型物业、酒店。"他希望能够在今年完成部分地产项目的整合。

（原文刊发于《时代周报》2010年8月16日第91期）

孙宏斌重返上海滩

文／郭海飞

"过了好几年了，他们都老了，我也老了！"6月26日，孙宏斌坐在北京西山壹号院楼王大厅的沙发上，如此描述当年顺驰的旧部和自己。

1963年出生的孙宏斌，到明年就到了"五十知天命"的年龄。一脸倦容的孙宏斌笑着说："每个人都会变的，年轻的时候和年纪大的时候，做事肯定不一样。"

不一样的便是，如今，他所执掌的融创中国与当年的顺驰形成了鲜明对比。融创不再一味地追求企业规模和发展速度，孙宏斌也早已没有了当年向万科董事长王石和万科挑战的野心和兴趣，他说，"即使赶超了，也没有什么意思"。

虽然年近半百的孙宏斌，依然是那张年轻时的娃娃脸，那双很大很亮的眼睛，依然炯炯有神，但是言谈举止之间，却流露出成熟与稳重。他开始惜字如金，不再对媒体记者畅所欲言、口无遮拦，而是字斟句酌、谨慎应对，昔日那个不可一世、桀骜不驯的"地产大佬"，正在借助融创实现"涅槃重生"的华丽转身。

保证财务安全

融创成立于2003年，此时，孙宏斌所执掌的顺驰正如日中天，已在天津占据1/5的市场份额。这一年的7月，孙宏斌在一次论坛上当面叫板王石，"我们的中长期战略是要做全国第一，也就是要超过在座的诸位，包括王总"。

但是伴随着宏观调控的夹临，顺驰的快速扩张偃旗息鼓，最终落得了转卖他人的下场。2006年9月，孙宏斌在将顺驰转让给香港路劲基建有限公司前，便开始全身心投入融创的工作中。

融创定位于开发高档住宅及商业物业，与顺驰的低端刚需产品形成差异，但是两家公司完全独立运作，既没有资金往来，也没有在拿地和项目选择上有过合作。

处于创业阶段的融创也曾疯狂扩张，仅2004年一年便在天津、长春、重庆、成都等地获得6000亩土地储备。但是当顺驰陷入扩张危机之际，孙宏斌及时对融创"止血自救"。

　　孙宏斌陆续将融创在长春、成都等地的项目转让，同时按西南、华东及华北的区域划分，成立区域集团，将发展战略调整为控制成本和提高利润率水平。此后，融创一直专注于开发高端物业，开发区域也集中在北京、天津、重庆和苏南地区。

　　"顺驰所犯的错误，让我牢牢记住了两点：第一，不能在很多城市铺开做房地产，要在几个地方深耕、深挖；第二，一定要保证现金流安全。"孙宏斌称，融创已经长记性了，一定会保证财务安全。

　　2007年，融创引入国际战略投资者雷曼兄弟、鼎晖及新天域，次年开始筹备上市。但是2008年的金融危机，使得融创的私募投资者雷曼兄弟公司破产，2009年贝恩资本与德意志银行接手雷曼兄弟投资，成为融创股东。

　　融创原本计划于2009年12月18日挂牌上市，但是在4天前的12月14日，国务院会议通过"国四条"，抑制房地产投资过热现象。这一天，融创宣布暂停上市，孙宏斌的第二次上市计划被迫搁浅。但此时的孙宏斌，已没有了昔日的急躁，而是学会了耐心等待。

　　2010年3月12日，融创以17.8亿元的高价，摘得天津一块占地面积7万平方米的地块。孙宏斌仍在默默地为上市做准备，这个"不到黄河不死心"的山西男人，有着不达目的誓不罢休的决心与毅力。2010年10月7日，融创终于在香港联合证券交易所挂牌上市，开盘价3.5港元，略高于3.48港元的招股价，报收3.37港元，成交2.54亿股。

❝ 与国企合作为图"省事"

　　在聚焦区域、主攻高端精品物业之际，为了降低风险，孙宏斌也一改以往风格，转而与大型国有企业合作，融创相继与北京首钢集团、重庆渝能集团、中化方兴等达成合作意向。

2008年12月，在金融危机席卷全球之际，孙宏斌所执掌的融创与首钢联合体以20.1亿元的高价，夺得北京海淀西北地块，并成为该年度北京冷清土地市场中的"新地王"。该地块占地约47.8万平方米，总建筑面积约42万平方米，东毗清华北大等百年高等学府。

随后便被打造成北京的又一豪宅项目西山壹号院，其亮丽的销售业绩，便可作为其高品质的注解。

西山壹号院于去年6月开盘，8月便夺得北京销售冠军，随后又以21亿元的成交额成为北京2011年第三季度住宅销售冠军，第四季度更是以30亿元的销售额摘得2011下半年北京商品住宅销售冠军，并以半年的实际销售额挺进2011年度北京住宅销售额前三甲。

"今年也卖得挺好的"，孙宏斌对时代周报记者说。今年8月，西山壹号院将会再推出一批新房源，均价5.5万元/平方米；同时还将推出总面积达800平方米的"楼王楼"，售价将高达12万元/平方米，总价约9600万元。

而且所有收益将由融创独享，因为早在去年10月，融创便回购了首钢所持该项目的股权。去年10月18日，孙宏斌在微博称，"西山壹号院收购付完款，公司由'北京首钢融创置地有限公司'更名为'北京融创恒基地产有限公司'。双方皆大欢喜，期望很快再次合作。"

继与首钢集团合作之后，融创在北京又相中了另一家大型央企作为合作伙伴。2011年12月，融创与央企中化集团旗下的地产旗舰企业方兴地产，以30.6715亿元的天价，拿下北京来广营B1-B3组团地块。

"融创致力于将来广营项目打造为北京继西山壹号院后高端精品住区的又一扛鼎力作，并借此继续扩大在北京豪宅市场的影响力。"其官网宣称。

孙宏斌解释，融创与首钢集团、方兴地产等合作，并不是因为它们是央企，而是因为它们本身就是很优秀的企业。"方兴的金茂府做得特别好，去年在北京市场上产品、销售都做得挺好的，望京那块地，我们基本上完全采用了金茂府那个产品线。"

孙宏斌透露，与首钢集团、方兴地产等国企合作的便利是"省事"，"因为我们和他们合作，都是让他们控股，贷款也都是他们管，所以我们很省事。"

"过去我们每个项目都有合作，后来回购了"，孙宏斌说，目前，融创仅有绿城和方兴地产两家合作伙伴，以后会加强合作趋势。"合作是一个趋势，因为房地产行业，你买一块地需要一大笔钱，你出钱是陆续出的，你在某个阶段可能钱很多，但是某个阶段可能就钱很少，但一合作的话，对双方都合适。"

❝ 不再焦虑

融创与绿城的联姻，符合其对产品品质的追求。在业界，曾经一致公认顺驰把营销做到了极致，而绿城对产品品质的追求也到了极致。如今，借助顺驰重生的融创与绿城联手，会不会在市场上无敌呢？

"我们必须把产品做得完美，因为客户需要，这是我们现在和过去最主要的不同。"孙宏斌说，"建筑要经受过时间的考验，它不是餐巾纸，用完就扔了，十年、二十年后都还在这儿呢！"

而绿城被公认为是产品做得最好的开发商之一，"上海玫瑰园、玉兰花园、黄浦湾这些项目，是我们花10年也很难做到的"，孙宏斌毫不吝惜对绿城产品品质的赞美。

"绿城在最困难的时候，品质一点也没有放松。虽然绿城在这轮宏观调控中很受伤，但是它最大的收获是，它在产品品质方面的形象强化了。它的产品是最好的。我想将来这将成为绿城的一个特别大的优势。"孙宏斌说，这是他最欣赏绿城的地方。

此次绿城陷入资金危机，恰好给了融创牵手绿城的机会，继而让融创在产品品质方面得到升华，同时借机重返梦寐以求的上海。

6月22日，融创与绿城达成战略合作协议，融创斥资33.72亿元收购绿城5个城市9个项目的50%股权。融创也顺势享有绿城分布于上海、苏州、无锡、常州及天津区域的9个优质地产项目权益。孙宏斌透露，其中上海的玫瑰园、黄浦湾和玉兰花园，以及苏州的御园和无锡的玉兰花园5个项目正在销售，将会带来现金流收入。

而融创与绿城牵手始于今年1月5日，当日融创宣布，旗下全资附属公司融创置地以5100万元收购绿城地产旗下无锡绿城湖滨置业有限公司51%的股本权益，湖滨置业正是绿城无锡地王"蠡湖香樟园"的项目公司。

6月24日晚7点半，香樟园盛大开盘，推出两栋楼132套，当日便成交116套，收入5.5亿元。孙宏斌称，这预示着融创和绿城战略合作的良好开始。

而融创也正迎来新的发展机遇，去年融创销售达到192亿元，跻身全国房企第18位。孙宏斌说，"我现在不管是工作还是生活，都很从容，不再焦虑、纠结"。

（原文刊发于《时代周报》2012年7月5日第188期）

碧桂园力脱广东依赖症

文／赵夏蓉

经历过低谷的碧桂园，开始重新构建自己的战略打法，可以看到，正是这种战略思想的转变，奠定了未来几年碧桂园快速发展的势头与基础。

碧桂园"低成本土地、规模化生产、快速销售"的发展模式依旧为全年业绩立下了汗马功劳，然而与此同时，碧桂园也开始转战高端。

与以往相比，碧桂园正在有意识地调整产品线，以充实高端产品线来弥补其郊区大盘模式毛利率低的缺陷。碧桂园2012年三季度报数据显示，前三季其毛利率已从2011年的31.2%上升到2012年的39.5%。

近期，碧桂园发布公告称，2012年其实现合同销售金额约476亿元，合同销售建筑面积约764万平方米，同比增长分别约10%及11%。

但是，推动高端物业革命，对于碧桂园却是一把双刃剑。2012年，碧桂园的总借贷为334.4亿元，这无疑在考验着碧桂园的资金压力。为此，碧桂园不得不采取了以新债还旧债的方式。2013年开年不久，碧桂园就发行了7.5亿美元优先票据。

与此同时，原先坚持在三、四城市发展的碧桂园，也开始改变策略。"碧桂园在大本营珠三角以及清远区域，已建立起全线且完整的产品系列。碧桂园也已从早期的农村包围城市，演变成重视在一、二、三线城市中心和具有发展潜力的新城拿地与郊区拿地并举的发展战略。"碧桂园相关负责人对时代周报记者表示。

❝ 省外新购地量超9成

过去，碧桂园模式的主要特点是在二、三、四线城市低价拿地，迅速开发，并以低价入市。

公告称，2012年全年，碧桂园共实现合同销售金额约476亿元，合同销售建筑面积约764万平方米，同比增长分别约10%及11%。年内，碧桂园一如以往契合政策，推出符合刚性置业需求的高性价比房源，受到广大购房者的追捧。

不过相比2011年，碧桂园的项目销售还是面临着不小的市场压力，这从碧桂园在营销和推广上大下血本及其部分项目的销售放缓中可以得知。

碧桂园2012年半年报显示，营销及市场推广成本由截至2011年6月30日6个月的约人民币4.12亿元增长105.7%至2012年上半年的约人民币8.48亿元，主要由于广告费由2011年5月30日止6个月的约人民币1.65亿元增长150.8%至2012年上半年的约人民币4.14亿元。

"本集团于2012年上半年致力于推售重点项目，如碧桂园·十里银滩、碧桂园·凤凰城（句容）等项目，从而加大广告的投入。"其2012年半年报如此表示。

但是，以碧桂园·十里银滩为例，与2011年首推时的劲爆相比，该项目2012年的销售实在无法相提并论。2011年7月30日开盘当天，碧桂园·十里银滩首推5080套单位，开盘当天便认购逾70%，认购金额就超过30亿元，而2012年，碧桂园·十里银滩全年录得约34.9亿元合同销售金额，仅

碧桂园开始走出广东，走向全国

仅与其2011开盘当日的认购金额持平。

　　值得一提的是，碧桂园正力图摆脱对广东省内市场的依赖，省外市场开始发力，如沈阳4盘2012年共录得37.5亿元。土地储备上，省外占比也在相应提升。截至2012年9月30日，碧桂园已取得国有土地使用权证、开发经营权或土地业权（含权益）的可建建筑面积（非土地面积，下同）约为5763万平方米，广东省占比46%，但是碧桂园于2012年前三季度内新购土地预计可建建筑面积共约1097万平方米（含少数股东权益），广东省仅占比8%，省外购地量超过9成。

酒店量一年增一倍

　　随着碧桂园物业项目的扩张，作为配建部分的酒店项目数量也在膨胀，酒店的收益也成了意外收获。

　　"碧桂园绝大多数酒店位于其物业发展项目内，项目内酒店的建立为

碧桂园物业项目大举扩张

其地产销售起到促进作用，提升了地产项目的附加值。"国信证券地产分析师方炎对时代周报记者表示。

高通智库的一份研究报告指出，历史上碧桂园的酒店主要是其拿地的策略之一。在先行的配套中，酒店项目可以增强其在地价上对当地政府的议价能力，获得低价土地。

2010年末，碧桂园只有4家五星级酒店、10家五星级标准酒店及1家四星级酒店开业，而截至2012年8月31日，碧桂园开业的酒店数目已增至31家，一年多的时间，酒店数目已经增加了一倍。

2012年，碧桂园全年酒店经营收入约为8亿元，同比增长约70%，碧桂园2012年三季度财报显示，前三季酒店经营收入约为7亿元，同比增长34%，增速有放缓迹象。

高通智库的研究报告称："酒店资产的资本运作相对容易，预计碧桂园将来可能会将酒店资产拿来单独运作。"

世联地产首席技术官黎振伟在接受时代周报记者采访时却持相反观点："碧桂园的酒店不是孤立建立的，是在配合它的发展模式，因此它是不可能把它剥离开来的。不过它的酒店却面临两个阶段的发展问题，第一阶段是自我生存，它依附于房地产，因此能够解决生存问题，但是后阶段却需要面临如何经营的问题。"

"集团未来仍会以发展住宅项目为主，如果有好的商业地产投资机会也会考虑。集团的投资物业收入占比非常轻微，现时酒店的收入占总体比例约为2.6%（以2012年半年报数据统计），于适当的时候不排除会把酒店业务分开发展，但暂未有这方面的具体计划。"碧桂园相关负责人对时代周报记者表示。

向高端住宅调整

碧桂园一贯高性价比的特点能让其做到快速销售回笼资金，但低售价决定了其毛利率有限。

与此同时，当郊区大盘模式越来越难、低廉土地成本不再、土地政策越来越严格以及政府保障房计划深入推进时，碧桂园曾经赖以发展的低价拿地、低价销售的模式不再，只得在产品模式方面向高端住宅调整。

这在近年来趋于明显，碧桂园前总裁崔健波曾公开表示，高端产品是碧桂园在平衡公司的利润和回报上的有意尝试。

2011年1月，位于城中心的禅城碧桂园城市花园作为碧桂园第一个"进城"项目亮相。而与此同时，号称"碧桂园史上最好的别墅产品"的"钻石墅"系列也陆续推出。而其洋房也开始迈向了豪宅化的发展之路。

而在省外扩张方面，碧桂园也在改变思路，把省外项目定位为起步阶段，以"低开高走"的策略先低售价聚拢人气，然后售价在项目的二、三期慢慢走高。

2012年，除在国内发展莲山首府、碧桂园清泉城、河源东江凤凰城、碧桂园豪廷（龙江）等高端产品外，碧桂园更将触角伸向了海外马来西亚。

2012年12月4日，碧桂园宣布正式购入马来西亚柔佛州新山金海湾项目，并举行签约，新山金海湾项目是碧桂园在马来西亚发展的第三个项目，规建为滨海商住综合大盘，而其前两个项目首期均规划纯别墅产品，有钻石墅系列，且这三盘计划在2013年齐发。

开发量加大，尤其是高端产品的投入激增，无疑对碧桂园形成资金大考。碧桂园三季度通讯数据显示，截至2012年9月30日，碧桂园可动用现金为128.3亿元，总借贷为334.4亿元，其中境内外借贷分别为179.7亿元、154.7亿元，待付土地款为15.5亿元，2012年10月至12月有12亿元债务到期，2013年有74亿元债务到期。

今年年初，碧桂园发行7.5亿美元优先票据，采取了以新债还旧债方式，部分票据发行所得款项净额（相当于约人民币9.6亿元）用作赎回到期可换股债券，余额用作为现有与新增房地产项目提供资金（包括建筑费及土地款）及作一般公司用途。

"碧桂园发展高端市场及海外市场，其实是其探索市场、探索新的发展路径的表现。但同时，其也面临多方面的考验，除资金外，更重要的是其操作能力、落地能力等。"黎振伟对时代周报记者表示。

（原文刊发于《时代周报》2013年1月18日第216期）

换挡

> 快与慢是相对的。
>
> 处于黄金发展期，是否意味着快就一定是对的？无论是南派还是北派，各家都会有着各家的考虑。无论市场的复杂与变幻莫测，能够立于桥头者往往会有着独特之处。最终，大家追寻的会是一种看不见摸不着的平衡，取得某种平衡的企业家往往深谙企业经营之道。

保利地产走进"铁娘子"时代

文/谭 骥 肖素吟

6月21日，广州保利国际广场30层保利地产总部，"和者筑善"四个字赫然立于门口的墙上。此时，保利地产的帅印已由前董事长李彬海交到继任者宋广菊手中20天。

在外界印象中，宋广菊既有军人的刚强，也不乏女性的柔情。新帅宋广菊将带领保利地产走向何方？"未来三到五年，再造一个新保利"如何实现？这是李彬海离任后留下的悬念。

❝ 由将变帅

2010年6月1日晚，李彬海与宋广菊完成了交接，李彬海辞去公司董事长、董事职务，宋广菊担任公司董事长，朱铭新出任公司总经理，任期皆至2012年3月9日。

已经年过六旬的李彬海离任的消息早在去年便传出，甚至有媒体报道称，李彬海退位后，仍然是公司实际掌舵人。

"我认为是绝对不可能的。"中原地产项目部总经理黄韬否定了这种说法，"从2005年到现在，李彬海已经很少具体参与实际操作，反而宋广菊参与得比较多。现在，宋广菊时代已经真正到来"。

黄韬解释，2006年保利地产上市之后，李彬海逐步退居幕后，更多地以一个公司形象代言人身份出现，而公司实际操作日渐向宋广菊手中转移。

近年来，在媒体上曝光较多的是宋广菊与其他几位副总经理。去年

宋广菊被外界称为地产界的"铁娘子"

底，保利牵头联合万科、中海组成联合体，竞标亚运城项目，竞拍的当天，宋广菊以一身黑色职业装亮相。按照业内说法，李彬海以往很多事情都亲力亲为，这次的竞拍似乎也是向外界传达着一个信号。

宋广菊上任后，保利地产管理层架构也相应改变，原副总经理朱铭新接替宋广菊任总经理，而原技术总监吴章焰、营销总监胡在新皆升为副总经理，财务总监彭碧宏和董事会秘书岳勇坚也在原有职务上兼任副总经理。

"之前，李彬海是在幕后，宋广菊是在台前。李彬海是帅，掌握全局，而宋广菊是将，冲锋陷阵。现在保利换帅了，每个帅都有自己的想法，所以会进行改革，这是肯定的。"合富辉煌首席分析师黎文江向时代周报记者表示，多年来李彬海与宋广菊一直是最佳搭档，共同掌舵保利的发展路径，所以不会有太大改变。

▎军人DNA

2010年6月18日，广州，保利地产总部，气派的保利国际广场矗立在琶洲珠江边上，见证着保利地产的辉煌。但在保利地产刚成立的前几年，还是广州人眼里的一家陌生的外来国有企业。对此，当时还在广州房管局信息部工作的黎文江记忆犹新。

时间回放到1997年11月20日9时57分，广州市国土房管局礼堂里是一片令人难堪的寂静——只差3分钟，越秀区北京南路和荔湾区上九路两块旧城改造用地的招标就要截标了，但是依然无人应标。

一分钟后，掌声响起，一位年轻女性缓步走向投标箱，在最后一刻把应标书轻轻地投了进去，以招标底价8798万元拿到了广州市越秀区北京南路3944平方米土地。

这位投标的女青年，便是现在保利地产上海分公司的董事长陈东桔。

那次投标中，保利是唯一支持政府招标出让旧城区闲置土地的投标者。正是通过这次的招标，保利地产顺利融入广州。

保利地产此后发展非常顺利。1992年，宋广菊提出了公司发展的5年规划，但只用3年就完成了目标，这些与保利地产的军企作风有着很大的关系。

1993年，中国保利集团公司正式成立，作为主营业务之一的广州保利房地产开发公司也于此时成立。由于广州保利地产是由广州军区的军办企业转变而来，因此首批筹建企业的8名职员全部是转业军人，宋广菊是第七个前来报到者。

作为保利地产的元老级人物，宋广菊最初负责集团的营销策划工作。离开部队的宋广菊并没有丢掉部队的严谨作风，业内流传的故事是，宋广菊几乎每天早上7点半都会来到办公室开始工作，十多年里从未改变。

宋广菊也曾经将房地产开发与军队的战役进行类比，"一个大盘做下来，在体力脑力的消耗上，跟打一场海陆空全面进攻的长期战役没什么两样"。她因此认为"军人在协调作战、战略规划、决策能力方面有自己的独到优势，无论从整合能力还是决策魄力而言，军人都最适合做开发商"。

正是如此，宋广菊为保利地产的"军企DNA"而自豪，她曾放言，"我们是全军唯一直脱企业，有军企纯正的血统"，而"军企DNA"带给保利地产的是一种雷厉风行、不畏牺牲的企业精神。"如果给你一个任务，在军队你能说不行吗？不能完成就是一种羞辱。军队一定要有牺牲精神。"

黎文江也向时代周报记者表示，宋广菊非常沉稳，是部队参谋出身，心中有丘壑，不管穿衣还是发型都保持非常朴素的军人本色。

❝ "铁娘子"的温情

位于广州市海珠区的保利地产第三个大盘保利百合花园，开售时便遭遇了"非典"，但是百合花园的每份楼书里面，都夹带着一朵雪白的百合花，正是这样的细节使百合花园的知名度迅速提升，并且在一年内售出了1600套。外界评价认为，宋广菊精准地把握了"非典"过后，大众渴求宁静美好的心态。

"宋广菊的风格与李彬海不会完全相同，女性色彩夹杂其中。"中原地产项目部总经理黄韬向时代周报记者表示，保利地产的某些产品是偏向女性化的，有着一种更加温柔的感觉，不难看出，宋广菊在其中的影响，至少保利的部分意念是来自她的。

实际上，保利的营销团队的确是在有意向外界表现一种人文气质，产品更多地隐藏自己的军企DNA。当年在海珠区工业大厦的保利花园项目里面，黎文江曾经赫然发现，保利在售楼部旁边放了一辆坦克。"不是模型，是真的坦克。"黎文江强调了一句。不久后，坦克不见了，取而代之的是圆明园国宝兽首的雕像，这让黎文江对保利的印象大为改观，"从摆坦克到摆国宝，这是一种思维的转变"。

2010年1月14日，保利地产在广州召开了新闻发布会，会上，宋广菊宣布了保利地产新的品牌主张——"和者筑善"，可以看到，保利的品牌主张一直都在改变。自诞生之初，保利地产就有"做精品，树品牌"的自觉意识和追求，从1999年开始倡导"和谐、自然、舒适"的理念，2002年明确提出"和谐生活，自然舒适"的品牌主张。

时至今日，保利地产的纵向经营领域已经扩展到建筑设计、工程施工、物业管理、销售代理以及商业会展、酒店经营等相关行业，形成了完整的生产链条。

这使得保利地产在新的高度思考企业发展的终极价值——从关注产

品，到关注业主生活，再到企业责任，这也标志着保利地产不断地提升着自己的认知高度。"以善为达，心存感恩，诚待他人，关爱社会。'和者筑善'最能表达保利人的地产理想。"保利地产副总经理胡在新向外界传达了"和者筑善"的含义。

而除了营销与产品方面，宋广菊在公司内部也推行一种亲情管理方式。她认为，在国企中，可以通过人性化的管理，使员工的归属感更强，在企业内部培养互相尊重、互相激励的和谐工作氛围，亲情管理有利于增进企业的凝聚力。

今年1月，时任保利地产总经理的宋广菊在一次发布会上提出"未来三到五年，再造一个保利地产"的豪言，已经在国内地产行业占有举足轻重地位的保利地产如何来实现"再造"？这使得外界对于保利地产的关注达到了极致。

2010年刚刚过去一半，保利地产已经斥资214.71亿元在国内各地拿地，北京、上海、广州、天津等城市的土地拍卖会上，均能看到保利的身影。

"保利是否会继续拿地要看情况，在缺地或者项目有成本优势的情况下可能会拿地。"保利地产副总经理胡在新向时代周报记者表示，今年北京、上海、广州仍然是重点城市。

他表示，客观上今年的销售收入较去年会有所上升，而现在主要的任务是对已进入城市深耕，把现有项目做好，有机会再进军其他城市。

与宋广菊就任董事长同时发布的公告称，保利地产拟在香港成立全资子公司恒福（香港）置业有限公司，注册资本100万美元。虽然保利内部人士对香港公司的设立三缄其口，但外界认为这是刚刚接过帅印的宋广菊发出的变革的信号。

"在香港设立子公司代表保利地产新一轮的扩充以及一个新起点。"黄韬向时代周报记者表示："可以说保利的结构有一定的调整，因为保利有很多派系和支线，包括保利南方、保利置业等。对于保利地产来说，它能够在境外设立分公司，对于它的影响力和融资可能会有帮助。"

（原文刊发于《时代周报》2010年6月28日第84期）

郁亮：忘掉规模和数字吧

文／纪　旭

王石曾经回忆过，他与的郁亮分工——他关心万科不确定的事情，郁亮关心确定的事情，但实际上很多不确定的事情郁亮的团队也在关心。多年来，郁亮的团队经历了各种考验，让王石放心把万科交给郁亮和团队。郁亮在媒体眼中一直以来都带有理想主义色彩，这与王石有着共通处，郁亮也是智慧的，但这种智慧又与王石不同。无论如何，郁亮不断用成绩证明了自己。

"连续第三年问鼎全球住宅企业销售冠军，成为国内首家销售金额突破1000亿元的房地产企业。"这个美丽的桂冠是业界和媒体为万科戴上的，郁亮和万科的选择却是"忘记"，然后"向前看"。

2011年3月，万科发布了2010年度业绩报告之后，总经理郁亮带着1081.6亿元销售额的漂亮答卷，频走于香港、深圳和广州之间，向投资者、媒体甚至政府官员"报告"千亿之后万科的打算。

"忘记规模和数字吧！"3月10日，在广州塔420米高处，郁亮在与媒体交谈时说道。这也是万科突破千亿销售额之后的2个多月里，郁亮对外界说的最多的一句话。

郁亮强调万科向质量效益型转变

郁亮身上有着深厚的理想主义色彩，这与万科的缔造者、万科董事长王石一脉相承。比如，1999年，万科就提出了"住宅工业化"，至今虽未取得全面成功，但仍不遗余力地践行。无论王石还是郁亮，都把推动中国住宅工业化看成了"责任"。还有绿色住宅，2010年万科共落实绿色三星住宅（中国绿色建筑住宅最高标准）75万平方米，这只是万科去年897.7万平方米销售面积的一个零头，却占到了全国总量的54%。

业界应者寥寥，郁亮却把这些看成是"行业领跑者"的唯一标志，而不是规模和速度。尽管这很理想化，但千亿元之后，郁亮更加强调万科要从"规模速度型"转向"质量效益型"。

但更多的时候，郁亮不得不面对现实的困扰。进入2011年，有两件事把行事低调的郁亮推进了舆论的漩涡：王石去哈佛做访问学者和原万科副总裁徐洪舸等高管离职。前者被解读为"郁亮时代到来"，后者被猜测为"郁徐矛盾"，这让他不得不到处解释和澄清。

更现实的问题是，千亿元之后，万科的"上半场"已经完美落幕，作为全球最大住宅公司的总裁，45岁的郁亮将把万科带向何方？万科的下半场又会如何表现？

显然，找到理想与现实之间的平衡点，是郁亮将要面对的最大考验。

▌适应力强才是真的强

"1998年的节点代表中国房地产市场的形成和正式开始，在那之前的房地产只能叫萌芽、发育。而现在则到了一个新的转折点上。"郁亮说。

"调控对优秀企业无论长期还是短期都是利好。"在2004—2005年房地产调控初始，万科就提出这一观点。2008年8月，当调控再紧、悲观预期笼罩整个行业之时，郁亮在写给万科全体员工的一封信中表示："这种调整过去曾经发生过，现在正在发生，未来也仍有发生的可能。但无论是过去、现在还是未来的调整，都并不会改变行业整体的发展趋势，也不会改变优秀企业成长的空间"。

直面现实是一种智慧，这种智慧王石身上有，郁亮身上也有。当有人对当前的"限购"提出反对意见，指其"违反市场规律"时，郁亮说，万科从来不去研究它对还是错，我们从来都很注重如何适应规则，"我们把时间花在行动上，而不是花在抱怨上，所以我们会比别人快半步"。

2010年，万科实现销售面积897.7万平方米，销售金额1081.6亿元，同比分别增长了35.3%和70.5%，并在深圳、东莞、佛山、北京、天津、沈阳、青岛、武汉、无锡、镇江等10个城市商品住宅市场占有率排名第一。而排名第二的保利地产销售金额仅660亿元。

"适应力强才是真的强。"郁亮说，万科一贯坚持中小户型普通住宅为主的主流产品定位，2010年销售的产品中144平方米以下普通住宅占比88%，与2009年的86%相比进一步提高。"万科的经营模式顺应了市场需求和政策方向。"

早在2007年，当房地产市场一片亢奋之时，万科却率先对过热隐忧的存在提出了预警，做出了"行业需要且必然进入一个理性回归的调整期"的前瞻判断。果然，在经过多轮调控之后，住建部近日发出"5年3600万套保障房"的铁令，2011年全国保障房建设要达到1000万平方米。对此，郁亮表示，中国房地产已经回到"原点"，"两分市场"时代来临。

郁亮解释，目前中国的住房制度回到了1998年时的原点，政府的归政府，市场的归市场，保障房归保障房，商品房归商品房。"此外，房地产行业已经回到基本居住品的原点，而不是投资品。"

郁亮说，我们早已看到保障房和商品房两分市场的来临，"既然游戏规则已经发生变化，适应变化的企业才能生存下来"。

▌ 谁的万科

10年前，当王石把"万科之舵"交到郁亮手中时，这个35岁的年轻人足足用了三年时间来适应总经理这个新角色。

10年后的今天，郁亮与王石的相似之处越来越多。进入2011年，郁亮体重减少了7公斤，原来微胖的脸庞有了棱角，体态变得更加干练和结实；除了经常骑自行车锻炼身体外，郁亮也开始登雪山了。更为重要的是，在万科的发展战略上，郁亮也与王石保持着一致。"我跟主席（王石）很多意见是一致的。"郁亮说，虽然我们的关系一直被误读。

最大的误读，是关于商业地产发展的态度上。王石早年曾表示"专注住宅，不碰商业地产"，但郁亮却提出要提高商业地产的比重。

"在战略方面，万科从20世纪90年代到今天从来没变过。"郁亮表示，我们是为了住宅而做商业，不是为了商业本身。"换句话说，我们并不是看好商业地产的前景而做，更不是因为商业地产会回避调控而做，我们纯粹是为了做好住宅而做商业地产。"

　　今年3月，王石西行做访问学者，被猜测为"王石淡出，郁亮时代到来"。对此，郁亮不得不出面解释道："王石在万科的地位和角色都没有任何改变。他前两天还在芝加哥通过视频主持了公司的董事会，这个月（3月）31日还要回来参加股东大会"。

　　更大的一致在于，无论王石还是郁亮，都希望把万科打造成一个"公众公司"。万科上市前，王石拥有公司40%的股权，1989年，万科上市时，王石放弃了万科的原始股份，从而放弃了成为万科老板的机会，成为一个职业经理人。

　　"万科是王石创建的，但他一直努力避免万科成为'王石的万科'。"万科一位高层人士说。

　　而郁亮也正在努力保持着万科"公众公司"的状态，所以，现在的万科把汇丰银行列为学习的标杆。

　　"万科非常幸运在不同的阶段找到不同的老师，比如早期有新鸿基，2003，2004年有帕尔迪。新鸿基教会万科怎么把客户关系搞好，以及住房的品质问题。帕尔迪让我们坚定地把专业化地产做下去。现在则是汇丰。"郁亮说，汇丰银行在股权分散上这点和万科很接近，我们是靠内部团队来推动公司不断地发展壮大，汇丰过去150年中经历了那么多的战乱和危机，但仍能一步步地向前发展，说明一个公众型公司强大的适应能力。"万科更多的是靠整体和制度，职业经理人制度是万科的核心。"

　　就个体而言，郁亮与王石有着很大的差别。郁亮比王石小14岁，不同的时代烙印，不同的教育背景，不同的人生经历，甚至王石的火爆和硬朗，与郁亮的细腻和踏实皆形成了性格上的反差。但当年王石把郁亮推到总经理位置时，无疑相信郁亮能够延续他的梦想。

　　有人把王石看作是万科的"精神领袖"，郁亮也表示"主席（王石）的话要从精神层面去理解"。但从某个角度看，王石与郁亮更像是一对搭档，维系两个人的是信任。王石说过：我最高兴的时候，就是我的某一个意见最后被证明是错的，而他们（郁亮及管理层）是对的。

2009年，联想业绩下滑，柳传志再度出山。王石后来评价说："我非常清楚，万科遇到问题，我也不回来。如果（一个企业的）基因到现在还没有建起来，再回来建，为时已晚。"

▌ 试验理想

在英国，有一个叫做"阳光城市花园"的中低收入人群住宅，至今已有100多年历史。

在广东佛山，万科建造的"万汇楼"刚刚运营了两年时间。这也是一个面对中低收入人群的廉租房项目，于2006年11月奠基。2007年，万科向住房和城乡建设部提交了项目重要成果《双城笔记——中英解决社会住房问题的思想火花》。

据悉，万汇楼整个项目的投资大约4600万元，按照万汇楼目前的租金水平，在出租率为100%的前提下，收回成本大概需要25年的时间。

"我们主要还是要看它的标杆意义，"郁亮说，"万汇楼是我们通过公开拍卖获得的项目，自己贴了钱来做保障房，经营状况可想而知。"

"万汇楼是一个试验型项目。"万科一位相关人士说，"城市低收入人群的住房问题需要全社会关注，不但要关注房屋的供给，也应该关注这个群体的居住环境，我们希望通过试验，为大家总结一些经验。"

"充斥着理想主义的商人项目。"这是业界对万汇楼的评价。

其实，万科多年来都在不遗余力地在很多未成熟领域进行着探索和试验，比如绿色住宅，住宅工业化，还有保障房等。这些被业界看做是充斥着"理想主义"的做法，万科却愿意去"试验"。

"万科会积极地参与到各类保障房建设当中，在不损害股东的利益情况下，赚一块钱就做。"当住建部宏大的保障房计划出炉后，郁亮高调地表示，保障房是房地产行业健康发展的稳定器，建设"保障房"是万科应尽的行业和社会责任。

目前，万科在北京、上海、深圳和南京等地都参与了保障房建设，南京的保障房项目超过百万平方米。"目前还没找到有效的运营模式，"郁亮说，"政府正在探索，我们也在探索，但我们的基调是积极参与"。

同样在探索和试验的还有绿色住宅和工业化住宅。早在2003年，王石就提出万科要"像造汽车一样造房子"。但在同行们看来，住宅工业化成本过高，企业负担太大，短期内很难全面展开。但万科却先试先行，2007年，万科上海"新里程"项目20、21号楼成为工业化住宅试点，后来又在天津、武汉等城市陆续开始进行住宅产业化试点。

2008年，万科开工的住宅工业化项目只有9个，建筑面积超过60万平方米。2009年，万科的工业化住宅达到了120万平方米。"我们今年（2011年）会有超过300万平方米的工业化住宅，这一块我们一直在积极推进。"郁亮说，住宅产业化对建筑行业的未来至关重要，因为它能提高效率，节约劳动力，也更加环保。

在美国，工业化住宅比例为100%，很多西方发达国家新建住宅的工业化比率都达到80%以上，而在中国，万科则是一个孤独的探索者。

绿色住宅何尝不是如此？万科把2010年作为推进绿色战略的重要一年，深圳万科城四期项目则成为国内首个通过绿色三星运营评估的住宅项目，全年万科共落实绿色三星住宅75万平方米，占到了全国总量的54%，万科的孤独可见一斑。郁亮甚至向媒体呼吁："多关注万科的绿色住宅。"

郁亮游走在理想与现实之间，一方面他要带领万科继续前行，把万科做大做强；另一方面他要进行带有理想主义色彩的探索。两者都是他要承担的责任——前者为股东和公司负责，后者则是为行业和社会负责。

当理想变成现实，就是万科的成功，也是郁亮的成功。

（原文刊发于《时代周报》2011年3月21日第121期）

徒步者凌克：在快与好之间寻找平衡

文/纪　旭　　黄蒂娟

4月20日，东莞大屏障森林公园，一支浩荡的徒步队伍蜿蜒前行。

这是金地集团2012年组织的一次大型内部员工活动，近600人参加，董事长凌克亦身在其中。4天后，金地发布2011年业绩报告，309亿元的销售收入，不高不低，在中国数万家房地产企业中，排名第12位。

18公里，足足走了4个多小时，不快不慢。在外界看来已经"慢下来"的金地，在53岁的凌克的带领下，依然按照自己的节奏行进。

郁亮带领下的万科喜欢自行车运动，追求的是活力与速度。恒大则爱上了足球，呐喊与喧嚣让人兴奋。

而凌克喜欢网球，亦乐于参与徒步。本次徒步安排在周末，凌克率金地一众员工，徐徐穿行在山径与林木掩映之中。稳健与坚持，是凌克的性格，亦是金地的性格。

徒步运动发端于西方，英文是Trekking，即"艰苦跋涉"之意。徒步者的体验是，在痛苦而

凌克按照自己的节奏行进

漫长的徒步过程中,成员之间不断地互相激励、互相扶持,经过艰难跋涉到达目的地。

若仅就规模而言,2004年,招商、保利、万科、金地的销售额分别为34.7亿、45亿、76.6亿,31.7亿元。2011年,万科销售了1215亿元,保利732亿元,金地销售额仅万科四分之一,不足保利一半。但凌克说,金地必须在"快赚钱"与"好产品"之间寻找一个平衡点。

❝ "快",还是"好"

4月24日,杭州大雨,在当地结束繁忙会议行程的凌克,在机场等待了数小时后,乘着延误的航班飞回深圳,一场关于2011年年报的新闻发布会在等着他。这一天是金地发布年报的日子,也是凌克一年当中最为忙碌的几天。接下来,他还要马不停蹄会见各地的机构投资者。

2011年,金地实现营业收入239亿元,同比增长22.08%;全年销售收入309亿元,比去年增长了9.13%。报告期内拿地三次,用于购置土地的资金总共为23亿元。截至报告期末,金地手持现金186.4亿元,预收账款达到232亿元。

尽管这不是一份特别漂亮的成绩单,但可以看到,金地将财务风险控制放在首位,净负债率下降了7.6%,而资产负债率为71%,低于万科和保利。

尽管手握大量现金和预收账款,2012年,金地仍计划继续缩减新开工面积,密切关注市场变化谨慎控制土地投资。金地去年的新开工面积为313万平方米,2012年计划新开工面积仅为254万平方米。一研究机构评价,这显示金地对2012年的房地产市场保持谨慎,公司采取相对防守和收缩的战略来应对行业调整。

现金为王，在严厉的房地产调控背景下，金地无疑保持住了一个"稳健"的资金流。但也有人认为，过于保守的金地是不是已经错失快速增长和规模扩张的机会。凌克的"克制"，是不是已经导致金地错失了市场良机？

面对采访中的这一问题，凌克没有立刻作答，起身，给自己添了茶，思考后答道："房地产企业的发展固然要快、要规模，但首先得把产品做好。公司发展要在'好'的基础上求'快'，而且要把这个'好'放得权重大些"。

传统上，经济学家和金融家认为企业的唯一目的就是赚钱，赚得越多越好。这种急功近利的观念，塑造了大多数中国房地产公司的行为，使他们片面追求短期利润的最大化，他们的决策大多是从财务逻辑出发。

但凌克却把"产品主义"放在首位。就在大多数同行快速扩张、大笔赚钱的时候，金地开始调整产品线，研发并推出"褐石、名仕、天境、世家"四大系列品牌产品，逐步推进产品的标准化实施。

2011年，金地已将90%的新开发项目纳入到四大系列中。尽管面临"限"字当头的外部环境，金地品质产品依旧受到追捧，如褐石系列首次亮相的产品上海艺境，以27.17亿元的销售额位列上海市公寓类产品销售第二名；佛山天玺项目在2011年首期推出时，开盘销售率近80%，成功奠定了顺德首席顶级豪宅的市场标杆地位。

"但金地的节奏确实比同行要慢。譬如，在产品生产上，金地就要花比别人长得多的时间。"凌克承认。

不过，在凌克看来，一个公司所创造的价值不能仅用短期利润来衡量，还应该考虑如何来维护那些能够让自己长期繁荣的环境条件，在选择赚钱的同时，也要建立持续发展的公司体制。

所以，金地的决策更着眼于长远利益，在公共利益（对房地产公司而言就是生产好产品）和财务回报之间寻求平衡。

"我还是努力争取在稳健和快速之间做一个平衡。将这两者割裂开来都不好。"凌克坦言，"金地也努力在保证稳健财务状况下提高生产效率。"

稳健的"冒险者"

在擅长制造话题的中国房地产业界，凌克被形容为"一个不擅长制造话题的企业家"。无论是业界还是媒体，对他的评价都是"低调"和"稳健"。

低调的凌克缔造了稳健的金地，这让金地在当下喧嚣的房地产市场中显得与众不同。但凌克与金地得到的另一个评价——"保守"，却是一种误读，因为在凌克的骨子里，充满了冒险精神。20世纪80年代，凌克大学毕业顺理成章成为一名工程师，但他却觉得当时的军工企业不能融入市场经济，让人感到无望。

1988年，十一届三中全会，中国提出建立四个经济特区，凌克深受鼓动，辞掉"铁饭碗"来到深圳，转行成为了一个小文员。这是凌克人生中的第一个"冒险"。

"虽然从头开始落差大，但却感觉摆脱了无望状态，重新朝着希望走去。"凌克回忆这段经历时曾说道。

1998年，40岁的凌克开始掌管金地，"带着忐忑的心情"出任金地董事长一职。2000年，当行业内还是持着房地产行业是地域性产业的固有思想时，凌克却"看到北京、上海有很多的机会，多得让人激动"。

因此，凌克在当时公司60%的人反对的情况下，提出全国化战略，让金地走出深圳。在彼时看来，这无疑又是一个冒险。

但这一战略让金地迅速成为一家全国性公司，跻身"招保万金"一线房企之列。

2001年，凌克带领金地上市，成为第一批上市房企。上市为金地的做大做强提供了融资平台，也是金地开始飞速发展的"起点"。十年过去，金地实现了100倍的规模增长。

在地产的大跃进时代，金地并没有安逸地固步于传统住宅领域，而是投入时间和资源积极探索产业链条的延伸。2004年，金地就开始试水房地产金融；2008年，与瑞士银行共同发起房地产投资基金，这是内地首个由开发商参与发起并成功募集的外资房地产基金；2009年，金地与平安集团达成房地产金融业务战略合作。

金融加地产模式，这在5年前的房地产企业中无疑是一个陌生而新颖的思路。

2011年，金地又正式明确了"以住宅业务为核心，以商业地产和金融业务为两翼"的"一体两翼"转型战略。凌克希望，未来金地要从纯粹的住宅开发企业，转变为国际复合型企业集团。

凌克认为，由于各种内外因素，地产市场是充满不确定性的，如何在不确定的市场中采取行动，如何找到确定性之源？答案就是建立长效的发展机制，而不是追求短期利润。"一体两翼"战略开辟了金地新的成长路径，使企业利润创造和长远发展格局构建均踏入更新境界。

保守是一种固步自封，稳健发展并谋求转型，才能增强对市场变化的驾驭能力。建了18年房子的凌克深深懂得，经营企业如建造一栋大厦，必须先打牢基础，同时遵循更合理、更适应时代环境的轨迹，方能不断前行。

面对调控加码，金地在2012年也对市场做出了适时调整。凌克介绍，为适应市场，金地从去年十月开始调整产品结构，适度降低高端产品比例，增加在二、三城市的投资，优先推出符合首次置业者的刚需产品，提高公司的回款和去化率。

在他看来，战略遭逢政策调空，销售不佳是暂时的，在行业排名中的落后也是暂时的。随着产品结构调整的日趋合理成熟以及公司"一体两翼"战略发展的深化，金地重回第一梯队指日可待。

"首先要踏实地把今天的事情做好，不要去计较眼前利益的得失。"凌克如此总结自己的人生信条。

对未来负责

"从竞争力来讲，在未来的十年，一家公司如果仅仅是把住宅业务做好，那它今后在这个市场上将没有太大的竞争意义。"凌克说，尽管住宅地产的发展还有十年黄金期，但十年之后，金地将靠什么继续发展，需要考虑。这便是他提出"一体两翼"战略的终极考量。金地在住宅领域持续深耕。5月7日，金地集团公告称，今年1—4月累计实现签约金额68.6亿元，同比增加25.1%。这是一个不俗的表现。

同时，"一体两翼"战略转型的实施，也在稳步进行并已小有所成。

2011年，金地商业地产的开发和运营能力已经初建。金地中心实现租赁收入2.18亿元，租金收缴率和物业管理费收缴率均达到100%。

凌克为商业地产做出的规划是，未来五年使得商业地产投资占比达到20%，大力发展与消费零售紧密相关的商业地产，特别是重点城市核心地段的优质物业，以及结合住宅项目的区域级商业物业，提高此类商业地产租金占集团全部营业收入的比重。

同时，"一体两翼"的另一"翼"稳盛投资，完成了向独立基金公司的初步转型。目前，稳盛投资已经管理了多只房地产基金和信托，业务涵盖了投资咨询、美元基金和人民币基金。2011年，稳盛管理的房地产基金约合25亿元人民币。

"效果很好谈不上，毕竟我们刚刚开始。"凌克对记者说道，眼前这两个"翅膀"还非常稚嫩，羽翼有待丰满。而做好新业务需要做好长时间作战的准备，成果需要五至十年才能体现。

凌克自己笑言，金地的几次转型都是基于时代的召唤。"一体两翼"的架构调整，放在更大的层面上讲，是顺应了中国经济结构的转型和中国融入国际资本市场的趋势，为国际化做好准备。

金地的多次转型让人看到，凌克对于市场变化有着高度的敏感。"应该用万米长跑的思想来经营企业。"凌克说过，战略不仅是一个公司发展的灯塔，做企业不仅仅是要把眼前的几年做好，更重要的是要看到长远的未来，企业时刻都要对时代保持前瞻的认知。

徒步者可以走得更远，凌克的商业哲学是：对未来负责。

对话凌克：别人倒了你没倒，就是胜利

时代周报：近年，我们看到房地产市场很喧嚣，出现了很多"快公司"，但金地显然不属于快公司行列。这种相对的"慢"是公司的战略，还是如另外一种市场声音所言的，错失了市场良机？

凌克：我认为一个住宅公司，要高效，要快。因为房地产企业的经营模式决定了企业必须要快速周转。

过去十年，房地产市场的强势增长造就了一批大规模的房地产企业。金地也在这市场的黄金期中实现了迅速增长，目前公司的规模比10年前增长了100倍左右。

但公司发展单纯强调"快"是不行的，要又"快"又"好"。如果单独强调"快"，没有把"好"加进去，我觉得企业会出问题。

金地没有一味地追求规模的无限制扩张，而是在发展过程中着力雕琢公司战略管理体系和风控体系，打磨产品创新战略，在顺风奔跑中思考"慢"的必要，这是金地理性的一面。例如我们不会盲目地追逐地王、不会不加考察地上马新项目。

我们产品的生产周期较长，有些公司做得比金地好，这需要金地去改进。所以，金地正在努力提高经营效率。我们做了许多工作使得生产效率更高。要在"好"的基础上求"快"，但同时还要把这个"好"的权重放得更大。

时代周报：也就是说在稳定和规模当中，你还是偏向选择稳健发展？

凌克：我们认为，企业发展的速度与能力要相匹配，如果过于追求规模的扩张，很可能是以牺牲产品质量、创新能力为代价。金地一直强调稳健增长，不做投机性发展，但是这并不意味着没有爆发力。

我还是努力争取在稳健和快速之间做一个平衡。把这两者割裂开都不好，我们努力在稳健的财务状况下提高效率。就如我们说的住宅地产销售利润率要高，如果销售利润率低，单纯提高负债不是办法。而商业地产，就更不应该单独强调快，我认为要做好非常重要。

❝ 商业地产比例会增大

时代周报：目前，中国的房地产市场正处于从土地运作迈向资本运作的重要转型时期，房地产公司之间在开发运营能力上的差距逐步缩小，资金与资源的整合将成为决胜未来乃至是否能够生存的关键要素。那么，金地在资金与资源整合方面，会有哪些动作？

凌克：我认为两者都很重要。金地在资金与资源的整合方面已经有了一些想法和规划，今后不仅仅做住宅地产，还会做商业地产，这就是一种资源的整合。

金地在资金整合上还是有自己特点的，如我们正在做的房地产金融。未来不仅仅用自己的钱，还可以整合其他渠道的资金。房地产金融业务是我们公司未来新的盈利增长点，同时还有助于公司发展，比如我们在融资上更加多元化。

今后，我相信地产金融产品会越来越丰富。比如，十年前我们没有听说过房地产信托，现在已经出现很多房地产信托产品。再过十年，市场肯定会出现很多新的房地产金融产品。像目前房地产信托产品的周期不长，大多两三年持有周期，我觉得以后可能会出现可以长期持有（周期在十年甚至更长）、享受分红回报这样的地产金融产品。

时代周报：目前，金地的"一体两翼"战略实施的效果如何？

凌克：效果很好谈不上，毕竟我们刚刚开始。要经历长时间的艰苦奋斗、探索才能把新业务做好。现在是刚刚开始知道怎么去做。如果问这会给金地带来多少利润，都还谈不上，需要五年到十年才可以看到成效。

时代周报：探索时间长了对公司有没有压力呢？

凌克：压力当然有。我们制定一个战略或者目标，需要多长的时间才能达到这个目标？这都是压力；同时，新的业务拓展需要新的团队、新的人才，都存在很多的压力。但是，从资金上讲，压力不是太大的。因为资金对做金融业务来说不是关键问题，因为地产金融做的是一种服务，它在管理别人的钱。

但对商业地产这块，资金就可能是问题。因为每投入到一个新的商业综合体，投入的周期会很长。要把一个商业中心做好，这个非常难。

时代周报：最近几年很多公司都在做商业地产，都往这方面转型。未来这个市场会不会存在泡沫？那么，金地如何保证能做好？

凌克：有可能（有泡沫）。在某一个时刻可能会有很多商业地产项目破产。我们不能保证每一个项目都能做得很好，但是，当大量的项目倒下时我们的项目依然存在就算是好的。商业项目更为复杂，无论前期的地段选择、产品建设，还是后面的经营管理，每一个环节都要做好。如果哪一天商业市场不好了，别人倒了你没倒，那就是胜利。

时代周报：未来住宅开发的利润会被挤压得越来越小。那么，十年之后商业地产对于金地，是否会成为重要的支柱业务？

凌克：十年之后，还不一定成为支柱。因为商业地产所要求的规模太大了，我们目前都还做不到。像新鸿基地产，它的住宅和商业地产，各占50%左右比例。我们也会像它（新鸿基）那样走。随着公司抵御风险的能力增加，商业地产的比例也会增大，不过十年内，商业地产我们能做到20%或30%就不错了。

行业集中度会进一步提高

时代周报：新鸿基、嘉德这些地产巨头的管理理念、经营模式，哪些方面是值得金地去借鉴学习的？

凌克：像嘉德、新鸿基这些公司的盈利模式、管理理念一直是地产行业的标杆，它们的经营思想是值得我们去学习的。但国内房企在短期内很难直接复制它们的模式。持续的长久的经营管理能力需要提高，这是差距。

时代周报：你说过金地要"成为最具竞争力的国际化地产企业集团"，这个目标很大，金地将会通过哪些途径去实现这个国际化的目标？

凌克：嘉德在新加坡，由于所处区域体量的原因，不出去是不行的。像中国的华为中兴，发展到一定阶段时，走向全世界，这都是有可能的。就如我们当时在20世纪90年代提出全国化战略一样，当时很少公司提，存在很大的争议，但后来大家都在讲要全国化。所以，我们现在提出要走到全世界去，是很有难度的，但还是要去尝试。因为最容易赚钱的地方就是我们应该去的地方，你如果待在不容易赚钱的地方，公司就没有发展。

要国际化，有一项非常重要：就是要求我们的员工，要有一个非常宽广的视野。另外，要培养我们的人才，必须具备较强的适应能力。所以，金地经常鼓励相关部门的主管到全世界去学习，要去最发达的地方，也要去最偏远的地方。

时代周报： 在严厉房地产调控下，行业在加速洗牌。你认为，目前是否会有大批并购潮出现，随着一些公司的倒闭，地产的寡头会随之出现，行业集中度逐步提高？此外，未来行业集中度会提高至什么程度？

凌克： 这个行业集中度会进一步提高。我预计行业排名前十到前二十的企业，未来市场占有率会达到40%。但估计这一轮调控（行业洗牌）还提高不到这种程度，要十年左右。因为总体来说，房地产行业不是集中型行业，不像其他行业排名靠前的几家企业就可以做到70%的市场份额。

（原文刊发于《时代周报》2012年5月10日第180期）

对话万达王健林：最困难时未想过放弃

文／赵　卓

尽管身居高位，但王健林洒脱的性格仍然让外界认为他是一个相对高调的人。

9月21日，各路记者奔赴青岛，在闪光灯不断捕捉泽塔·琼斯、妮可·基德曼、莱昂纳多·迪卡普里奥以及众多国内一线明星的时候，王健林和老友孙明波却抽空在青岛啤酒博物馆坐了下来，享受新鲜的原浆啤酒。

近期，有关王健林的身影多见报端，其在商言商、不搞政商联盟的言论和高调进入文化界的举动，都令这个"中国内地新科首富"广受关注。即便是他在青岛参加万达集团东方影都的启动活动，但啤酒喝着，王健林也愿意和时代周报谈谈这个项目之外的万达。

9月22日，青岛胶南，万里无云。

当章子怡、李连杰、梁朝伟、甄子丹、赵薇、莱昂纳多·迪卡普里奥、妮可·基德曼、泽塔·琼斯、约翰·特拉沃尔塔等一线中外巨星出现在红毯上时，一位在外围围观的当地人嘟囔了一句：国际电影节什么时候搬到青岛来了？

这不是什么国际电影节，只是万达集团东方影都的启动活动。启动这个项目的人，上个月在彭博全球亿万富翁排行榜的最新一期榜单中，以142亿美元身家成为中国内地新科首富，较第二位的娃哈哈集团创始人宗庆后的财富高出32亿美元。在9月11日公布的胡润百富榜上，他再次以创纪录的1350亿人民币

万达王健林对文化领域的投资逐渐增大

位列榜首。

他是中国最大商业地产开发商万达集团董事长王健林。15岁参军，28岁就成为了一名正团职干部，后为响应国家"百万裁军"的号召，离开部队，成为大连市西岗区区政府办公室主任，但在改革浪潮下，本可以在仕途上一片光明的王健林又选择了弃政从商。

比起冯仑、潘石屹、易小迪、张玉良、胡葆森、黄怒波等92派房地产界大佬纷纷下海创业时，1988年改革的春风还没有吹得那么暖，25年前万达成立之初，王健林因得不到计划指标和土地，被迫选择旧城改造方式获得土地，成为全国第一个进行城市旧区改造开发的企业。

从军人、官员、商人到中国首富，将当年欠债149万元濒临倒闭的小公司发展成企业资产超过3000亿元的超级王国，王健林完成了人生的三级跳，但他的梦想还不止于此，除了要成为全球最大的不动产公司外，还要做全球前10的文化集团公司。

❝ 商业地产，仍有扩张空间

时代周报：公开数据显示，从2012年6月收购AMC开始截至目前，万达近一年内海外投资累计金额超过500亿元人民币（含正在推进中的项目），国内仅仅哈尔滨、南昌、合肥3个文化旅游城投资就超过900亿元，加上广州4个项目450亿元，巨额的投入是否带来资金上的压力？

王健林：我们宣布的是总投资，不是宣布的当年投资，总投资是指这个项目从开始到项目投资结束，它的投资额的相加。比如我们长白山项目总投资160亿，长白山到现在只完成了一期，今年把五个酒店建完才二期。

今年开始万达进入文化领域的投资，而且文化领域的投资规模都比较大，比方说南昌文化旅游城这次总投资400亿，计划十年时间完成，也就是2013—2023年，这400亿如果分成十年，每年可能就40亿，当然可能第一年第二年投资多一点，因为除了注册资本，还有启动资金，主要是拿地的钱，要再加50%，所以第一年第二年可能是投50亿、60亿，以后逐步稳定。每个项目，房地产的销售什么时间结束，每年市场大概只能容纳多少，每年这个项目需要多少财务费用，我们内部都有一个很详细的计划。

时代周报：万达的融资渠道主要是什么？

王健林：还以刚才的项目为例，比方当年投资50亿，我们自己拿的启动资金，注册资金就是30%～40%，第二块是银行融资，大约30%；第三块是预售款，比方说预售，还有一些预定，有的不是预售，比如他看好我三星级酒店，他来经营，我们就不用经营，还有大酒楼干脆委托我们来给他投资，我们规划有酒楼，有酒吧，他可以把这条街全扫走。

实际上严格来讲自有的资金投下去这一块就是40%，银行融资30%，预售30%，所以大一点就是各三分之一。

这是中国的融资模式，在境外有些不同，公寓是可以预售的，但是预售的资金是不能动的，这笔钱叫定金，一般是房屋总价的10%～20%，这笔钱直到入户交房，把尾款交齐后我们才能动用，但是这个定金可以用做抵押融资，当然要支付一些财务费用了。

时代周报：越来越多的开发商都在转型做商业地产，你认为现在中国商业地产有泡沫吗？尤其是二、三线城市？

王健林：商业地产有泡沫，但是要分地方。有些城市，确实商业地产扎堆、过剩。但是一些地级市，那些城市连好的电影院都没有，也没有成熟的购物广场，尤其是一些高新区，经济开发区，人口不少，但是配套跟不上，这些地方商业地产的发展还远远不够。

把中国酒店品牌推向世界

时代周报：作为首家在海外建造豪华酒店的中国企业，将如何应对海外市场的激烈竞争？

王健林：有个所谓的投资专家说，在伦敦投资一个酒店要花7亿英镑，就是70亿人民币，才只有160个房间，说怎么能够收回成本啊？我要强调一点，7亿英镑是项目的总投资额，不是单纯买酒店的钱。

其实这个并购实际上是捡了一个大便宜，我们买这个地只有9000多万英镑，这个项目是10.3万平方米，算下来楼面价只有十五分之一，这在中国是不可想象的，中国卖一万块钱的房子，700块钱的楼面价怎么可能呢？

另外，我们并不是所有面积都用来做酒店，其中6.3万平方米的公寓是用来销售的，因为在伦敦公寓是很好销售的，我们考察过项目周边的公寓价格，基本都在1.5万英镑/平方米左右，我们就算再便宜点，以每平方米一万三四销售，销售额就将近9亿英镑，除去2亿英镑的税金，大概收入是7亿英镑，正好等于我们这个项目的投资总额，也就是说三四年时间开发结束，我们在伦敦可以白赚一个酒店，那这个事情就是放在北京、上海也是不容易实现的。

时代周报：能谈谈即将在纽约投资的五星级酒店的具体计划吗？未来是否会通过建酒店，将万达的公寓卖到世界各地？

王健林：我们在美国纽约正在谈的也有几个项目，纽约酒店房间可能比伦敦的略多一点，另外我们在法国也寻找了一个酒店投资项目，已经有一段时间了，我相信明年就会落地。另外，洛杉矶有一个项目，签了初步的框架协议，签了预签书了。总之我们要在海外选8～10个城市建造超五星级酒店，这是第一步。

我们在海外投资的五星级酒店原则上都会采用这种模式。如果单纯做酒店，比如纽约的两百个房间需要6亿美元，如果纯粹去投资，那经营压力可能比较大，光是付利息就很难受，但如果这个项目有房地产，有公寓销售，沉淀的现金就很少，就比单纯买酒店合适多了。

当然，伦敦的项目是特例，因为这是一个当地银行的不良资产项目，如果短期内处理不掉就会进入拍卖程序，所以我们能以这样的低价拿下这块地。我们不可能所有项目都能通过公寓销售完全收回酒店的投资，但是可以稀释酒店的整个投资，我们至少要稀释到50%才能有开发。

时代周报： 从并购美国第二大院线AMC影院，3.2亿英镑并购英国圣汐游艇公司，到7亿英镑在伦敦投资建设五星级酒店，你海外并购的步子迈得是不是有点大？海外发展这部分未来还有什么计划？

王健林： 先说说我们在海外投资的策略吧，海外投资去年公布了26亿美元，今年又公布了一个10亿英镑，10亿英镑差不多也是15亿美元了，而且我们接着还要再宣布，很多人会说万达哪儿来这么多钱？举个例子，我们并购游艇公司3.2亿英镑，这个3.2亿英镑我们本身出50%，再融资50%，而融资50%现在非常容易，海外的银行什么都愿意来融，我们选择便宜的合作。

另外，海外投资我们会集中在两个方面，一个是往文化产业并购，尽快把万达文化产业收购规模和盈利规模做大；另一个就是我的梦想，把中国酒店品牌打到全世界，凭什么世界上只能有外国的酒店到中国来呢？为什么中国的酒店不能到外国去？

国家旅游局的邵琪伟局长跟我说了几次，建立中国五星级酒店品牌希望在万达。我觉得我们该想办法来改改酒店管理行业外国独大、一统天下、制定游戏规则的局面了，中国人"两弹一星"都能搞，建世界级奢华酒店品牌总得有人来走这一步吧。

至于大目标，五年前给我们自己定的收入是2500亿，资产3000亿，净利润是3500亿，但没想到很快都实现了，目前我们给自己定的目标很清晰，2020年就是收入1000亿，资产至少还要做到七八千亿，让万达成为一流的跨国企业，至少在500强企业里面混一混，其中海外业务至少达到20%～30%。

❝ 曾被骗钱越挫越勇

时代周报：*你当年决心"下海"的时候，想到过今天的成就吗？*

王健林：没有，我当时办的是停薪留职，那个时候国家鼓励大家去创业，你不管什么级别的人都可以去创业，创业可以签长达5年到10年的停薪留职，就是你玩不转再回来还是正处职务，工资标准什么的都不变，我那时就想，反正也有退路，就干吧。但是第三年我就正式辞职了。

时代周报：*25年来，万达的发展也不是一帆风顺，你遇到过最大的"坎"是什么？*

王健林：太多了，刚出去搞跨区域发展，第一站在广州就不成功，我们是跟别人合资做一个什么项目，我们是占小股份，别人占大股份，投资了2个多亿，但是这个小子把我们的钱投进去他自己拿着钱就跑了，我们当然先起诉，告状，慢慢把公司接过来，我们接着再补钱进去，实际上我们还算不错了，最后没亏损，但只赚了几千万。

不光这个，比如说我们做商业地产，2000年确定做商业地产，从2000—2003年，四年，222场官司，公司整天应付打官司，那一段时间打毁了，我们还被中央电视台《新闻联播》点名批评。后来我也觉得不行了，但是2004年做宁波这个项目的时候，一下找到灵感了，又能卖点商铺，又能卖点住宅，还有现金流，还能把物业整起来，也不用打官司了。这才确立以后的万达模式。

其间，我们和美国的几个著名的发展商的董事长都见了面，其中有一家公司，规模在美国大概排不到前十，但是他的租金在美国是最高的，平均绩效也是最好的，那家公司的老板父子俩本身都是耶鲁毕业的著名设计师，他一面画图一面给我解释，之后我们大家豁然开朗，哎呀！商业地产不能像我们以前那样就是一层一层地卖商铺，还可以有百货楼、电影楼等业态，结果我们试着做了宁波的项目，效果非常好，之后北京和上海的也按照这个模式做，都火得一塌糊涂，不仅效益好，各界口碑也好，万达这才打了一个翻身仗。

时代周报： 最困难的时候曾经想过放弃吗？

王健林： 没有，我这个人是一个坚定主义者，军队磨炼出来这种意志非常坚定。我按照既定目标，就像刚才讲了，打几百场官司（的时候），公司里从总裁丁本溪到所有同志都劝我：你看住宅卖得那么好，又不愁，那时候没有限购，基本上嗖嗖的，推出来就没了，只要把地搞到手就搞到钱，说你何必？

确实我自己疑虑过多次，是不是路走得不对，但是我一想如果我们老搞开发，如果有一天房地产发生系统性风险，或者有一天这个规模终结了，怎么办？我们是民营企业，那时候有很多正厅的副厅的人跟着我干，你看老丁，中远房地产集团的总裁，还有好多人后来跟着我了，我想这帮弟兄我怎么对得起他们，我一定要找一个靠谱的东西。另外，其他的我们也试过了，搞超市公司，搞医药，搞电器厂，最后大家都觉得不靠谱，都卖掉了，还是决定做商业地产。

（原文刊发于《时代周报》2013年10月11日第253、254期）

第三章

金银

逻辑的尽头，究竟是不是理性与秩序的理想国？

在一路的高歌猛进过后，房地产行业开始轻点刹车。中国经济进入了稳定增长与结构调整的状态，而在多方面因素的影响下，房地产行业的新常态也随之来到。

2014年初，一丝不安显露出来，进入2月，全国一线城市土地市场持续火爆直至狂热。但这并没有缓解开发商的高库存压力，一边是拿地成本的不断推高，另外一边是一些地产商为了回笼资金大幅降价抛售。2月24日，又有银行收紧地产融资的消息，使得当天房地产板块闻风色变，整体下跌5%。

而外界将此看作房地产市场的分化，一、二线城市开发商屯以重兵，房价则随着土地成本的升高而升高。看起来，2014年的楼市不再如2013年那样涨声一片，降价促销的势头有所蔓延。中国的楼市变得山雨欲来一般，唱空楼市的声音逐渐多起来。

楼市的拐点真的来了吗？这种猜测弥漫在行业之中。

事实上，这一次的情况与以往并不相同。2008年楼市的下跌，主要是受到全球金融危机的影响，房企资金链失守，房价呈现断崖式下跌；2011年楼市的下跌是调控政策下的短暂调整，而2014年年初楼市的整体性调整，是在一年多来政府没有出台过大型楼市调控政策之下出现的，是市场自发产生的结果。

市场从未改变的是它的变幻莫测，时间让真相逐渐显露。人们很快便发现，降价潮并未如想象中如期而至，降价的只是大型房企个别楼盘，以低姿态入市，让利跑量，更多是一种未雨绸缪式的战略调整，而不是资金面短缺的市场表现。时至2014年6月，全国多个城市的各家项目已经传出了飘红的消息，开发商的销售额提升的势头仍然迅猛，几十家房企大幅提升自己的销售目标，并对市场表示乐观。

当然，这些只是表象，行业正在悄然改变。通过梳理多家样本房企的近年财报，并结合第三方服务机构兰德咨询提供的涵盖202家上市房企的财务指标报告后发现，"增收不增利"正成为整个行业面临的尴尬局面。

数据显示，从2010年起，A股上市房企净利润率以每年1%左右的速度下滑，预计到2015年，行业毛利率将低于30%，平均净利润率可能踩到10%的红线。房地产行业有可能成为中利行业。

这并非是坏事，对于整个行业而言，是一种成熟的表现。在经过多年的宏观调控与市场的双重修正下，规模与利润已经不再是一个单边挂钩的局面，盲目的扩张策略足以导致房企全线溃败。

而领会其中奥妙的地产商已经开始建立自己的护城河。金融，是地产商的第一步战略转型。越来越多的地产商在地产金融方面的动作频频，或携手银行，或发行永续债，或发行房托基金，一些地产商甚至把地产金融作为"一体两翼"工作的重点，通过各种方式再战资本市场，预示着中国房地产开发模式从关系为王、土地为王的时代进入了新的阶段。

轻资产模式、电商、养老地产以及旅游地产，甚至跨界式的多元化，这些以往并不足以吸引房企重兵投入的领域，逐渐成为了房企转型的目标。

金银交替，地产行业的黄金时代已逝。

"面粉"

> 狂欢之后，便是落寞。
>
> 面粉与面包常常被拿来比喻土地价格与楼盘价格，面粉的涨价除了带来面包的涨价以外，也可能降低利润。利润下滑，行业大佬们明白这意味着什么。看似平静的2014年与2015年，房地产市场却在悄然改变。房企在一轮一轮的扩张后，发现规模虽然在增大，盈利却在下滑，大家不禁会问，利润究竟去了哪里？
>
> 而在一个又一个不断复制的楼盘与项目中，以往看似简单的拿地、建设、销售的传统模式也逐渐开始走向尽头。

地王泥淖

文／刘　娟

2008年以来，每一轮楼市调整，都会有一些地王遭遇"裸泳"尴尬。从SOHO中国陷入官司的上海外滩8-1地王到南京中冶被部分收回的256亿元地王，再到陷入滞销的广州亚运城地王，境遇之坎坷和尴尬，宛如一部部生动的活教材。

这却未能阻挡前仆后继的各路房地产豪杰。发生在土地竞拍现场上百轮的追价历历在目，惊心动魄程度绝不亚于顶级国际大片。

但这一次，那些曾经的地王，还会如此幸运吗？时代周报记者经过调研和了解发现，近三年内，位列国内年度总价和单价地王的55幅地块中，21幅地块至今尚未开工，占比高达38％。时光不会倒流，下一步，谁会来帮他们解套？

❝ 算不拢的经济账

"面粉"太贵带来了定价矛盾。

当光环散去，一些走向前台的地王们开始陷入"降价即亏本、保价则滞销"的进退维谷境地。

一个尴尬的样本出自中华企业。2009年12月24日，杭州章家坝地块开拍，这是当地本土大鳄绿城志在必得的一块地，时任绿城董事长宋卫平亲自坐镇竞拍。不过，半路杀出的中华企业，最后以总价28.1亿元从绿城嘴边抢走了这块地，1.82万元/平方米的楼板价至今无人能出其右。在四年多后的2014年2月，打响杭州降价第一枪的本土房企德信地产也拿下章家坝一幅地，楼板价仅1.24万元/平方米。

曾经的地王，变成了骑虎难下的"烫手山芋"，案名为"中企·御品湾"的中华企业杭州地王至今仍未正式开售。

"不开盘是暗着死，开盘是明着死。"杭州当地人士如此评价说，在杭州地产界，该盘被公认是亏损已成定局的项目，甚至可能是杭州楼市目前为止史上亏损最大的项目。在中华企业2013年年报中，也对杭州御品湾计提了1.1亿元跌价准备。

日前，克而瑞集团的一份统计报告中，2011—2013年这三年间，全国经营性用地年度单价和总价前十的55幅地块（5幅地块同时位列总价和单价TOP10）鲜有入市，仅有9个项目在售。

克而瑞杭州总经理刘晨光对媒体称，包括中海、金地、保利等高价地得主在杭州都开始"品尝苦果"，项目销售排名大幅下滑，截至今年7月，中海已经跌出杭州楼市销售排名前30名，金地跌出前20名，这在以往的杭州市场十分少见。

在苏州，2011年1月，中华企业以约3万元/平方米拿下了当地平江区机床电器厂、林机厂地块。"这个楼板价放到今天的苏州市场也是极高的，要知道地块附近的苏州平门府别墅项目今年6月份的均价也不过3.4万元/平方米，"克而瑞信息集团董事长丁祖昱说，这就是典型的地价房价算不过来账的地王，中华企业苏州地王至今迟迟没有开工。

它并非孤例。在克而瑞的统计中，上述55幅地块中，21幅地块至今尚未开工，占比高达38%。在丁祖昱看来，在高周转盛行的当下，38%地王项目未开工，是一个极高的比例了。"特别是单价地王低至50%的开工率，更说明地王好拿，项目难做"。

据克而瑞统计，上述三年间63%的总价地王已经开工，2011年、2012年和2013年的开工率分别为80%、70%和40%，单价地王开工率则相对较低，为50%，同期开工率分别为70%、70%和10%。

这当中，还不乏为规避"2年必须开工"的土地政策惩处而被迫开工的项目。上海申电投资有限公司以20.5亿元竞得的黄浦江沿岸综合开发E18单元1-12地块，楼板价28983元/平方米，曾是2012年上海总价及单价最高的"双料地王"。在上海不少业内人士看来，如今该项目进展较慢，尽管已经开工但预计未来工期或大大放缓。

颇受关注的还有北京崇文菜市场地块，该地块是合景泰富2011年以7.1亿元总价，4.37万元/平方米楼板价竞得的单价地王，目前也被外界指责开发进展缓慢。

高溢价拿地或将"非死即伤"

地王之间流行着一个"解套游戏"。一个新地王的出世，背负起未来的销售压力，这才意味着一个老地王的解套。

可是，这一次，幸运女神，还会眷顾这些曾经的地王吗？

以北京朝阳区孙河地王为例，2012年9月，龙湖以约为2.02万元/平方米的楼面价率先在孙河A地块称王，泰禾于2013年1月以楼面价约为2.94万元/平方米拿下W地块；首开股份于2013年2月以2.63万/平方米的楼面价夺得F、G两块土地。

2013年7月，中粮以实际楼面价接近5万元/平方米，刷新了北京土地出让历史上的单价纪录，解救了之前进驻孙河板块的其他地王。但今年7月29日，孙河组团BCDE地块和K地块双双流拍，中粮继任孙河区域王中王，让人增添了一重担忧。

土地市场降温的趋势还在延续，且向北京、上海等一线城市蔓延。中国指数研究院日前发布的数据显示，7月，全国300个城市土地出让金总额为1475亿元，环比减少15%，同比减少49%。

"在房地产市场整体低迷的情况下，去年拿地较为激进的开发商面临着较大的资金压力，房企的战略重点在于去库存，所以预计8月份及三季度土地市场仍将持续降温，"上海易居房地产研究院副院长杨红旭如是说。而丁祖昱则表示，随着下半年土地的集中入市，流标及底价成交的情况将继续上演，土地市场难复2013年的荣光。

多位地产界人士直言，凡在2013年下半年高溢价拿地的企业，将来都会"非死即伤"，其中民企可能因资金实力较弱，最先倒下。

在众多地王故事中，中冶南京地王分崩离析的结局也令人扼腕。拆迁艰难，体量巨大，开发周期过长，这让中冶置业2010年9月获得的256亿元南京下关滨江地王项目至今无实质性开发进展，最后，该地王仅留3号地自己开发，而1号地分割多块转手，2号地更是遭政府收回。

（原文刊发于《时代周报》2014年8月8日第297期）

谁吃掉了房企的利润

文/赵　妍

2015年，房地产企业利润的下滑已经成为了普遍的现象，这背后的原因可能就像是"不幸的家庭各有各的不幸"，但成本的上升却是共同的。这种危险的信号拉开了房企大跨步转型的序幕。

"躺着"挣钱时代过去，利润缩水，已经成为房企不得不面对的残酷现实。

反映房企盈利能力的核心指标如每股收益、净资产收益率、毛利率、净利率等，在2014年全面下滑。有机构在统计了96家上市房企2014年的年报后发现，A股房企整体净利增速大幅放缓。去年，虽然亏损的开发商只有15家，但多达71家房企的业绩出现了下滑，占比近半。

在基本面没有根本改观之下，这种下滑恐将是未来一段时间的常态。据中原地产研究部的统计，在已经公布2015年一季度报告的43家上市房企中，业绩同比下调的企业达到了31家，其中预减的企业达到了11家，预亏的企业也达到了11家，占比超过两成。

❝ 盈利能力不断下降

上海易居房地产研究院研究员严跃进近日在接受时代周报记者采访时指出，从目前公布2014年年报的房企业绩来看，分化比较明显，即使是大型房企净利润增速水平也在快速下滑，中小企业更是直接进入净利润下滑通道。

"这与企业项目布局和业务结构不无关系。"他分析道，"其中，部分房企并非专业型的房地产公司，有多元化产业做支撑，所以在2014年房地产市场相对不景气的情况下，营业收入同比上升。但部分房企的地产项目布局相对集中，且该区域楼市持续大幅降温，其营业收入和净利润情况皆不理想。目前市场正处于转型的阵痛期，利润率的下滑恐不可避免。"

日前，由中国房地产业协会、中国房地产研究会和中国房地产测评中心联合推出的《2015中国房地产上市公司测评研究报告》显示，2012年后，房地产市场分化程度不断上升。

2014年，沪深涉及房地产业务的上市公司不足200家，5年间超过100家A股涉房企业退出房地产业务。同时，地产蓝筹在这一轮竞争中持续领先，行业分化和洗牌进程加速。

成本费用的上升和房价下行对行业盈利空间形成了双重挤压，上市企业在2014年盈利能力的绝对值指标仍延续了上年的上升势头，但是增速放缓，效率指标依然未能阻止惯性下滑的态势。

具体来看，在绝对量方面，上市房企净利润均值为15.11亿元，同比增长9.76%，增幅较上年下降6.68个百分点；现金及现金等价物余额均值为53.63亿元，同比增长21.90%。在比率指标方面，净资产收益率和总资产利润率均值两项指标继续下滑，处于自2009年以来的最低点，分别由上年的11.09%和5.15%下降至8.50%和4.00%，二者都不及2009年的一半。

一项统计了96家A股上市房企年报的数据也显示，2014年，96家房企的平均净资产收益率为-3.53%。尽管目前尚有30多家房企因各种原因未纳入统计，但这项指标呈现出负值，仍是颇为罕见的现象。相比之下，2013年全部130家A股上市房企的平均净资产收益率为9.79%。

2014年总体而言，地产板块表现略强于大盘。在每股收益水平方面，沪深上市房企及在港上市房企专股收益均值为近五年来的最低水平。尽管盈利能力普遍有所下降，但沪深两市的房企随大市走势迎来了板块估值的向好回调，市盈率均值和市净率均值分别为28.64倍和3.37倍，两项指标均登上了近三年的最高位。

在港上市房企市盈率均值为7.48倍，市净率均值已处于破净状态，仅为0.65倍，二者都创下了近三年的新低，沪深上市房企和在港上市房企走出了两条迥异的估值水平线。

时代周报记者注意到，即使是千亿元级的保利地产，2014年的净利润同比增长率也仅为13.36%，与2013年27.36%的同比增长率水平相比，下降了14个百分点；招商地产2014年净利润同比增长率为1.75%，2013年则为26.64%，增长速度下降了24.89个百分点。

同时，在杭州房地产界近10年来稳坐第二把交椅的滨江集团，2014年净利润同比下滑幅度超过了41.23%。而净利润"跳水"下滑则有同达创业和新潮实业，其净利润同比下滑幅度为110%和211.75%；深国商的净利润率从6575%骤减至-339%。

▌ 成本销售挤压利润

"很多人不知道的是，近年采房地产开发企业的毛利率和净利率分别年均下降2.5个百分点和1个百分点的速度在快速走低，2015年的行业利润率很可能击穿10%红线。"兰德咨询近期发布的一份报告指出，近些年来，房地产行业的成本不断攀高，极大地挤压了利润空间。

据悉，土地和资金是房地产企业最重要的两项成本来源。其中，随着一级开发等成本的提高，近年来土地成本也不断攀高。统计局的数据显示，2014年，房地产开发企业土地购置面积同比下降14%，土地成交价款则增长1%。

值得注意的是，在竞争较为激烈的一线城市，土地成本尤其高企，并经常出现"面粉贵过面包"的现象。

当然，不同企业、不同项目的土地成本占比相差非常大。据兰德咨询监测，万达的平均土地成本占销售均价约10%，龙湖约18%，万科约25%。

而在资金成本方面，即使地产行业的龙头企业一样难以避免利息支出快速增长的局面。据兰德咨询统计数据显示，万科、恒大地产、保利地产、万达商业、中海发展和碧桂园这6家千亿元级房企利息支出均出现增长，增长幅度分别为3.6%、68.7%、140%、26.3%、55.5%和18.5%。

同时兰德咨询推算，算上信托、基金等，房企有息负债加权平均息率是10%左右。尽管降息在一定程度上减轻了资金压力，但在2014年的大部分时间，资金成本显然已成为房企的重大负担。

另外需要指出的是，税费负担也吃掉了不少的利润。据兰德咨询统计，与房地产开发相关的11种税费，占房价的13%～15%；各类规费、杂费，占房价的8%～12%——税费全部加起来，占房价的20%～25%，有些三四线城市甚至高于25%。

那么资金成本和税费到底吃掉了多少利润？兰德咨询上述报告对比房企利息支出、纳税额和净利润对比后发现，2014年，万科实现净利润157亿元，资金成本和纳税额合计是126.05亿元，与净利润之比0.79；金地集团净利润39.97亿元，资金成本和纳税额合计是44.95亿元，与净利润之比是1.12；招商地产实现净利润44.17亿元，资金成本和纳税额合计是50.28亿元，与净利润之比是1.34。

与此同时，由于整体供需关系逆转，从2013年开始，整体房价上涨乏力，去年部分区域市场甚至出现降价。这也进一步压缩了房企的利润空间。

两成房企首季亏损

在经历了一个并不理想的2014年后，房地产企业一季报的整体表现进一步给行业敲响了警钟。

据中原地产研究部的统计，在已经公布2015年一季度报告的43家上市房企中，只有12家上市房企的业绩相对乐观。保利地产、金融街、宝安地产成为为数不多业绩预增的企业。而业绩同比下调的企业达到了31家，其中预减的企业达到了11家，预亏的企业也达到了11家，占比超过两成。

其中，行业龙头企业万科的业绩一季度实现营收88.9亿元，同比下降6.35%；同期实现归属上市公司股东的净利润6.5亿元，同比下滑57.49%。

而华联控股发布的公告显示，预计2015年1—3月归属于上市公司股东的净利润亏损800万～1200万元。企业的业绩变动幅度为-1666.85%至-1144.57%。

中原地产首席分析师张大伟分析指出，大部分企业在2013年完成销售情况较好，预留了大量签约结转到2014年，使得去年同期基数较高。但2014年行业销售完成情况较差，大部分企业反而透支了2015年年初的签约，导致今年一季度签约差强人意。

当然在降息的刺激下，从3月下半月开始，市场已经告别签约淡季，少数城市出现"小阳春"现象。同时，"两会"后针对房地产市场的宽松政策不断出现，预计整体市场的走势还会继续向好，尤其是改善型需求的入市量将会有所增加。

不过仍有券商分析向时代周报记者表示："今年二季度房地产企业的业绩将会有所回升，但由于整体市场供大于求的形势已经确立，房地产行业利润率越来越低的趋势将仍难以攻变。"

（原文刊发于《时代周报》2015年6月2日第338期）

分化

> 房地产的多米诺骨牌被推倒。
>
> 牵一发而动全身，房地产行业的变化犹如蝴蝶效应一般。市场在分化，一线城市楼市火爆，三、四线城市却乏人问津，房企不惜以价换量。这也影响到了房企的决策层，争夺一、二线城市市场成为一段时间内的主要方向。
>
> 这种分化使得竞争加剧，房地产企业也产生了巨大的分化，马太效应显现，小企业在逐渐被洗牌。地产的巨头时代来临，倒逼房企冲击规模。

楼市一、二线分化僵局待破

文／胡天祥

5月份的广州，阴晴难测，时而阳光普照，时而雷雨交加，这或许也是现今中国楼市的真实写照。

此前，受整体经济下滑趋势影响，国内房地产一度陷入低谷。近期，中央不断推出经济刺激政策，尤其是4月份，受"3·30"政策影响，以及降准降息、公积金新政等政策密集利好的持续作用，一线楼市提早"入夏"，新建商品住宅供应量和成交量双双大幅增长，成交均价创历史新高，其中上海和深圳反弹力度最强，深圳房价领涨全国。

可是，房地产的春天真的来了吗？无独有偶，各大房企纷纷出奇招卖力营销，"无理由退房""5P战略""18免"等优惠被解读为开发商对后市的不看好，希望借"互联网+营销"东风去库存跑赢大市。

更多的数据表明，房价环比上涨的18个城市中，多为一线及省会城市，而部分三、四线城市则面临楼市回暖乏力的尴尬，甚至部分城市仍然要坚持"以价换量"去库存。中原地产首席分析师张大伟认为，预计今年二三季度，中国房地产市场将逐渐从低迷中走出。不过，各城市间的分化将愈加严重，特别是三、四线楼市的惨淡现实，因此房地产市场不太可能全面爆发。

深圳样本

4月10日，深圳市龙华区星河传奇加推，近百位市民连夜排队购房。继2012年楼市调整后，深圳楼市鲜有出现这种现象。

"当天晚上我们便接到通知，需连夜排队才能入场选房。"在该楼盘认筹的王兰（化名）告诉时代周报记者，我们也曾咨询过销售，为什么不能采取领号或者摇号选房？销售员则称，目前加推的套数有限，供不应求，不连夜排队便无法保证认筹的客户能够选到房子。

据悉，星河传奇此次共加推152套房源，均价3.7万元/平方米，较去年一期开盘价格，上涨了约7000元/平方米。11日上午，据开发商提供的消息，楼盘所加推单位售出约九成。

4月26日，港铁天颂在深圳大中华国际交易广场开盘。排队等候入场的队伍蜿蜒长达数十米，现场大厅里面摆放的2500个座位已经座无虚席。据时代周报记者了解，该楼盘首推600余套房源，现场却来了3000余人，平均5个人选一套房。

港铁天颂原定2500人座位的会场，由于超员，导致来得晚的人只能站着等候拿号。"政府救市的政策接踵而来，深圳的房价也是一天一个价，不能再等了。"购房者马薇对时代周报记者如是说。

这仅仅是深圳楼市火热的一个缩影。时代周报记者了解到，在"3·30新政"和新一轮降准等多项利好政策叠加的刺激下，进入4月份下旬，深圳楼市迎来开盘"日光热"。

今年第一季度，深圳成交量同比涨幅全国最高，在100%以上，领先于京、沪，更远远领先于同比出现下跌的广州。近几个月高企的成交量，也压缩了去化时间，深圳楼市去化时间由去年9月的峰值一路向下。

据深圳市规土委的数据显示，截至4月28日，深圳全市一手房可售面积为367.9万平方米，可售套数为34202套，按照此前稳定的去化速度，目前的新房可售量消化周期仅为33周（8.25个月），远远低于15个月的去化周期警戒线。

深圳新房市场开始步入供应爆发期。美联物业全国研究中心数据显示，步入5月份，深圳市场预测有44个新盘入市，项目之多创下历史新高。

"由于旧改难度大、成本高、周期长，深圳未来的土地供应很可能会断层。"美联物业深圳及惠州区董事、总经理江少杰对时代周报记者表示，在这样的供需结构之下，深圳楼市的火热趋势成为必然。

5月18日，国家统计局公布"2015年4月份70个大中城市住宅销售价格变动情况"，这当中显示，深圳房价自2014年12月实现反弹后，已经连续5个月领涨全国；4月份的百城房价，深圳新房价格31495元/平方米，同比、环比均上涨1.09%，位居十大城市涨幅之首；二手住房价格环比涨3.29%、同比涨6%，同样位列全国第一。

楼市"入夏"

在楼市中,上涨从来都比下跌来得更迅速。如果说深圳极度供不应求是个特例,那么随着"3·30"新政的影响,以及降准降息、公积金新政等政策密集利好推出,各地楼市陆续回暖也已是同步动作。

国家统计局最新数据显示,4月全国70个大中城市中的18个,新建商品住宅价格指数环比上涨,较3月又增加6个。从去年11月房价指数全线环比停涨到目前的18城上涨,只用了5个月,其中温州房价则迎来自2013年7月以来的首次环比上涨。

另据上海易居房地产研究院近期的监测数据,4月,一线城市新建商品住宅新增供应面积为409万平方米,环比增加近两倍,同比上升18%;新增成交面积为341万平方米,环比上升36.3%,同比上升59%。供需双方积极入市,一线城市楼市持续升温。

易居研究院研究员姚腊表示,受"3·30"政策影响,以及降准降息、公积金新政等政策密集利好的持续作用,一线楼市提早"入夏",新建商品住宅供应量和成交量双双大幅增长,成交均价创历史新高,其中上海和深圳反弹力度最强,深圳房价领涨全国;一线城市二手房市场成交量同比和环比均增长70%以上,成交均价也有微幅上涨。

"步入5月份后,随着央行的再次降息,政策的叠加效应逐步显现,改善性需求将继续主导市场发展,一线城市楼市将继续升温,带动房价上涨。"姚腊补充道。

张大伟认为,楼市5月份的市场肯定将好于4月份,一、二线城市已经出现量价齐涨的趋势。而在央行5月10日降息后,整体市场有望继续升温,预计二三季度,中国房地产市场将逐渐从低迷中走出。

房企方面,4月份,包括万科、恒大、保利、绿地在内的10大房企,商品房新增供应面积390万平方米,环比上升10.3%。而10大房企商品房销售金额为650.6亿元，环比上升17.1%，同比上升30.3%。本月商品房成交量及成交价均有一定增幅，带动商品房销售额也出现较大提升。预计二季度未来两个月销售额将保持在较高水平。

易居研究院研究员亢亚娟认为，随着诸多利好政策的出台，房地产市场逐渐升温，开发商推货量不断增加，环比稳步上升。预计五六月份环比增幅将持续提高。在拿地方面，随着商品房市场向好发展，房企对市场信心增强，资金回笼加快，拿地积极性将不断提升，预计下半年将出现明显反弹。

❝ 分化僵局

国家统计局数据还显示，2015年4月全国70个大中城市中，房价环比下降的城市继续减少，由上月的50个缩减至48个。值得注意的是，房价环比上涨的城市攀升至18个，却多为一线及省会城市。

此外，4月份一线城市新建商品住宅价格环比平均上涨1%，而二、三线城市新建商品住宅价格环比平均却分别下降0.1%和0.3%。步入5月上旬，全国主要54个城市合计住宅签约71485套，环比上月的64033万套上涨了11.6%，整体市场的涨幅明显加大。但如果分城市来看，一线城市环比4月同期上涨了7.3%，二线城市的涨幅达到了16.5%，而三线城市则出现了下滑。

在楼市逐步回暖的大背景下，城市间的分化也愈发明显。而依然如故的分化格局也成为市场争辩楼市"真回暖"还是"假迎春"的重要依据。

易居中国执行总裁丁祖昱称，一线城市2015年基本可以保证稳定回升，二线城市也将延续2014年的走势，仍然会分化严重，如合肥、武汉、厦门等热点城市将继续保持上涨势头，部分城市如大连、宁波、沈阳、长沙、成都、昆明则压力巨大，三、四线城市则不容乐观。

华南某房企一位离职员工告诉时代周报记者，由于集团开发的楼盘定位高端，其在广州的销售情况一直保持稳定，但在太原等二、三线城市的销售却遭遇"滑铁卢"。

君华地产一位员工也向时代周报记者透露，即便在去年楼市并不乐观的境况下，广州分公司仍然完成了业绩。不过在三线城市中山，楼盘的销售始终不温不火，此前中山分公司曾"以价换量"冲业绩，但仍未达到预期销售目标。

（原文刊发于《时代周报》2015年5月26日第337期）

房企大洗牌拉开序幕

文 / 刘　娟　　马浩宇

楼市步入新一轮的调整期。

作为传统的销售旺季，在刚刚过云的"五一"小长假，包括一线城市在内的房地产市场呈现出量价齐跌的态势，各项数据惨淡。楼市"崩盘论""救市论"此起彼伏，业内对未来房价的争议也渐趋白热化。

管窥一豹，从近期披露的房地产行业上市公司一季度及前4月业绩数据中，人们或许可以读出未来楼市走向的端倪——标杆房企之间销售业绩出现分化，呈现几家欢喜几家愁的局面。而在信贷紧缩、供求关系变化、观望情绪浓重等因素冲击之下，为了快速回笼资金，先知先觉的房企们纷纷祭出了自己的

"看家法宝"，除了推盘策略不断调整外，不少房企愿意在价格上稍有让步，明降暗降楼盘比比皆是。

值得注意的是，2014年一季度房地产市场总体表现不及去年同期，但我们看到上榜的龙头房企整体表现要明显强于大市，TOP50企业金额、面积集中度实现稳步提升。

金额集中度方面，2014年一季度，上榜房企金额集中度较去年同期进一步提升。其中，TOP10企业从16.38%上升至19.69%，增加了3.31个百分点，同时TOP20及TOP50企业同比分别增加3.41个百分点及2.93个百分点。面积集中度方面，相比于去年同期，2014年一季度，TOP20企业面积集中度提升力度最为明显，增加幅度在1.67个百分点。其次为TOP10企业，同比增长1.59个百分点，TOP50企业则增加了1.53个百分点。

楼市新一轮洗牌行情正在展开。

房企业绩分化明显

随着今年以来楼市进入下行通道，房企业绩分化情况明显。

中原地产的统计显示，截至目前，共有30家上市房企发布了前4个月的销售数据。30家房企前4个月累计签约金额4053.4亿元，较2013年同期的3904.5亿元下滑3.8%。

这当中有几家千亿级房企，实现逆势大增。以恒大地产为例，其前4个月合计销售高达443.9亿元，同比大增77.7%，已完成今年销售目标约40%。另外两家"千亿俱乐部"的成员万科和碧桂园，在前4个月也分别实现了669.6亿元和410.5亿元的销售金额，同比增长19.6%和78.1%。此外，位于房企第二梯队的富力地产和融创中国，前4个月的销售业绩也大增51%和27%。

不过，在30家房企中，19家公司的销售业绩都出现了同比下滑的情况，占比超过六成。其中合生创展前4个月合计销售仅12.21亿元，同比大跌65.2%，而首开股份、瑞安地产、恒盛地产的业绩降幅也超过了50%。

事实上，受信贷收紧等因素影响，尽管龙头房企的表现还是要明显强于大市，但2014年以来的房地产市场总体表现不及去年同期。

克尔瑞统计数据显示，从一季度房企的销售金额来看，TOP20及TOP50企业均有20%以上幅度的下滑。其中，TOP20企业入榜门槛为53亿元，较2013年一季度的66亿元门槛相比，同比下滑20%。与此同时，TOP50企业金额门槛从去年的32亿元减少至今年的24亿元，下滑幅度达25%。但TOP10企业销售金额入榜门槛较去年同期继续提升，增加5亿元。

在销售面积方面，与去年同期基本持平。TOP10企业入榜门槛101万平方米，与去年同期100万平方米相比，小幅增加。TOP20企业入榜门槛从55万平方米增加至58万平方米，同比增长5%。而TOP50企业入榜门槛则较去年一季度减少1.5万平方米，降幅为6%。

"尽管今年楼市'高位震荡、持续降温'的判断在2013年年末就已经提出，但下跌幅度确实超出市场预计，尤其是今年一季度，整个市场的量价没有提上来。"在房地产评论员严跃进看来，由于对全年的市场环境预期并不乐观，今年企业销售目标的制定相对谨慎，甚至像雅居乐等企业下调了全年的目标。未来在看跌情绪下，依然有降温的态势，这是行业转向理性的开始。

"2014年房企销售业绩难以乐观，"中原地产首席分析师张大伟表示，从目前数据看，销售同比上涨的企业中，部分业绩是因为2013年的高额结转，而从各月份的同比变化可以看到，销售结转的逐渐减少影响了同比涨幅，二季度房企销售压力将十分巨大。

❝ 促销大战打响

在市场降温、信贷收紧、自住房供应等多方因素的冲击下，楼市供需双方的市场预判出现转向，购房者观望情绪增多，而房企"让利跑量"渐成共识。

作为马年楼市降价"第一枪"的杭州楼市，是一个新的风向标。

2月18日，杭州城北的楼盘德信北海公园宣布直降数千元，推出了15800元/平方米的清盘价，在不到24小时的时间里，距离不到400米的天鸿香榭里直降了3400元/平方米，以"起价11800元/平方米，均价13800元/平方米"的价格迎战。

各地楼市降价潮似乎就此蔓延开来。"不差钱"的港资地产巨头九龙仓，出人意料地在长三角掀起一波降价潮，其在常州两楼盘大幅降价、杭州项目"贴成本"低开入市。全国多个二、三线城市，也相继传出打折降价的消息。

席卷全国的楼市降价风越刮越烈，一度被认为是"房价避风港"的北上广深也难"独善其身"，均出现房企降价出货的现象。

广州是出现降价较早的一线城市。早在三四月份，时代地产、保利地产等旗下项目就推出优惠促销，幅度在5%～10%之间。4月底，上海浦东金大元御珑公馆以7.2折"甩卖"。同期，在徐汇滨江、浦东外高桥等地，10多个中高端楼盘以"特价房"形式变相降价销售。

接力棒随即交到深圳、北京区域。"五一"期间，K2地产在北京通州的老项目清水湾推出部分特价现房，售价仅为1.7万元/平方米，与当前该小区二手房业主报价3.2万元/平方米的价格相比，相当于腰斩。深圳保利生态城、昊海君悦、远洋新干线、宝能悦澜山、鹏达摩尔城等项目出现降价，降价幅度从11%～29%不等。

在这期间，越来越多的龙头房企积极应对楼市变化。据时代周报记者了解，在碧桂园、合生创展、方圆、时代、雅居乐等多家开发商相继推出全民营销，连央企保利地产也坐不住了。

"我们公司正在酝酿启动全民营销，据说初步方案是介绍成交一套房有千分之三的提成。"保利地产一位员工透露称。

而在万科副总裁毛大庆的"看空说"引爆楼市热议时，楼市领头羊万科在全国多地项目陆续出现价格下调，降价大旗似乎再次扛起。

3月底，北京住总万科橙降价3000元/平方米开盘引发千人抢购，中粮万科公园目前价格则为2.6万元/平方米，其在去年年底造势时曾将价格预定在3万～3.2万元/平方米。万科杭州项目也随后加入降价，除此，在"五一"前后，广州万科多个项目推新货，对外报价相比前期出现下调，以万科欧泊项目均价下调达4000元/平方米，回到了两年前开盘时的价格左右。而深圳万科广场近日同样推出"4万抵9折"优惠，一套单位总价可减二三十万元。

当然，除了"优惠""特价房"等这些常规方式，为了跑量，房企们可是精心编制了一个又一个"大蛋糕"，促销的招数可谓是千奇百怪、层出不穷。

5月8日，南京荣盛时代广场售楼处里玩起了另类促销。其用10万人民币铺在地上，并标注距离和折扣额度，邀请购商铺者立定跳远，规则是跳多远，就优惠多少。

在青岛，佳兆业水岸新都项目推出联排别墅买一赠一活动，即买一套别墅送一套指定户型的高层住宅。

所谓"零首付""分期首付"等非常规手段也是频频出现。据网易房产数据统计，广州地区在"五一"期间打出"零首付"和"低首付"的开发商就有17家，占到推出促销活动开发商的10.96%。

万科郁亮近期就直言，会按照消费者愿意接受的价格卖房子。降价是剂猛药，北京万科一楼盘在每平方米降价3000元销售时引来千人抢购。放眼全国，上海七二折降价楼盘50套房源开盘即售罄，南京世茂一楼盘600

多套房源降价后在一周内清盘。

　·当然，价格失灵的窘境亦时有发生，在杭州，价格腰斩的别墅依旧无人认购。

（原文刊发于《时代周报》2014年5月16日第285期）

房企利润水平下滑

文/刘　娟

房价跌幅近十年最大，这是足够让楼市沉浮者们心痛的数字。

国家统计局日前发布的最新数据，今年8月份，70个大中城市新建商品住宅价格环比跌幅1.2%，延续了5月份开始的下跌态势，且跌幅明显扩大，创近十年最大。除了厦门，其余69个城市的房价都出现不同程度的下跌，几乎可用"全军覆没"一词形容。

房地产行业进入了自2008年以来的最低点，钱远比以前难赚，房企的苦日子正在到来。时代周报记者通过梳理多家样本房企的近年财报，并结合第三方服务机构兰德咨询提供的涵盖202家上市房企的财务指标报告后发现，"增收不增利"正成为整个行业面临的尴尬局面。

数据显示，从2010年起，A股上市房企净利润率以每年1%左右的速度下滑，预计到2015年，行业毛利率将低于30%，平均净利润率可能踩到10%的红线。明年，房地产行业有可能成为中利行业。

"增收不增利"的尴尬

中国房地产行业总能创造财富神话，在过去的数年间，胡润排行榜和福布斯排行榜里，地产界的富人数量超过了任何一个行业。暴利时代以楼市深入调控期为终结点，地产行业黄金十年已渐行渐远。从时代周报记者日前掌握的数据来看，今年上半年，上市房企净利增速低于营业收入增速的现象得以延续，这是一个喜忧参半的结论。从数据上看，大房企增收还是主流。

2014年上半年，202家上市房企营业收入总额7168.55亿元，同比增长18.5%；在正向增长线之上的房企有115家，占比近57%，其中首开股份、华远地产等26家房企同比增幅超100%，远洋地产、华润置地、鲁商置业等国有控股房企的同比增速则在50%～100%区间；营业收入负增长的房企占比约43%，如万科A出现4年以来首次营收负增长，金融街、金科、万通等降幅较大，分别为33.35%、42.98%、52.43%。

从利润指标来看，房地产依然是个毛利率较高的行业，上半年有超过六成的房企毛利率超过30%，而低于20%的仅占12.4%，其中华侨城、SOHO中国、华夏幸福的毛利率分别高达58.8%、50.3%、45.8%，招商、中海、中天城投的毛利率分别为35.3%、33.6%、31.6%，碧桂园和恒大则均是28.6%。但值得注意的是，在更能体现房企盈利能力的净利润率及净利润率指标上，上半年，202家上市房企实现净利润总额1020亿元，同比仅微增0.99%，增幅远低于营业收入增幅，平均净利率14.17%。

此外，房地产行业整体利润率水平走低的态势，还在延续。如行业一哥万科上半年毛利率跌至21.8%，成为6年来的最低点，净利润率14.09%，与去年同期持平；房地产行业的利润冠军中海，上半年毛利润率由去年同期的36.3%下降到33.6%，净利润率由去年同期的34.3%下降到26.3%；以高周转、高溢价著称的融创，上半年净利润率只有6%～7%；绿城中国上半年净利润率仅为4.88%，较去年同期降幅超过10个百分点；保利置业上半年净利率仅为4.57%，较去年同期的11.94%出现大幅下滑；金地大跌近50%，上半年净利仅有1.58亿元，创下龙头房企中报的利润新低点。

"从目前各家房企中报来看，房企整体利润下滑速度非常快，毛利率每年下滑3～5个百分点，净利润率则每年下滑1个百分点，这是一件很残酷的事情，"兰德咨询总裁宋延庆对时代周报记者说，所谓房地产暴利，已是明日黄花。2015年以后，房地产行业很可能进入"中利行业"，虽然10%并不是不可逾越，但毕竟是一个象征性节点。

事实上，从已公布的中报数据来看，在上半年，已有53%房企净利率已触及10%红线，其中净利润率在"0～10%"区间的房企占比约35.51%，净利润率亏损的占比则达17.39%。

克而瑞研究中心分析师朱一鸣分析称，房企利润率下滑的原因，一是由于这几年土地成本的过快上涨，房价的涨幅赶不上地价的涨幅；另一方面，房企融资成本不断上涨，蚕食了企业的盈利空间。

"前几年开发商降价10%，净利仅损失3%左右。但现在降10%的价格，带给净利的影响至少是4%～5%"，亿翰智库上市公司研究中心副主任张化东说，"去年很多房企拿了高价地，售价承压，利润空间有限，未来房地产利润率存在进一步下滑的风险"。

在宋延庆看来，房地产有息负债利润都比较高，一般都高于10%。一旦其净利润无法跑赢有息负债利润，就将是很大挑战。负债率攀升成为房企中报的又一大共性。在20家龙头房企中，除了万科的负债率达到36.4%的优秀水平以外，几乎所有的房企都出现了负债率的高增长。恒大、绿城、华夏幸福等房企负债率的增幅也同比达到了20%或以上，净负债率达到90%上下。

中金公司的数据显示，其重点覆盖的A股上市公司净负债率达到106%，超越了2008年的高点，而在内地及香港上市的内地房企一年以内到期负债和在手现金之比分别为1.33倍、1.56倍，仅略低于2008年下半年水平，资金流压力逐步显现。

房企竞争加剧、洗牌加快

平均数很容易掩盖不同企业的高低优劣差别。时代周报记者进一步对比不同房企的营收、净利润及增长情况后发现，大房企的多项指标都普遍优于中小房企，这也意味着市场集中度越来越高，后级梯队企业与大企业的距离越拉越大。按统计，上半年，17家营业收入过百亿元的房企，净利润均值为36.11亿元，平均增长52.59%；14家营业收入在"50亿～100亿元"之间的房企，净利润均值为9.47亿元，平均增长-3.2%；22家营业收入在"30亿～50亿元"的房企，净利润均值为5.72亿元，平均增长为-42.55%。

具体企业而言，有三家房企在上半年净利润超过50亿元，创下了行业新纪录。中海是首家半年利润过百亿元的房企，是万科（排名第四）的2.17倍。位居第二、第三的是恒大和碧桂园，分别是70.9亿元和54.2亿元。

对比之下，净利润低于1亿元的房企共有99家，几乎占半，而亏损面则扩至16.4%，有33家房企净利润为负值，如嘉凯城、京投银泰、人和商业等分别亏损1.27亿元、1.39亿元、8.44亿元。

"大中小房企几乎每项指标高低优劣都相差三倍以上，这是我们查看上市房企业绩数据的突出感受，"据宋延庆介绍，兰德咨询曾把所有上市房企2011—2014连续四年、每年19项指标的中报数据全部制成了表格，并按自然高低进行了排序。翻看总计76张表，不同企业之间的差距可谓触目惊心。

事实上，每一轮楼市洗牌，都成长壮大一批大企业。在房企阵营加速分化的2014年上半年，第一阵营仍保持高速增长。据时代周报记者梳理与了解，上半年销售突破500亿元的房企有7家，平均销售额692亿元，较上年4家企业增长19.5%。

其中仅中海的半年销售业绩同比2013年略有下降，其他房企业绩均有所增长，碧桂园的同比增幅甚至达到73.6%。半年销售额就突破千亿元的万科，迎来恒大、碧桂园等新的挑战者。

而不少百亿元级别的房企，则面临着业绩下降的压力。上半年销售额100亿～200亿元的房企有13家，平均销售额121亿元，同比去年第三阵营业绩均值下降20%；共有25家房企上半年实现50亿～100亿元销售业绩，平均销售额较去年同阵营小幅下降2%至73亿元。

事实上，中报其实并不能全面、真实地反映企业上半年的业绩状况，房地产开发与销售特点决定了中报业绩更多地是反映去年四季度和今年一季度的经营状况，这恰恰是令人担忧的。今年上半年，严峻的销售情况和下半年不容乐观的销售形势，意味着许多上市房企今年的年报业绩可能比较凄惨。

在今年上半年，几乎每隔几周就会有中小房企资金链断裂的消息被曝出。仅今年3月份一个月里，被曝光的这类案例就有10多起，涉及浙江、江苏、安徽、湖北、陕西、海南等多个省份。其中不乏百强房企光耀地产被传"破产"，浙江兴润置业资不抵债等消息。

"兼并淘汰掉一批没有品牌没有资金实力的弱小企业，也是正常的，中国房地产行业需要这样的洗牌。"中国房地产及住宅研究会副会长顾云昌表示，目前房企的态势就是竞争加剧、洗牌加快，高利润时代过去，对房企提出更高要求。

❝ 各找发力点

因果必然。

　　但今后房企该如何发展？结论远非"大者恒大，愈大愈快，强者恒强"那么简单，一个事实是，大企业也有死掉和差点儿死掉的可能；每一梯队房企中，每年总有掉队的，也总有晋级的。

　　今年5月，融创收购绿城近30%股份，这宗被称为中国房地产最大的股权收购案，让人们发现房地产市场的整合不仅在中小房企层面，房地产前十名左右的房企之中也有加码者，有退出者。另外，像大家熟悉的"万保金招"，招商和金地早已脱离地产第一梯队，与万科和保利已明显不在一个量级上。

　　在时代周报记者的采访中，"适者生存、强者为王"，被业内认为是最符合地产新时代的趋势特征。

　　"昨天你让我高攀不起，今天我对你爱答不理。"万通掌舵手冯仑说，客户就是这样对待他的。房地产市场在不停变化，紧跟着企业的行为、判断、战略路径都要变化。

　　在冯仑看来，房地产全面发展已是新常态，也就是说，房企不光考虑规模、速度、营业额，更要考虑产品服务线，包括经营模式、商务住宅的各种业态。过去的房地产开发其实是制造业的模式，竞争的重点是比谁成本低、规模大、速度快，今后是这种模式要转化为以营运为核心带动开发，从制造业变成了服务业，而服务业又带来了营运、金融、互联网三种模式。

　　"以前我们是干力气活，今后是手艺活，以前挣利润，今后挣小费"，冯仑说，今后的地产公司如果在资产管理营运上面没有巨大的能力，就将沦为一个建筑公司。

　　在国泰国证房地产基金经理徐皓看来，商业模式的变革，是房地产企业提升回报率的唯一出路。兰德咨询曾做过分析，房地产开发的资本投资回报率是利润率、周转率和杠杆率（权益乘数）"三率"连乘的结果。但在当前市场形势下，行业平均利润率下滑的势头难以扭转，土地成本和资金成本"水涨船高"导致杠杆率也越来越低。因此，房企提高回报率最直接、最有效的着力点是提高周转率。

"轻快者领先。"宋延期还表示，地产新时代，房地产企业之间的竞争重心正在转变，泛金融化、信息化及硬碰硬的产服一体化趋势正在变为现实。

其实，地产大佬们早已加速转型自救。上半年，万科继涉足商业地产后，在养老、物流、旅游地产方面动作连连，并先后推出了"小股操盘"及事业合伙人制度、全民经纪人制度，并以互联网思维联手百度、途家、链家等合作伙伴，试图共同打造万科生态圈。

恒大则在多元化上走得更远，从恒大足球队到恒大冰泉，再到恒大音乐和恒大粮油，恒大正在将触角伸至日常生活中的多个领域。再如，碧桂园的海外布局，绿地、华润等入股银行业，均是房地产企业在新市场环境下的应对举措。

（原文刊发于《时代周报》2014年9月30日第304期）

求变

> 随着市场的转变以及行业的变化，开发商已经开始寻求一些改变，更深层次的是原有经营模式的变化。如何灵活有效地适应市场变化？如何更有价值地利用打造了多年的品牌与管理？如何在资本市场以外寻求到新的融资方式？
>
> 在这一时间段里面，房企的尝试层出不穷，这也意味着，中国房地产市场开始走向成熟。

房企探路"轻资产"

文／刘　娟

图扩张、求发展，在地产白银时代，房企需要一些新的策略。如何围绕原有核心房地产开发业务来拓展新的业务，寻求新的增长点？很多房企在探索。

国内房地产以住宅开发为主的"黄金十年"已成过往。楼市下半场，越来越多的房企意识到，过去那种"高额投资拿地、迅速转化成销售"的传统重资产模式，已经难以适应当前房地产市场格局，"转型"正在成为整个行业探索的方向。

轻资产，无疑是最好的选择之一。在房企利润率刚刚出现下滑苗头时，诸多房企就对此有过探索。但经验模式、团队人才、政策扶持等障碍桎梏下，几年时间过去了，房地产行业由"重"转"轻"的变化，还未能成为整个行业的主流趋势。

在深入寻找新增长点的十字路口，以万科地产、保利地产为首的一批房企已另辟蹊径，开辟出小股操盘、地产基金等盈利模式，花样年等则发力互联网转型社区服务，将过去房企靠卖房子赢利的模式，扩展为由销售收入、运营收入和服务佣金三驾马车拉动。

❝ "小股操盘"的中国实践

翻看万科今年以来的财报和公告，"轻资产"已经成为常用词。通过向互联网公司的几轮取经，万科最后的结论是：轻资产模式是房地产企业在互联网时代的新课题。

"小股操盘"是关键且重要一步。这一招并非万科自创，美国的老牌房企铁狮门、新加坡的凯德，都是这一方面的鼻祖。铁狮门通过合资的模式，可以5%的资本投入，分享40%的项目收益。

万科总裁郁亮曾说过，和铁狮门的合作，最大的收获就是铁狮门的品牌和管理输出经营模式。在今年3月7日，万科2013年的年度业绩发布会上，万科首次提出了被称为"小股操盘"的轻资产转型模式，即万科在合作项目中不控股。

当然，万科是让股不让权，万科的"小股操盘"强调，在多个财务投资人的情况下，不管项目是否存在控股股东，其他投资人无论是否控股，都不得干预操盘者对项目的具体经营管理。这种模式也意味着在同等的资产规模下，万科可以支持更大的经营规模，同时获得更大的市场份额。

如何在"小股操盘"模式里增加与员工的关联性，万科提出了相应的平滑风险的管理人项目跟投制度，力求控制费用流出与管理人流出。万科称，"小股操盘+合伙人跟投"模式将成为万科未来保持较高业绩增速的最重要手段。

今年1—6月，万科新增的19个项目中，有4个项目的权益比例低于50%，6个项目的权益比例为50%或51%。"轻资产"模式对财务的影响也开始在渗透，上半年，万科实现销售额1009亿元，实现净利润48.1亿元，后者同比增长5.6%；实现投资收益13.1亿元，同比大幅增长237.8%。

万科很快有了追随者，第二家明确使用"小股操盘"策略发展地产业务的房企是朗诗。

针对今年以来这一波市场下滑调整，朗诗在今年7月底提出了"资产轻型化，盈利多样化"的应对策略。据朗诗集团董事长田明介绍，朗诗首先会在更多自有项目上引入开发商、金融机构等股权合作伙伴，或参股其他开发商项目；其次，利用朗诗产品技术特色，开展小股操盘业务，既占有项目公司低于30%的权益，同时为该项目提供项目开发管理、技术和品牌输出等服务；第三，开展代建、定制、技术服务等轻资产业务。

"龙湖近期一系列'扩合作'的动向也有小股操盘的影子。"在研究了公司的半年报和相关公告后，申银万国证券重庆首席分析师何武认为，龙湖也在寻求"轻资产"转型。今年，龙湖就一口气推出了多个"合作项目"：分别与绿地、中青旅合作在北京开发的滟澜新宸、长城源著项目，以及和海外基金合作的重庆红旗河沟项目等。

"代建"下的高起点成长

中国房地产数据研究院执行院长陈晟直言：轻资产，说到底就看企业有没有拿得出手的东西可以输出，包括融资、产品设计、开发管理、成本管控甚至销售，房地产开发中的任何一个环节都值得输出。

选择淡出绿城的前绿城中国董事长宋卫平，也是期望以轻资产的形态继续发展房地产业务，新战场在蓝城。

今年9月份，蓝城首次亮相现场，宋卫平并未露面，会议由蓝城集团执行总裁傅林江主持，此前他担任绿城中国执行总经理一职。在今年5月的绿城融创股权变化后，傅林江追随宋卫平，投身蓝城。

"蓝城是一次高起点的创业，而目前关于蓝城的宏伟蓝图已经描绘完了，蓝城将争取在3年内上市，"傅林江说，蓝城分为代建、颐养、农业、健康四大核心业务板块，业务集中在代建、养老和农业上。

话音未落，9月17日，港股百威国际控股有限公司发布公告称，其已与蓝城集团董事长宋卫平订立了配售新股的协议。傅林江说，蓝城已确定要去香港上市，目前正在做前期准备工作。

"政府保障房和农民拆迁安置房是蓝城代建目前的重点业务之一。"傅林江透露，"宋卫平认为，蓝城代建的这两大业务将能帮助蓝城让更多的普通人住上高品质的好房子，不仅仅在杭州，不仅仅在浙江，同样在全国。"在克尔瑞研究中心研究员房玲看来，收购百威国际后，蓝城将注入代建业务的可能性较大。

事实上，在全盘托出的蓝城蓝图和上市愿景前，宋卫平的转变已初见端倪：围绕轻资产运营，不再强调项目控股比例，在合作开发和操盘控股中完成品牌和管理的输出。

蓝城的代建业务包含政府代建、商业代建、资本代建和自有投资4大类型。虽然"自投项目"中可能还会涉及独立拿地，但其他三类代建却已经和"地"无关，而纯粹是"房"的开发。虽然代建不会带来高额的利润和回报，却可以在资金链无虞时，增加蓝城现金流录入。

出人意料的是，目前蓝城代建中规模增长最快、现金流最好的，竟是政府代建板块。据时代周报记者了解，在宋卫平起初的设想中，政府代建是一种近似于公益事业的产业，商业代建才是蓝城建设数万名员工的最大舞台。但近一年来，政府代建的业务量却迎来爆发式增长，迅速超越了商业代建，将成承载宋卫平"小镇之蓝"理想的最大舞台。

傅林江介绍说，今年前8个月，蓝城建设就新增8个政府代建项目，总建筑面积158万平方米，连续数年增长率都超过10%。蓝城的政府代建触角已延伸到公园、学校、医院和酒店等，对许多城市的风貌越来越有全局性的影响。截至2014年9月19日，蓝城已签约代建项目170个，总占地面积2000多万平方米，总建筑面积4000多万平方米，总可售金额1800多亿元。

❝ 社区服务蓝海展开

轻资产，也并非只是大企业的专利，以社区增值服务为盈利模式的彩生活，则提供了另一种思路和成功样本。

今年7月初，上市仅3天的彩生活市值达55亿元，轻松反超母公司花样年52亿元总市值。

潘军是彩生活上市最大的操盘手，近两年来，他通过持续不懈的路演，说服和吸引了包括360、搜房网、易居等在内的企业投资者认购彩生活的股权。一个多月后，走轻资产路线和社区O2O模式的彩生活，上交了上市后首份业绩报告，是一张漂亮的答卷。

2014年上半年，彩生活实现营收1.63亿元，较2013年同期增加49%；毛利率约达66.1%，较去年同期54%上涨12.1%，远超母公司花样年毛利率37%的水平；彩生活实现净利润6200万元，较2013年2000多万元增长206.9%；现金总额为8亿元，较去年年底1.47亿元增445.5%。

利用"大社区"赚钱的，还有金科等。在重庆，金科也盯上了线上线下结合的大社区服务。去年6月19日，金科资产管理中心正式成立，并通过网络平台，为业主建立了一个集"房屋转让、灵活租赁、重复置业、小额担保贷款、资产投资"等业务于一身的增值计划。

　　"房地产开发商搭建互联网平台的一个突破口是社区服务平台，而在社区服务之外，还有养老、文化旅游等多个领域，"金地集团董事长凌克指出，重视运营，转向社区，这些趋势将使得传统房地产行业仅靠卖房子赢利的模式，扩展为由销售收入、运营收入和服务佣金三驾马车拉动的方式。

　　"未来玩房地产，一定要向轻资产转型，不然你玩不下去，"潘军直言，"现在，我不希望别人再说我是房地产开发商"。潘军颇为感慨，开发商越来越没法干了，在今年下半年，花样年没有再买地，主要是卖房子套现。

　　除此，近年来，越来越多的房企试水地产基金，包括保利、金地、复地、越秀等房企均启动了旗下基金的募资、投资活动。在越秀地产董事长张招兴看来，充分利用杠杆，以小资金撬动大项目，实际上也是一种轻资产的转型。

　　"在发达国家，房地产开发大多数以轻资产模式为主，基金是主要的融资模式，但在国内，房地产基金仍处于起步阶段，未来将有巨大的发展空间"，德信资本董事长陈义枫向时代周报记者表示，但国内目前缺少政策扶持，募资困难、人才缺乏等难题依然是房地产基金发展面临的障碍，房地产基金要成为主流融资模式尚需要很长的时间。

　　　　　　　　　（原文刊发于《时代周报》2014年10月21日第306期）

地产业加速金融创新

文/赵　卓

马尔萨斯理论完全可以套用在中国楼市上：土地价格是以几何级数在往上增长，而房地产开发的自有资金是以算术级数往上增长，所以房地产行业所需资金的增长远远跟不上土地价格的增长。

用阳光100置业集团董事长易小迪的话说：很多房地产公司老总80％时间想的是两件事，第一是借钱，第二是买地，这两件事没做好公司就会出问题。

话虽如此，借钱却不是一件容易的事情，尤其在楼市下行的时候，银行信贷收紧，资产负债率远高于其他行业的房地产商们，通过多种渠道融资，确保资金链不断裂，顺利完成项目开发，就成为房地产企业的头等大事。

2014年，美国经济强劲反弹，欧洲初现复苏萌芽，但是包括中国在内的金砖国家增速放缓，国内多个城市楼市成交量出现大幅回落，银行信贷持续收紧，为房地产行业输血的非标准化债权业务也开始被监管层重点关注，中国房地产开发商们如何利用金融创新工具解决融资难题？这些工具各有什么利弊？未来的发展趋势如何？

❝ 融资难题

对于房地产企业而言，以前最常见的融资方式无外乎两种，一是直接融资，也就是企业IPO，另一种是间接融资，也就是银行信贷。

自从2010年以后，房地产上市、借壳、再融资三大通道举步维艰，通过IPO途径获取资金的通道基本关闭，近日再融资闸门开启，但是股市的低迷让很多企业失去兴趣，一些房企甚至主动"撤单"。

再说信贷。2014年3月，龙湖地产有限公司与7家本地及国际银行签订一项相当于约港币29.25亿的五年期定期贷款信贷融资，这是当时内地房地产企业今年以来获得的年限最长、金额最大的一笔银团贷款。

龙湖地产相关负责人告诉时代周报记者，此次融资成本为3.1%+hibor（香港银行同行业拆借利率），综合成本不到4%。截至2013年6月，龙湖地产平均借贷年期4.7年，平均借贷成本6.35%，保持着民营房企最低融资成本。

龙湖之所以能获得如此大笔的贷款，是因为龙湖在境内四大行一直保持最高的信用评级，在境外也是如此，事实上，包括万科、保利、金地等已经公布一季报的大型房企，借款规模均较前一年有大幅增长。

"目前银行更愿意将资金借给有实力的、资产负债水平低的大型房地产企业，而中小型房地产企业几乎拿不到银行的开发贷，这种贷款只有6%～8%的利率，因此房地产企业不得不通过各种手段来融资，"泛华集团旗下卡洛琳投资公司的投资总监郭哲峰告诉时代周报记者。

据同花顺iFinD数据显示，沪深两市141家房企中，今年一季度末，有22%的企业资产负债率超过80%，最高的甚至达到93.56%，而去年末仅19%的企业在80%以上。业内认为超过70%的资产负债率已经进入高风险范畴，已有48%的企业高于这个"警戒线"。而这些企业都需要更多的金融创新手段获得资金。

海外融资也成为救命稻草，根据中原地产研究部的统计数据，1月份就有世茂、富力、旭辉、绿城、华南城等房地产企业发布海外融资计划或意向计划，合计总融资额过500亿元人民币。

此前时代周报记者参加的桂林万达文化旅游城签约活动中，万达集团董事长王健林曾表示：万达集团发行6亿美元五年期债券，票面利率只有4.875%，低于内房股海外优先票据利率。

但是，由于美元退出QE（量化宽松货币政策），欧洲等地的资本大量涌入美国，目前这个数字正在攀升中，2013年房地产企业海外发债融资成本，一般在5%左右，而今年已经飙升到了8%以上，有的房企甚至在进行16%的高息美元融资。房企海外融资的成本上升，热情下降。

中投顾问高级研究员郑宇洁告诉时代周报记者：近年来，以房地产信托、房地产基金和券商资管等房地产直接融资比例呈现迅速上涨的趋势，2004年房地产直接融资所占总融资的比例为30%左右，如今已经上涨到40%左右。房企直接融资所占比例之所以迅速攀升，主要是因为调控不放松、银根紧缩以及银行自身防范风险的需要，导致银行等间接融资成本高、效率低，房企更多地转向其他融资渠道。

█ 信托波浪式发展

对于很多中小房企来说，信托融资是其最重要的融资渠道，用益信托研究员帅国让告诉时代周报记者：截至2014年5月18日，集合资金房地产信托规模为1163.58亿元，成立规模为869.19亿元。

随着房企融资需求的扩大，很多大型房企也都选择信托融资，今年来成立的地产信托产品显示，万科、恒大地产、绿地等大型房地产企业借道信托融资越来越多，成立的信托项目数量、规模与往年相比均有大幅增加，据不完全统计，仅三家房企合计信托融资就超过73亿元。

用益信托工作室提供的数据显示，2011年、2012年和2013年集合资金房地产信托规模分别为：3141.71亿元、2187.89亿元和3998.60亿元；成立规模分别为：2835.37亿元、1819.84亿元和3424.32亿元。

至于集合房地产信托年化平均收益，2011年、2012年、2013年和2014年（截至5月18日）分别为：10.07%、10.11%、9.55%和9.70%。

中信建投分析师魏涛的非银研究团队认为，信托公司所发行的房地产信托一直是银行房地产开发贷的良好替代品，信托有望继续接力房地产融资。

但是，"由于房地产信托的发展与宏观调控高度相关，因此房地产信托的融资规模也呈现出波浪式发展；由于今年是房地产信托兑付的高峰期，经济开始步入一个调整的下行通道，泛资管时代不断深入，楼市降温，开发商资金链断裂的新闻不绝于耳；使得各方对房地产信托的态度显得愈发谨慎，由于市场中不确定性因素，监管层加大对信托业的监管力度，预计未来短期内房地产信托融资规模会下降，"帅国让告诉记者。

2003年底，中国第一只商业房地产投资信托计划"法国欧尚天津第一店资金信托计划"在北京推出，代表着中国房地产信托基金（REITs）的雏形。近年来业界关于REITs呼声甚高，或许破冰时日已近。

多种创新模式探索

郑宇洁认为，房地产金融创新也在行业发展中倒逼推进，房地产金融创新的趋势还体现在资产证券化、住房抵押贷款证券化等。

"我们可以言必谈REITs，但眼前的触手可及的商办物业证券化机会更值得关注，"高和董事长苏鑫此前接受时代周报记者专访时指出。

这几年，房地产私募基金也发展迅速，方兴地产作为央企中化集团旗下的地产平台，有着最高的信用评级，也在去年和华平、黑市等机构合作，拓展融资渠道。方兴地产香港负责人告诉时代周报记者，未来公司会继续推进战略资本运作，进一步优化公司债务结构，同时紧盯市场窗口进行低成本的债务融资和股权合作。

除此之外，目前炙手可热的P2P网贷也逐渐受到中小型房企重视，越来越多小型房企已经瞄上P2P网贷，5月13日，北京地区一家P2P平台采取了和房产中介合作的模式，通过与房产中介合作来寻求线下借款人。

在郭哲峰看来，随着监管层对保险业投资的放开，保险业资金投资养老地产前景看好。"目前我国保险业有8000亿元资产，到对外投资收益只有4%多一点，和信托资金不同，保险资金是自有资金，可以长期投资持有，以时间降风险，未来会有长足的发展。"

有统计情况显示，今年一季度，除生命人寿、安邦人寿外，包括中国人寿、平安人寿、太平洋人寿等10余家保险公司在内，成为17家地产股（不包括港股）的前十大股东。其中，中国人寿分别持有万科、华侨城、北京城建、宜华地产、海博股份、海宁皮城等6家公司股份，成为持有地产股家数最多的险资企业。

仅今年一季度，中国人寿和太平洋人寿分别成为5家、3家地产股的前十大股东。而此前，中国人寿已持有在港交所上市的远洋地产29%股份，位居第一大股东。

不过，针对多种金融创新产品，郑宇洁认为好处在于有利于降低对银行融资渠道的依赖，拓展融资渠道，促进房地产行业的金融化、市场化发展，有利于提升行业的整体运营、发展水平；但同时也存在很大风险，一是法律法规方面尚未就房地产投资信托等金融创新有明确的规范；二是金融产品的创新往往存在不成熟的方面，监管者和运营者以及投资者相互之间的关系和职责还需厘清。

（原文刊发于《时代周报》2014年5月23日第286期）

万科人事大换防

文／刘　娟

对于毛大庆的离开，万科的郁亮曾经这么讲：教会毛大庆跑步了，对他产生了很大改变，这是很有成就感的事，但教会他跑步了，他"跑"了，最得意的也是最不满意的事情。毛大庆是万科的功臣，他扭转了北京万科的局面，但他离职此前已有迹象，在这一系列动作的背后，是地产龙头企业万科的战略转型。

和大多数传言最终都被证实一样，今年"五一"前后就开始发酵的万科副总裁兼北京万科总经理毛大庆"被下课"事件在最近有了新进展。正如传言所指，日前，杭州万科总经理刘肖被确认将接替毛大庆出任北京万科总经理。

毛大庆在12月9日通过微信朋友圈发布《变者，天下之公理也》短文，证实上述消息。"从明年的1月1日起，我将迎来职业生涯一个新的起点——将赴任万科北京区域首席执行官，兼北京公司董事长。"连锁变化的是，原北京区域首席执行官丁长峰将出任万科商业地产业务负责人——毛、丁二人职务对调。在此之下，北京万科、沈阳万科和杭州万科、宁波万科等也双双实现了换防。

万科人事调整之所以备受关注，与万科在业界的领头羊地位有关，大将换防，个中缘由耐人寻味。管理层的调整与变更，既伴随着万科的转型，也预示着万科转型的方向。

现年35岁的刘肖，是名副其实的"少帅"。在外界看来，这样的安排很有意思，符合郁亮式万科"干部年轻化"的政策，即让前线老总年轻化，万科的战斗力才有保障。"总部的决策层与一线老总间应该要有年龄代的差距，形成梯队更便于安排他们做事。"

在万科的业务谱系中，商业地产业务正变得越来越重要。丁长峰能否带领这支年轻队伍开拓出新增长点？这家30岁的标杆房企的下一步，牵动人心。

▌频繁人事换防

一纸调令，字面上破解了毛大庆与总部不和、受冷遇等传言，但伴随毛大庆调任新职务而来的是"明升暗降"的市场猜想。

有地产圈分析人士对时代周报记者直言不讳，万科实行总部—区域——线公司的管理架构，而为了保证一线员工的积极性，万科近年来提出了"一线当家"的概念，除了拿地、财务和考核归属于总部外，其余业务均由一线公司主导，而放权的结果是处于中间环节的"区域公司"角色尴尬，并无实质权力。

目前来看，万科全国设北京、上海、深圳、成都四个区域公司，统筹协调所在区域各城市公司的业务发展。鉴于公司业务越发多元与复杂，郁亮在今年一次媒体活动中曾提及，2015年万科要将四大区域改为事业部，进一步放权区域，使区域公司由原"总部派出的管理机构"逐步变为"承担经营管理责任的事业部"。

"但这种构想能否落实，未来还是要看万科放权的尺度有多大，毛大庆作为区域首席执行官的职权是否被架空，还有待观察，"北京地产分析人士张浩（化名）对时代周报记者说。其实万科这次对北京万科大换防，原北京万科副总经理肖劲调任沈阳万科总经理就是一个重要信号。

业内传闻，肖劲到万科，毛大庆的功劳不可磨灭。"毛大庆到万科是猎头公司引荐成功的，肖劲则是毛大庆的推荐，两人是大学同学，一直关系交好。"

目前，作为毛大庆左膀右臂的肖劲，被免去北京万科副总经理的职务，并被任命为沈阳万科总经理，与他换防的是黄凯，调为北京区域副总经理兼沈阳万科董事长。"沈阳市场存量巨大，开发商当下在沈阳很难出成果，肖劲面临的市场压力可想而知，"张浩称。

当然，毛肖二人的高起点，留给继任者的压力也不容小觑。事实上，毛大庆为北京万科带来的变化有目共睹，在王石大费周章把毛大庆从凯德请到万科之前，16年间北京万科换过8个区域总经理。而毛大庆2009年走马上任后，北京万科自2010年开始连续4年跨越百亿门槛，销售业绩始终排名北京市场前三强。今年前10个月，北京万科销售业绩突破170亿元，全年目标瞄准200亿元。

接任者刘肖，身上有十分惹眼的精英标签：中国人民大学研究生毕业，曾是麦肯锡的商业分析员，后赴哈佛商学院攻读MBA。2012年，33岁的刘肖从万科集团战略投资管理部总经理的位置调任杭州，成为杭州公司第四任总经理。

杭州双赢置业机构总经理章惠芳表示，刘肖在杭州的这两年多时间，万科发展较为迅速，其风格也是高举高打，敢于尝试。2013年，刘肖入杭第2年，万科入杭第7年，杭州万科年销售额首次突破100亿元，成为杭州楼市继滨江、绿城之后的又一百亿房企。

但对于苛刻的观察者而言，刘肖区区5年的地产行业从业经历，能否驾驭风云多变、鱼龙混杂的北京市场，以及更为复杂的政商关系？北京万科正值多元化关键期，养老、物流、写字楼、商业纷纷起步，刘肖对于多元化是否会取舍，有待观察。但在万科内部人士的视角，从公司安全性来看，轮岗绝对是必要的。"管理就是要讲究相互制衡，没有约束就会滋生腐败和派系。万科的轮岗制度从王石时代开始，郁亮沿用至今。"

刘肖走后，空缺的杭州万科总经理一职由原宁波万科总经理李嵬接任，原杭州万科副总经理宗卫国则去顶了宁波万科总经理的缺。

（原文刊发于《时代周报》2014年12月16日第314期）

跨界

> 房企跨界营销，并非是新鲜事，但房企跨界经营，并且将该业务作为主营之一，这就是新闻。
>
> 在将足球俱乐部玩得风生水起后，恒大又有了惊人之举，除了2013年底进军矿泉水行业，还大举进入农牧与粮油领域，将跨界演绎得淋漓尽致。这种与主营关联度较小的跨界业务，一经推出便受到瞩目。
>
> 这反映了当时开发商对行业的忧虑，而更有甚者，抛弃了原有房地产业务，退出江湖。可以从侧面看出，地产行业竞争逐渐进入了白热化。

恒大冰泉横空出世始末

文/覃 硕　董 萍

当许家印站在恒大中心顶层43楼的办公室俯瞰广州时，恒大冰泉的横空出世应是他的"得意之笔"。

然而，鲜为人知的是——恒大冰泉从神秘莫测到突然爆发，凸显出了恒大和许家印高超的营销技巧。

11月9日的亚冠决赛，恒大足球队悄然穿上了印有"恒大冰泉"字样的新球服，中央五台和广东卫视的比赛转播间隙，时长5秒钟的恒大冰泉广告频繁播放，而在赛后恒大集团（HK.3333）的庆功表演上，"恒大冰泉"广告牌，成为舞台的背景，出现在最醒目的位置。

赚足眼球之后，11月10日，恒大集团这才召开发布会宣布恒大冰泉面市，一瓶350ml的恒大冰泉，卖价3.8元。

"恒大冰泉要做成世界上最好的天然矿泉水，"恒大集团副总裁刘永灼在发布会上誓言旦旦，而当天到会的除了刘永灼，还有吉林白山市副市长陈耀辉，新任的恒大矿泉水集团的董事长潘永卓，里皮、郎平、菲戈、耶罗等明星大腕也悉数到场，但备受瞩目的许家印却并没有出现。

事实上，自从恒大足球大出风头之后，许家印就一直选择隐于幕后。今年55岁的许家印1958年出生，属狗，按照黄历属相所云："2013年年运亨通、紫气东来，凡事能逢凶化吉，得贵人相助"。而今年的恒大无论是在地产、足球，抑或是冰泉，确实一路顺风顺水。

虽然隐于幕后，但许家印对于恒大版图的发展仍然了然在心，据恒大矿泉水公司内部人员告诉时代周报记者，有关恒大冰泉的会议每天都会做成记录，呈交给许家印过目，而这些记录"大到品牌战略定位，小到水瓶的包装、形状"。

广州黄埔大道78号的恒大中心是恒大集团总部所在，如果许家印从他那43层的顶楼办公室往下俯瞰，可以看见自己的帝国正在急剧扩张，而其扩张的速度令外界措手不及。

外界的猜测饱含重重疑问，做房地产的恒大为何要涉足矿泉水？为何恒大要选择长白山作为水源地？恒大将要如何来经营恒大冰泉？恒大冰泉的商标是否涉嫌侵权？时代周报记者通过近两周的细密调查，逐渐厘清恒大冰泉出世始末，试图揭开恒大冰泉这一年末最火热的快消商品的神秘面纱。

突击面市

恒大冰泉悬念爆炸式的营销手法，无疑将成为近年新商品发布的一个经典案例，但喧哗背后鲜为人知的是，恒大冰泉从立项到面市，只经过了短短不到3个月时间，可谓突击面市。

据了解，2013年9月，恒大集团与吉林省白山市方面在长春签订合作协议，由恒大集团投资100亿元，在白山市及其辖下靖宇县、抚松县，开发千万吨中高端矿泉水项目，恒大随即收购了当地年产40万吨与80万吨的两座水厂。

值得注意的是，对于进军矿泉水的动作，恒大集团刻意没有声张。"最初的信息，整个恒大集团一开始只有核心的不到20人知道。"一位不愿具名的恒大集团内部人员对时代周报记者透露。

直到10月初，恒大内部员工才知道恒大进军矿泉水。当月，恒大矿泉水业务部门开始在恒大集团内部招聘人才，但当时恒大矿泉水现在使用的"恒大冰泉"这个名称仍然不为人知。

据记者独家获悉，"恒大冰泉"这个名称是在10月份才真正定下来。"当时开了一个星期的会，专门讨论水的名称和包装，参加会议的只有不到30人，属于矿泉水业务的核心人员。"一位参加过恒大冰泉命名会议的恒大员工对时代周报记者透露。

据记者了解，命名会议由后来的恒大矿泉水集团董事长潘永卓主持，许家印虽然不出席，但是每天会看会议的记录，并最终拍板。

而在水源地所在的白山市，记者查阅抚松县工商行政管理局资料发现，"抚松恒大长白山矿泉水有限公司"直到2013年11月5日才注册，此时距"恒大冰泉"正式面市只有短短5天，资料显示恒大长白山矿泉水有限公司的法定代表人为史俊平，注册资本为2000万元，经营范围是"用于矿泉水项目建设（不准从事生产经营活动）"。

另一个值得注意的是，记者查阅靖宇县工商行政管理局信息发现，早在2006年9月11日就已注册一个"恒大长白山矿泉水有限公司"，注册资金为8000万元，而其经营范围是除了"生产、销售碳酸饮料、果（蔬）汁饮料、矿泉水（含加气矿泉水）及保健饮料，竟然还有采矿权和煤炭销售权"，其中采矿许可证有效期至2037年12月，而煤炭经营资格证有效期至2016年5月29日。其法定代表人为李伟。

令人蹊跷的是，恒大总裁办公室的主任正是叫李伟，那么是否恒大许家印早就有计划进军矿泉水领域，并且早在2006年就在水源地注册了公司？带着这样的疑问记者致电恒大总裁办公室的主任李伟，他对此一口否认。

"靖宇县的恒大长白山矿泉水有限公司确实属于恒大，李伟是恒大在当地的水厂负责人，"11月26日，恒大矿泉水集团品牌策划中心总经理余建林对时代周报记者承认，但他同时解释，恒大集团是在今年才开始做矿泉水的，"那个水厂是2006年注册，但是恒大在今年收购之后，就变更了法人，但注册时间没变，恒大有几个名叫李伟的员工，此李伟并不是总裁办的主任"。

直到恒大面市前夕，恒大矿泉水集团才正式建立，而其高层组建也颇为仓促，其董事长潘永卓，之前是恒大地产老臣，曾经在恒大多个地区担任过负责人。而在白山市恒大冰泉的水源地，则由集团总经理史俊平负责，而史俊平之前也是长期从事地产业，所以集团又从外面高薪挖来副总经理杨华峰主管物流。另据记者独家获悉，目前有另一位副总经理正在办理入职，而这位副经理之前在国内某知名饮用水公司任职，此来主管营销。

从现在来看，恒大冰泉的面市，确实是在赶着亚冠夺冠这一契机。据了解，亚冠夺冠当晚的庆祝晚会只准备了不到一个月的时间，而11月10日的恒大冰泉面市发布会，恒大内部的公关宣传员工直到10月8日才知道有这个计划。

事实上，在外界看来，恒大冰泉的面市营销更像是一场赌博，如果恒大足球当晚输了，恒大集团有没有准备第二套方案？事实上，据参与组织恒大晚会员工对时代周报记者透露，无论输赢，恒大集团的庆祝晚会都会如期举行。"没有第二方案，我们的想法是，无论输赢，这都是恒大足球在亚冠的最好成绩。"上述人士说道。

虽然仓促，但是恒大冰泉和恒大矿泉水集团的发展仍然体现了恒大速度，据恒大矿泉水集团内部管理人员透露，恒大矿泉水集团10月份开始招聘，到目前为止，恒大矿泉水集团已经有接近1000人的规模。"目前，在全国有31个大区，一切都在按照计划进行。"

❝ 为长白山而生

外界的疑问还集中在，为何恒大要选择长白山为其水源地？综观现在的水业大佬，娃哈哈、农夫山泉均在全国各地有多处水源，但是恒大目前只有长白山一处水源地，而且从目前宣传来看，恒大也并没有更换水源地的意向。

对此，恒大方面的解释是长白山的水源十分优质，而且水量充沛。"恒大就是为了长白山而生。"余建林颇有深意地对时代周报记者说道。

而据时代周报记者从白山市政府独家获悉，虽然恒大集团与白山市是在8月份签订合约，但是恒大矿泉水的项目源头要追溯到今年的4月份。

白山市政府工作人员透露，2013年4月，吉林省省长巴音朝鲁在香港一次活动中偶遇许家印，许家印当场表达了想开发长白山矿泉水的意愿，省长回应说白山市矿泉水很丰富，并对恒大集团表示欢迎。

此次口头会晤之后，恒大集团开始了对白山市的频频考察。据当地媒体报道，7月31日，白山市市长彭永林在市宾馆会见了恒大集团副总裁兼酒店管理集团董事长彭建军。

之后，吉林省政府的态度开始积极，8月中旬，吉林省政府相关负责人到访恒大，基本就把投资事宜敲定。

8月18日至23日，应吉林省副省长陈伟根的邀请，恒大集团副总裁兼酒店管理集团董事长彭建军等13人组成的考察团来吉林省考察。

恒大此行考察团分成两个小组，一是矿泉水小组；二是文化旅游产业小组。考察团在抚松县和靖宇县考察并深入洽谈了矿泉水项目，在抚松县、长白山保护开发区和吉林市丰满区考察了文化旅游产业项目，并实地踏勘相关地块。

恒大考察团在抚松考察期间，在县长钟代河等陪同下，考察了抚松新城总体规划、长白山国际度假区（北区和南区）项目建设情况。实地踏勘了2号地兴隆组团、6号地东台子组团、7号地沙子山组团、8号地松山组团等4个项目地块。

此次考察洽谈最终得出结果：恒大集团决定将在白山市投资200亿元，打造世界级长白山恒大矿泉水品牌，年产1000万吨矿泉水。同时，集团打算在吉林省加大文化旅游产业的开发。

事实上，对于恒大做水的动机，外界早有传闻称其最终还是要和房地产相结合。对此，恒大方面出言谨慎，"目前，恒大只想做水，并没有任何在水源地做房地产项目的计划"。余建林对时代周报坦言。

值得注意的是，以往对于恒大冰泉这样投资额如此大的项目，许家印都会到场，但在恒大副总裁频频考察白山市水资源的同时，却未见许家印亲临白山。

但尽管许家印不在场，恒大仍然得到了当地政府的欢迎和支持。从目前恒大在靖宇县和抚松县收购的两个水厂来看，靖宇县和抚松县是当地水源集中地，基础设施条件比较好、运输条件也比较好的县，两个水厂均离火车站很近。靖宇县的矿泉资源开发已经饱和，而恒大水厂占据的银龙泉就是其中的优质泉源，而抚松县则以可待开发的泉源多而著称。

"白山市早就想把自己的水推向中高端市场，恒大正好契合了这一要求。"白山市招商局副局长张雪松对记者坦言。

而早在巴音朝鲁与许家印见面之前，已经有一些端倪出现，据当地媒体报道，早在2012年底，白山市环保局为解决中高端矿泉水环保问题，邀请省环评机构专家专程到靖宇县，一路为该项目开辟"绿色通道"，在10天内就完成了该项目的环评、审批和排污总量控制指标核定，可谓正好为恒大的进入铺平了道路。

争夺水源

另一个恒大冰泉不能回避的问题是，恒大冰泉的水源地所在的长白山水源竞争十分激烈。

据了解，长白山的天然深层矿泉，是世界三大黄金水源之一。据恒大方面介绍，早在20世纪80年代，当地政府就聘请专家对长白山的矿泉水进行了水质鉴定，其结果表明，长白山的矿泉水与法国的依云水质量相当。

而据张雪松向时代周报记者透露，白山市全市日涌量为23万吨/年，全市可开发总量为8000万吨/年，而2013年全市已开采量仅为360万吨/年。

公开报道显示，恒大首批将在白山市靖宇县和抚松县投产年产40万吨与80万吨的两座水厂，三年内达到年产1000万吨，五年内实现年产量翻番至2000万吨，实现营业额2500亿元。

这意味着，恒大未来五年将垄断白山市1/4的矿泉水资源。如果按投资100亿，产值1000万吨，也就是说100亿公斤水，相当于中国人人均消费7.5公斤/年。按照一瓶水500毫升计算，7.5公斤水约能装15瓶。这相当于人均一个月1.25瓶恒大矿泉水。

而要实现这一野心，恒大也必须面临诸多对手。

据记者了解，目前白山市大型水企产量主要有3家，其中康师傅产量40万吨/年、娃哈哈今年要从30万吨/年扩到40万吨/年、农夫山泉（包括矿泉水和果汁等饮料）120万吨/年，其他包括泉阳泉在内的本地小的水厂大概有30～40家。

而从价格来看，高端水品牌有天士力，其在机场价格为15元/瓶（350ml）。当地的泉阳泉（600ml）销售价格仅为2.5元一瓶。娃哈哈矿泉水（500ml）售价为2元一瓶。

"目前各大集团都在争夺占领水资源。是否给予政策优惠，就按照区位、投资额、基础设施条件等具体谈。但是我们有一个投资门槛，产能要在20万吨以上，也就是投资额要达到2亿元。"当地一位政府官员告诉时代周报记者。

恒大的加入，显然加剧了各大集团对于水源地的争夺，娃哈哈和康师傅在第一时间推出了自己的扩产产能的计划，而联想弘毅投资也计划在靖宇县总投资110亿元，在2014年建设年产1000万吨中高端矿泉水生产线项目。

另一方面，韩国公司对于白山的水源也是虎视眈眈。据了解，2007年，韩国公司从吉林省政府处获得了采水许可。到2009年6月为止，韩国公司已为此投入了350亿韩元（2.03亿元人民币）。所有韩企在长白山开发矿泉水日取水量加起来超2万吨。

正如土地是房地产公司最重要的资源，水源则是矿泉水公司的命脉，在地产行业以地多闻名的恒大集团能否在长白山水源争夺中占得先机，充满疑问。

日营业额近700万

一个地产公司去做矿泉水，无论成功或者失败，均可以作为中国商业史上的一个样本。事实上，从现在回头看恒大冰泉面世的三个月，我们可以给恒大冰泉算一笔账，从而厘清恒大究竟想如何做水。

恒大声称投资100个亿，事实上，据记者了解，这100个亿具体怎么花，恒大方面并没有一个详细的规划，百亿投资额只是一个意向。那么恒大目前到底花了多少钱呢？

从水厂成本来看，据记者了解，在白山市投资建水厂的成本实际上并不高，建一个年产量为10万吨的水厂，需要投资1亿元，主要涉及土地、设备、流动资金等投资。而白山市江源区某水资源开发项目负责人向时代周报记者透露，由于恒大是收购水厂，所以成本会更低一些，"两个水厂加起来也就2亿～3亿元"。

而据恒大矿泉水集团品牌策划中心的员工对时代周报记者透露，目前恒大在广告宣传方面总共投资了"几个亿"的资金，其中恒大冰泉5秒钟的电视广告在央视一套、五套、一些地方电视台进行播放，而主流的媒体也进行了广告投放。

"现在是大规模的投放期，后期我们会看效果再进行调整。"上述知情人士对记者说道。

而从人力成本来看，恒大对外宣称目前全国有31个大区，据记者获悉，其人员架构"主要是跟着恒大地产走"，其模式是在恒大地产的各个分区先选拔干部，然后由这些人自己招聘矿泉水的销售人才。"现在，没有快消经验的人，我们不招。"余建林对时代周报记者说道。

而对于外界关于恒大矿泉水员工工资比恒大地产高的传闻，恒大品牌策划中心相关负责人给予了否认。"恒大集团员工的工资都是按级别来的，不存在矿泉水这边高。"

而从渠道来看，恒大集团目前将主要在恒大的楼盘中卖恒大冰泉。据恒大集团对外宣称将建立一套独立的饮用水系统，将恒大天然矿泉水纳入楼盘社区系统。

　　而时代周报走访恒大冰泉在广州金碧华府的销售网点。这间不到20平方米的房间里，只有一张办公桌，堆放了几十箱恒大冰泉矿泉水，该销售点由3个人轮班执勤。据该销售点的工作人员告诉时代周报记者："亚冠以来两周时间，该销售点已经销售250箱矿泉水。附近经常有球迷过来成箱成箱购买。球迷对于恒大有一种近乎宗教般的崇拜。"

　　"未来我们一定会进入超商，但目前还只是打名气的阶段。"余建林对记者说道。

　　另一方面，除了楼盘与矿泉水结合，随着恒大帝国的拓展，在11月23日恒大星光音乐节上，恒大冰泉也作为主要广告和场内唯一饮用水出现，与恒大其他产业的结合，很可能是恒大冰泉未来的一个主要方向。

　　而据记者获悉，目前恒大的水厂每天可以出厂7万～8万箱水，每箱24瓶，据此计算，恒大冰泉每天的营业额可以达到近700万元，"这还只是水厂没有全力生产的成绩"。如此看来，许家印宣称的将恒大冰泉做到百亿规模并不只是一个梦想。

（原文刊发于《时代周报》2013年11月29日第261期）

恒大千亿掘金农产品

文／吴绵强

　　一切仿佛如恒大冰泉横空出世的情景重现。8月27日晚，广州恒大淘宝足球队背水一战，现场督战的许家印再次借助亚冠推出"恒大粮油"。

次日上午，恒大粮油新产品发布会，恒大集团副总裁刘永灼面对全国300多家媒体公开表示，"恒大粮油一定会像足球一样：'要做就做最好'，为老百姓提供放心粮、放心油"。

而据时代周报记者了解，恒大集团将投资1000亿元，布局粮油、乳业和畜牧三大产业，在大兴安岭打造绿色生态圈。

事实上，早在今年3月，业内就开始传出恒大有意拓展快消版图的风声，直到8月初恒大主席许家印到内蒙古和黑龙江等地考察现代农业及畜牧业，其投资意向方逐步明晰。

8月26日，许家印在香港出席恒大2014年中期业绩发布会时，公开宣布，恒大要坚定不移实施多元化。短短两天之后，恒大粮油产品已然面市。但据接近恒大内部的知情人士对时代周报记者透露，在产品推出前，恒大方面对于整个市场进行了大量调研，"前期考察、调研时间有好几个月"。

时代周报记者通过独家调查，逐渐厘清恒大粮油产品推出的脉络。

❜ 为什么是泰来

恒大的到来，对于黑龙江省泰来县而言，无疑是福音，这座地处黑、吉、内蒙古三省区交界处的边陲小城，位于黑龙江省第一积温带，有"鸡鸣三省""塞北小江南"之称。

在8月28日的恒大粮油新产品发布会上，恒大粮油旗下的众多产品悉数亮相，包括绿色大米、有机大米、绿色菜籽油、绿色大豆油、有机大豆油、有机杂粮六款产品。

其中恒大绿色大米产自泰来恒大克利粮业有限公司（以下简称"泰来恒大克利公司"），恒大有机大米产自泰来恒大绿色米业有限公司（以下简称"泰来恒大绿米公司"），工商资料显示，这两家企业均注册于泰来县。

泰来县工业和科技信息化局局长杨飞舟向时代周报记者独家透露，恒大在泰来县当地收购了几家企业，在做大米生产加工这块。

而据国家统计局齐齐哈尔调查队今年4月发布的消息显示，齐齐哈尔下辖10个县市区，泰来县粮食作物面积213.58万亩，排倒数第三位。泰来县的粮食产量并不靠前，缘何恒大集团要选择泰来县作为重要的粮食生产基地？

当地政府人士独家向时代周报记者透露，恒大主要是看中了泰来的资源，水稻种植优势。"我们水稻种植面积广阔，品质比较好，80%的水稻都用江水灌溉，更为重要的是泰来大米，符合恒大对大米品质的要求。"

而据泰来县当地另一位不愿具名的政府人士告诉时代周报记者，恒大在当地主要是做水稻深加工，还包括粮油，按照目前的产能，恒大生产所需流转水稻面积达100万亩，而泰来县的水稻种植面积总共才120万亩。

"现在我们已经跟恒大合作了，泰来县当地的水稻产量只够恒大一家生产，因此暂不会跟其他公司在这方面合作。"上述人士同时表示。

事实上，泰来作为北方重要的粮食生产基地，却一直缺少大型粮企。多名政府人士对时代周报记者表示，在恒大来之前，当地的粮食加工企业都是小加工点，没有大的公司。按照齐齐哈尔一名副市长的说法，泰来缺少转化粮食的龙头企业。

泰来方面也一直致力于吸引投资，泰来县政府一名负责招商的人士对时代周报记者透露，早在去年，中粮集团曾联系过当地，"由于对方要求的条件比较多，企业投资比较犹豫，因此招商计划就搁浅了"。

而恒大此次大规模投资，对当地的经济发展来说，意义重大。"恒大过来投资，主要是政府在牵头做，协议都签了，大概有多少投资金额，现在不好说。"当地不愿具名的政府人士称。

无所不在的"恒大速度"

事实上，早在今年3月业内就开始传出恒大有意拓展快消版图的风声，直到8月初恒大主席许家印到内蒙古和黑龙江等地考察现代农业及畜牧业，其投资意向方逐步明晰。

有迹可循的是，许家印在8月2日宣布多元化战略之后，8月5日和8月6日，分别在内蒙古、黑龙江等省区考察项目，并通过收购当地企业等方式快速组建恒大粮油、恒大乳业、恒大畜牧三大集团。

二十余天后六款产品正式亮相，这让外界再一次感受到了"恒大速度"。

"产品推出很快，但前期考察、调研时间有好几个月。"接近恒大内部的知情人士对时代周报记者透露。

而记者注意到，恒大有机大米由泰来恒大绿米公司生产，恒大绿色大米则产自泰来恒大克利公司。恒大有机大豆油则来自乌兰浩特恒大非转基因压榨大豆油有限公司（以下简称"恒大压榨大豆油公司"）。同时，呼伦贝尔恒大有机杂粮有限公司（以下简称"恒大有机杂粮公司"）生产了恒大有机杂粮。

工商资料显示，上述4家公司的注册时间非常短，泰来恒大绿米公司成立日期为2014年8月18日，注册资本1000万元，而泰来恒大克利公司的发照日期为2014年8月22日，注册资本为700万元。

同时，恒大压榨大豆油公司，注册资本1000万人民币，成立日期为2014年8月21日。而恒大有机杂粮公司注册资本1000万人民币，于2014年8月25日成立。

以上数据也得到了泰来县政府一名招商人士的证实。

值得注意的是，工商资料显示，上述4家公司的法定代表人均为姚东，投资人均为恒大粮油有限公司，而恒大粮油有限公司注册地为深圳，法定代表人亦为姚东，而新成立的恒大粮油集团将由姚东担任集团董事长。

时代周报记者发现，就在今年8月6日之前，姚东的身份仍然是恒大银川公司董事长。根据黑龙江和内蒙古当地媒体报道，在许家印的上述两次考察中，除了当地领导高规格陪同外，恒大方面的成员还有恒大集团副总裁兼执行董事徐文、恒大北京公司董事长时守明、恒大银川公司董事长姚东、恒大呼和浩特公司副董事长崔奥、恒大哈尔滨公司总经理史俊平等高管。以上高管很可能就是恒大粮油项目的主要成员。

许家印在8月26日的投资者见面会上透露，粮油的规模要做到1000亿，虽然现在已经投入了几十亿，但最终的投资总额肯定不止于此。

"恒大速度"还表现在：恒大粮油、恒大乳业、恒大畜牧产业主要布局在大兴安岭生态圈，目前恒大已建成22个生产基地，其中内蒙古兴安盟7个、呼伦贝尔6个、黑龙江9个。

其速度之快，甚至让恒大将推出产品和人员招聘同时进行。8月28日，恒大集团"广纳英才共创伟业"的大幅招聘广告在各大媒体出现。

此次招聘涉及恒大粮油、乳业、畜牧三大集团公司，其中恒大粮油计划招聘人数481人，恒大乳业计划招聘人数531人，恒大畜牧业计划招聘人数770人，三大产业集团共提供岗位1780余个。

种种迹象表明，许家印正在迅速扩张恒大的版图，其速度之快、力度之大必将震荡国内目前的粮油、乳业、畜牧市场。

（原文刊发于《时代周报》2014年9月2日第300期）

绿地跨界互联网金融

文／姜　燕

　　一个开发商不仅仅造房子，还做起地铁的生意了。这个看起来有点"不务正业"的开发商，正是2014年把万科从房地产头把交椅拉下来，刚刚登上地产一哥位置的绿地集团。

　　在日前接受时代周报记者采访时，绿地集团董事长张玉良透露，从去年年底至今的两个月里，绿地已经投资了三条地铁，今年年内计划再新签7条地铁，合计投资10条地铁。未来，地铁地产将成为绿地中长期的重要产业，规模达到千亿元之巨。

　　张玉良是多元化战略最坚定不移的拥趸。目前，绿地还正在和马云、马明哲洽谈，准备在金融领域展开合作。绿地将推出以"地产宝"为代表的地产金融产品，2016年金融板块的利润规模目标50亿元。此外，绿地整体上市已进入证监会审批阶段，若一切顺利，预计今年上半年有望获批。

❝ 再投7条地铁线

　　"目前已经投资了3条地铁，未来还将投资7条。"张玉良在1月21日的媒体见面会上透露了其地铁开发的最新进展。

　　不到两个月的时间里，绿地已经投资了两条地铁。绿地1月14日宣布，斥资313亿元投资南京地铁5号线。这条全长37公里的地铁将于今年开工，预计于2020年底建成。这是继去年12月投资徐州地铁3号线后，绿地的第二个地铁项目。据了解，徐州3号线一期工程长约17.3公里，总投资约

117亿元，也将于2020年底建成。

下一个地铁项目会落子重庆。"投资300多亿元的重庆9号线项目，很快会在近期签署合作谅解备忘录。"绿地集团品牌相关人士告诉记者。

绿地投资地铁，将采取PPP（公私合作投资）模式。在南京5号线上，绿地首次披露了这一模式。据了解，该5号线将采取"项目投融资建设+施工总承包+物业综合开发"的PPP模式合作建设。其主要流程为项目前期由绿地投资开发，政府后期对项目股权进行回购；政府对项目股权的回购，将在项目试运营开始后的五年内完成。

为保证地铁投资的顺利运行，绿地与申通地铁、上海建工展开战略合作，搭建了一个全新的平台——地铁投资公司。合作方的角色也较明确，上海建工负责轨道工程规划设计、建设和地铁开发，申通地铁主攻地铁的运营管理，而绿地更像是财务投资人和资源整合者，与建工联合承担工程资金投入及运营管控。

在地铁投资中，绿地的资金怎么投，怎么赚钱。就这一问题，张玉良表示，千亿元的投资将分期进行。

对于投资地铁如何获得更高溢价的回报，张玉良说，公司将发挥绿地的优势特长，参与地铁沿线区域的综合功能开发，"我们会开发集商业、办公、酒店等功能于一体的地铁上盖城市综合体及配套服务设施。"此外，政府在对地铁项目股权进行回购时，如果地方政府暂时因资金欠缺无法回购，不排除用地铁沿线的土地进行置换的可能性。

房产销售要完成2800亿元

斥巨资进军地铁产业的这一举动，让人不禁打了个问号，绿地到底要做什么？

"上天入地出海"，是外界业内人士对绿地超越万科的代表性理解。

"入地"，正是绿地未来棋局中重要的一项布局。前述三个地铁项目，仅仅是绿地投资城市基础建设项目的开始。

时代周报记者了解到，绿地在地铁产业的野心相当大，直指千亿目标。

张玉良认为，与地铁相关的产业有着无限潜力，是一笔笔的大生意。绿地的地铁产业将以"地铁+物业"为核心，以地铁带动公司相关产业的发展。

"未来5年中国有7000条地铁投资机会，如果每一条投资150亿元，绿地还有很多机会。这一产业将在绿地中长期的发展中扮演重要角色，按我们2020年的中期目标这一业务的规模会达到千亿元。未来大家可能会觉得绿地是地铁公司，我们不仅要参与开发，还要参与运营。"张玉良透露。

对绿地的"地铁战略"，多数人还是云里雾里，仍然看不懂为何向这一领域进军。

中国房地产数据研究院执行院长陈晟向时代周报记者表示，在住宅产业的天花板真正到来之前，绿地想努力使自己成为一家更具有长久发展能力的多元化产业公司。"其目标是做一个资源整合者，地铁产业是其进行资源整合的重要部分。"陈晟说。

张玉良也说，房地产开发仍是绿地集团的基石，但若想在未来获得更好的生存，就必须抓住现在的机遇尝试多领域的多元化。

"中国虽然处在城镇化周期、经济发展还将保持一定的增长速度，还是一个比较好的产业发展阶段，但对住宅产业来说，高峰期基本上已经过去。"张玉良阐述了绿地做多产业化尝试的深层次原因，住宅单一产业的黄金时代已经过去。

但在张玉良看来，这并不代表所有地区市场的机会都没有了。中国房地产还有很大的空间，只是区域表现的差异问题。在2014年完成2400亿元目标、赶超万科后，今年绿地在房地产的销售目标定在了2800亿元，而绿地集团的经营目标直指4500亿元。

海外业务成为绿地增长最为快速的业务。绿地去年海外收入达到153亿元，较上年大幅增长467%；海外预销售面积42万平方米，较上年大增568%。2015年，绿地海外销售收入目标300亿元，将保持并进一步突出绿地海外业务的领先优势。

将与"二马"全方位合作

小心驶得万年船，面对竞争对手对绿地"过度追求数字化指标"的委婉质疑，张玉良坦承绿地去年能在地产行业暂居第一，得来并不容易。

张玉良表示，万科一直是绿地学习的榜样，但绿地的起家跟万科没法比。"万科的资本是绿地的3倍，而绿地2000万起家，我也想杠杆小一点，可我是农家子弟，人家是富家子弟。我们穷人出来，也要有志气，不要走在太后面，很想快一点，但是没有办法。我们只能靠各种各样的方式来做，当然也要注意自己不要翻船。"张玉良说。

在张玉良看来，开发商一时的输赢并不重要，重要的是如何能赢得大势。除了"上天入地出海"，绿地的扩张之手，即将伸到金融、消费领域。

这一次，张玉良的合作对象是马云、马明哲这两位金融界的大佬。

时代周报记者了解到，绿地将与阿里巴巴、中国平安展开全方位合作。与平安的合作将在产业地产和非住宅领域的持有型商业地产中展开；而阿里将与绿地的进口商品直销业务合作。

绿地计划推出一种名为"地产宝"的金额产品，目标领域可能会放在中小企业商业地产运营领域。"这个盈利模式很持久，而且规模会很大，将会是我们金融板块主要的增长领域。"绿地集团相关人士透露。

下一步，绿地除了将自己的资产金融化，还准备做中国房地产中小企业经营性资产的金融化。"即把中小企业的资产通过我们的金融平台，将这些资产以众筹模式变成社会资本，让中小投资者能够投资到这些项目当中去，再变成金融产品。"绿地集团相关人士透露。

据了解，与"二马"合作的洽谈仍在进行中，不久将披露最新的进展。

对于绿地金融板块，绿地去年对外投资额约8亿元，今年计划达到30亿元。按绿地的规划，金融板块做到30亿元的利润，明年翻一番，利润达到50亿元以上的规模。

此外，为进一步获得资本市场支持，绿地整体上市计划也在有序推进。

时代周报记者了解到，绿地去年已经通过了国土部、建设部等审核，进入中国证监会的正常审批程序。绿地集团方面向时代周报记者透露，由于审查周期比较长，并且增加了6个月的审计时段，预计春节以后将补充材料递交中国证监会，再继续推进审批程序。如果没有大的变化，预计今年上半年可能获批。

（原文刊发于《时代周报》2015年2月3日第321期）

碧桂园掘金社区新蓝海

文 / 刘　娟

2013年，碧桂园以123%爆发式增长的黑马姿态，一举进入房企千亿俱乐部。在如今规模化边际效应减弱时，如何有质量增长，如何做到规模、利润、质量和杠杆间的面面平衡？这些曾困扰过万科、保利等大鳄的难题，如今也成为碧桂园"后千亿"时代艰难探索的课题。

3月11日，在碧桂园2014年年度业绩会现场，极少露面的碧桂园董事会主席杨国强首次联合新高管团队"三斌"组合即总裁莫斌、联席总裁朱荣斌和首席财务官吴建斌齐齐亮相，正面回应外界质疑。

事实上，内外压力已倒逼碧桂园给出转型雏形蓝图——2015年，碧桂园将在所有项目推行合伙人计划，以质量型增长取代旧有的规模扩张模式，并积极在社区服务方面作出探索，寻求新业务增长点。

❜ 放低业绩增速指标

在2014年全民营销"打鸡血"般抢收后，碧桂园管理层给出了一张漂亮的全年答卷。

"在严峻的市场环境中，去年公司业绩取得理想增长，1288亿元超额完成既定目标，含金量很高，"莫斌喜不自胜地对时代周报记者说，碧桂园聚焦全国城镇化，差异化竞争战略收效良好，在2013年高速增长的基础上，2014年多项核心指标继续保持稳健的增长。

碧桂园年报数据显示，2014年，公司销售额1288亿元，销售面积1928万平方米，分别同比增长21.5%和21.0%；公司总收入845.5亿元，毛利220.6亿元，净利102.3亿元，分别同比增长34.8%、16.0%和20.1%，其中核心净利润达到人民币92.4亿元，同比增长15.5%。销售楼款现金回笼约为人民币1058亿元，首次实现现金回款过千亿。

在城市布局上，一、二线城市与三、四线城市的业绩贡献已经从过去的"四六开"发展到现在的"五五开"，业绩贡献完全持平；不过，海外市场销售贡献则仍然较小，马来西亚项目、澳洲项目2014年全年实现的合同销售金额分别仅26亿元和25亿元。

不过，2010年至今连续复合增长率高达40.7%的碧桂园，终于有了减速的迹象。2015年，碧桂园的销售目标将控制在1350亿元左右，同比2014年销售额1288亿元仅增长约5%，这几乎是其自2007年上市以来最低业绩增速要求。

莫斌将此归结于集团的审慎考虑，他说："虽然今年楼市的政策环境好过去年，但是市场环境依然严峻，碧桂园不会片面追求规模的增长。"

据他透露，今年碧桂园将有11个全新盘上市，货量总值约1200亿元；加上去年滚存货量1000亿元，碧桂园预计2015年可售货量为2200亿元。按此计算，碧桂园今年的去化率要求在61%左右。"我们有信心能完成2015年的目标，碧桂园一直是说到做到的。"莫斌如是表示。

❝ 新业务投资"1%"红线

在深耕地产业务之外，碧桂园在探索新增长点，它给外界描绘的路径是这样的：以社区为中心，打造全生命产业链的资源整合平台。

"给你一个五星级的家，这是碧桂园的广告语，我们要研究怎么使小区业主更加方便，"在杨国强的规划中，碧桂园未来业务的拓展将主要围绕社区服务、投资理财、保险以及健康养老等产业进行。

这位年届六十的掌舵人，仍在积极推动碧桂园转型，"中国房地产还有很大的发展空间，我也很勤奋，现在谈退休还早"。杨国强对时代周报记者再三表达了自己继续带领碧桂园前进的意愿。而社区运营这部分业务主要以杨国强为主导，依托于碧桂园已有的纵向产业链和配套产业经验，为旗下35万户业主提供更多增值服务。

结合互联网掘金社区服务，正是碧桂园多元化的首次尝试。新年伊始，杨国强已与小米创始人雷军进行了两度会面。事实上，在"社区"中衍生出新财路，已是万科、龙湖、花样年等多家房企的转型方向之一，但大多数房企至今未形成清晰的盈利模式，碧桂园面临的挑战也可想而知。财报数据显示，2014年碧桂园物业管理的面积已经达到7149万平方米，但物业管理业务方面的收入只有9.6亿元。

"尽管目前碧桂园的物业管理收入规模不大，只有9.6亿元，但仍然是盈利的，净利润率有一到两个百分点。"吴建斌看似信心满满，他对时代周报记者表示，"长期来看，延伸到社区文化、社区理财、保险等，我们有可能会做得更好"。

莫斌透露，当前碧桂园也尚未形成明显的产业投资方向，大部分的业务仍在研究探索之中，考虑到未来的盈利风险问题，碧桂园每年新业务的投资将控制在总资产的1%左右，截至2014年年底碧桂园的总资产约为2680亿元，也即意味着其每年新业务的投入还不会超过30亿元。

而对于外界热议的碧桂园酒店分拆计划，吴建斌称，目前碧桂园所拥有的酒店总资产达到200亿元，每年营业收入也达到10亿元以上，将其分拆上市有助于更好地盘活资产，但目前仍未有具体时间表。

▌ 全面深化合伙人制

在莫斌的计划内，今年碧桂园的重点工作，是夯实管理基础，进一步深化合伙人制。

"去年10月之后，我们新获取的项目已经全部按照合伙人的方式进行运作，至今为止已有三个项目完成开盘，从其成本、资金投入、销售利润表现等方面来看，已经完全超出我们预期。"莫斌如是说。

"十月革命"，碧桂园管理层这样定义去年推行的合伙人计划。为适应新形势，碧桂园引入了"同心共享"的合伙人制度，这被认为是目前房企激励机制中最彻底的合伙人制。

该制度规定，自去年10月起，碧桂园所有新获取的项目均采取跟投机制，即项目经过内部审批定案后，集团投资占比85%以上，员工可跟投不高于15%的股权比例，双方共同组成项目合资公司。

除了集团董事、副总裁、中心负责人及区域总裁、项目经理需要对项目强制跟投外，其他员工在不超过投资上限的前提下也可自愿参与项目跟投，其中区域总裁、项目经理等仅需投资自己区域的项目，占比不高于10%，集团员工可投资所有项目，但占比不高于5%。

在回报机制上，项目有盈利时，可进行分红；但如果项目出现亏损，参与者不可退出。

"合伙人计划是杨主席一手力推的，尽管他是碧桂园的第一大股东，但依然很乐意通过与职业经理人分享成果的方式，激发所有职业经理人的积极性，让他们能在公司内部也实现创业。"莫斌等管理层表示，在多重激励下，去年碧桂园多项成本得到控制，以销售费用为例，去年从4.1%下降到3.3%，财务政策得到贯彻。

这幅蓝图很诱人，但碧桂园的革命才刚刚开始，正如吴建斌所说的："这种重大的改革会引起管理上组织架构的调整，管理流程的进一步梳理，很多方面会发生革命性的改革。"

融资成本努力减半

2月27日，碧桂园成功发行9亿美元于2020年到期的优先票据，年息7.5厘，获5倍超额认购。这是一次"以新偿旧"之举，本次票据所得款项仅用作为2011年发行的9亿美元优先票据（当年2月23日发行，2018年到期，年息11.125厘）以及其他现有债务再融资等。

自去年4月份履新以来，这已是吴建斌第5次在资本市场大展财技，他的主要融资动作，都围绕"筹集低成本资金替换原有高成本旧债"展开。据时代周报记者梳理，碧桂园2014年先后发行的2次优先票据，一笔银团借款（45亿港元）及一次供股融资（32亿港元），皆有此意。

在逐步厘清碧桂园财务状况后，吴建斌的目标是将负债控制在稳健范围内。他曾透露，希望将公司8%的融资成本减半即降低到4%～5%。他的花样融资财技，加之碧桂园强化的快周转模式，带来了强劲的内生流动性。

碧桂园财报数据显示，截至2014年年底，碧桂园可动用现金约272.1亿元人民币，占总资产约10.2%；净负债59.7%，同比2013年底67.3%降低7.6个百分点；平均借贷成本为8.16%，相较2013年的8.54%下降0.38%，这一数据在2011年和2012年，曾分别高达9.2%和9.56%。

如今的成绩，莫斌是相当满意的。"公司使用多元融资手段，成功从资本市场融得客观资本，信用水平得到评级机构肯定，"莫斌说，碧桂园目前的信用评级及展望离"投资级"仅一步之遥。

这其实也是吴建斌任期内的一大任务。对一家民营企业而言，"投资级"评级是极为珍贵的荣誉，获取难度可想而知。据了解，目前获得两家机构投资级评级的内房股只有中海、华润、越秀地产和万达商业。

2014年以来，碧桂园是唯一一家在六个月内三次被国际评级机构上调评级的大型内房企，惠誉、标普、穆迪分别给予其正面评价。莫斌希望，2015年，碧桂园争取保持利润总额增长和资金回报率的最大化，"目前公司人民币与外币债务比例维持在50比50左右，鉴于近期汇率波动，我们正在考虑进一步加大人民币债务的比率"。

（原文刊发于《时代周报》2015年3月17日第327期）

房企从医

文／胡天祥

地产行业再现"弃房投医"案列。6月11日晚间，绿景控股发布公告，以1402万元转让某项目公司股权，至此，该公司没有其他开发项目，亦无土地储备。

早在2011年传出"退房转型"的绿景控股，在经历了四年"找矿"未果后，今年起开始进一步甩手地产业务。眼下，"互联网+医疗服务"生态圈是其未来长期发展战略。

在地产行业新常态中，"房企转医"已成一股新潮流。有统计显示，目前已有41家房企在转型，其中涉及医疗方面的企业数目最多，达到13家。

逃离地产界

绿景控股公告显示，公司董事会通过以1402万元出售恒大地产广州有限公司100%股权的议案。恒大地产广州有限公司主要负责"东山华庭"项目的开发，其住宅、商铺已全部完成销售。

数据显示，截至2015年3月31日，恒大地产广州有限公司经审计的总资产约1124万元，负债合计约170万元，应收账款约25万元，净资产约954万元。

本月初，绿景控股还注销了旗下无业务开展的地产子公司广西天誉房地产开发有限公司，同日公告注销的还有矿业子公司广东绿景矿业资源投资有限公司。实际上，早在2011年，绿景就开始逐步注销旗下无实质新业务的地产子公司，并公开宣布将新增"项目投资、矿产资源投资"新业务。

日益下滑的净利润，或是绿景控股近年放弃房地产业务的原因之一。其2014年年报显示，公司去年实现营业收入6116.23万元，比上年同期增长110.77%，但归属于母公司所有者的净利润仅为326.28万元，同比下滑53.18%。今年4月13日发布的2015年季度业绩预告称，绿景控股今年归属于上市公司股东的净利润亏损约280万元。

类似绿景控股选择退出房地产市场，转型其他行业的企业并不在少数。根据中国房地产测评中心的监测，2009年底沪深两地涉及房地产业的上市公司有303家，约占沪深上市公司总数的18%。而到了2014年，沪深涉及房地产业务的上市公司则不足200家，5年间，有超过100家A股涉房企业退出房地产业。

"企业选择退出房地产业，大多不是主动退出，而是受市场或经营不善影响被迫退出，"广州世联市场研究部总监崔登科对时代周报记者说，这就是一笔生意，地产业务赚钱越来越难，大家便会少去涉足这类生意或者直接选择退出。

而在广州知名地产专家韩世同看来，房地产进入新常态后，楼市由上行周期转入下行周期，行业分化（马太效应）愈发明显。"房地产发展需要资源支持，一个是融资资源，一个是土地资源。在这两个方面，中小企业都处于劣势，退出是意料之内。"

▍掘金医疗行业

转型迫在眉睫。日前，申银万国证券发布统计数据称，目前已有41家房企已经或正在转型，而与绿景控股一样，选择转型医疗方面的企业数目最多，达到13家。阳光城、万科、绿城等房企也积极探索医疗健康领域商机。另外，宜华地产、世荣兆业、运盛实业也将产业链延伸至投资医疗服务领域，尝试转型养老和医院等行业。

业内分析人士认为，医疗行业由于毛利率高、现金流充沛等诸多优势，正成为不少房企转型探索的新领域。万通控股董事长冯仑在接受媒体采访时表示，医疗健康产业一个是就业系数高，第二是需求弹性大，第三则是增长速度快。相对于写字楼，医院的租金稳定，租约更长，也是吸引房地产的优势。

而在韩世同看来，医疗行业则是一个不错的噱头，更能成为日后一个融资渠道。"不可否认的是，医疗行业和地产关联度很高，类似恒大之前尝试的社区医院，国内的开发商数量众多，相对应开发的楼盘社区也多，两者的结合是一种必然的趋势。"

海通证券报告认为，房企进入医疗行业具备一定资金优势，主要表现在，医疗或医院等项目前期投入大，需要较强资金运作和雄厚资金实力，房地产资金实力相对雄厚，大型房地产企业本身可以将医疗等资源与住宅社区结合，实现双赢。

崔登科认为，众多企业转型医疗行业的一个契机便是涉及国家政策的一个扶持方向，目前整个医疗行业都在改革。而房地产行业作为开放比较早的行业，转型医疗有先天优势，其对于区域资源整合的能力非常强。

根据国务院发布的《国务院关于促进健康服务业发展的若干意见》，到2020年健康服务业总规模达到8万亿元以上，成为推动经济社会持续发展的重要力量。

但他同时提醒，目前企业转型医疗行业的最大难点出在政策方面，如果政策扶持到位，包括税收有一定优惠，审批环节能够简化的话，医疗行业将迎来春天，届时企业转型医疗行业的比例也会大大增加。

（原文刊发于《时代周报》2015年6月23日第341期）

第四章

跨越

推倒与重生之间，即是旧时代与新时代的分水岭，面对如巨涛般涌来的新时代，只有强者才能踏浪前行，弱者终将被这巨浪打翻。

当房地产从奇迹般的2015年步入2016年时，宏观政策的基调明确指向了"去库存"。而"去库存"进入下半场，去库存和抢土地同样需要"快、狠、准"。对房企来说，谁能在这一轮调整中最快占领制高点，谁在这个瞬息万变的市场中留下的几率便能多增加一分。

但如果一直还停留在这一阶段，这样的房企已经被市场所淘汰。

依靠快速高周转的传统房地产开发模式已经走到尽头，兼具服务和金融双重属性的房地产，正逐渐由刚性制造业转向服务消费者的需求服务业。而光靠卖房，房企已然无法获得更多利润。

除了传统的销售模式，房企开始纷纷试水金融、加码物业服务业，并通过互联网+、资产证券化等战略新手段，重构开发、营销、融资模式。

创新，正引领地产新时代。

告别以规模论英雄的时代，房企之间新一轮的竞争已在各自的产业链多元化布局中拉开序幕。物业管理、地产金融、商业地产、社区服务、健康养老、文化娱乐、长租公寓、产业地产……众多房企正在产业链上进行各种探索。

探索中，不禁会思考，房企将用什么来形成自身新的发展动力？什么才是引领地产新时代的力量之源？

风口，是机遇伴随着风险。转型，并没有立竿见影的解决之道，尤其是在已无前例可循的情况下。调控的升级，则对房企转型的落地提出了更高的要求，无论是在产品设计、营销思路、盈利模式、融资渠道，或是对内机制方面。

对于房企来说，销售业绩高位上的新一轮改革与调整，不仅需要创新性的战略与技术，更需要进一步破除来自企业内部的思想障碍与制度藩篱，优化创新土壤，激发创新潜能，从而加速形成新的内生动力源和增长极，为自身的可持续发展奠定更坚实的基础。

让房子回归居住属性。随着中国经济进入新常态，"共享""体验"等关键词将成为企业创新的价值取向。地产新时代，某种程度上而言，亦是房地产变得更有温度的时代，在这个过程中，房企的创新，无论最终成功与否，都将成为该目标实现的动力所在。

穿越过去、现在、未来，可以清晰地看到，地产行业的跨越和进化。

现在即未来。

新局

从黄金时代到白银时代，房地产市场悄然改变。政府指出方向、调控成为常态、土地市场竞争激烈、融资逐渐紧张，整体形势已经开始倒逼房地产企业。而在很多业内人士看来，外部环境改变所带来的，同时还有机遇。抓住机遇，意味着赢得未来。

地产关键词：转型、突围与接班

文／胡天祥

10月13日，胡润在马来西亚发布了2016胡润百富榜，万达集团王健林家族以2150亿人民币第三次问鼎榜首。

"我相信150年以后，你再回头看王健林、马云、马化腾家族等，他们的财富还是会像世界上如罗斯柴尔德家族、奥纳西斯家族这种超百年历史的财富家族一样，传承有序。"胡润百富榜创始人胡润在接受时代周报记者采访时如是说。这位游走于中国富豪和公众之间的英国注册会计师，透过一张张榜单，"消费"了富豪，抓住了公众心理，这是他的生财之道。

10月13日，胡润在马来西亚发布了2016胡润百富榜，万达集团王健林家族以2150亿元人民币第三次问鼎榜首。马云家族、马化腾分别以2050亿元、1650亿元排名第二、第三位。

相比王健林和马云进入前十位的意料之内，宝能系掌门人姚振华则是个例外。他以1150亿元高居百富榜第四位，而在去年的百富榜榜单中，这位潮汕商人的财富仅为125亿元，排名231。

关于百富榜的热议仍未散去，10月20日，胡润研究院顺势发布胡润百富榜子榜之一2016胡润房地产富豪榜，只计算企业家在房地产领域的财富。62岁的首富王健林及其家族以1150亿元第六次成为"地产首富"；58岁的许家印以505亿元上升两位到第二，44岁的卓尔集团董事长阎志的身家则暴涨159%至285亿元，排名第十。

1999年，胡润推出中国第一份财富排行榜"百富榜"。当时，地产商在榜上占据了半壁江山，此后比例几乎一直呈下降趋势。胡润对此的观点是："这说明中国企业家在转型。"而从某种程度上来说，座次的更迭，亦是中国房地产风云变幻的缩影。

转型中的地产商

在"胡润百富榜"里，万达集团王健林家族以2150亿元荣登首富宝座，其主营行业包括房地产与文化。而在胡润房地产富豪榜中，虽然王健林家族仍排名首位，但其房地产方面的财富则同比减少4%至1150亿元。这意味着，王健林家族在文化等相关领域上的财富已累计至1000亿元。

事实上，万达集团正在逐渐缩减房地产业务，转而重金加码与文化相关的多个产业。

王健林在今年年初预计，2016年万达集团总收入为2543亿元，同比减少12%。主要是房地产销售收入减少640亿元，至1000亿元左右，同比降幅约为40%。

"到2016年底，万达将不再是房地产企业，而成为综合性企业。预计到2017年，万达超过2/3的收入和净利润将来自服务业，比原计划提前一年实现转型目标。"王健林强调，万达计划把2017年后开业的重资产项目全部转让，2018年万达将不再有地产销售收入。

与此同时，万达开始将主要精力放在娱乐、体育和旅游行业上，并在今年动作频频。今年3月，万达收购卡麦克影业，成为全球最大的院线。10月9日，万达文化集团旗下的北京万达旅业投资有限公司将整体并入同程旅游旗下的同程国际旅行社有限公司，合并后的新公司将成为中国最大旅行社。10月18日，万达集团10亿美元收购全球最大的电视直播制作商之一——Dick Clark Productions。

胡润在2015年表示："王健林是转型最成功的企业家之一，五年前他地产部分的财富占他个人总资产的90%以上，而现在只占到一半。"

与"去地产化"的王健林不同，百富榜中的另一名中国富豪许家印，则正用实际行动加码房地产。

作为恒大集团董事局主席，许家印以780亿元财富在百富榜中排名第十位，其公司主营业务包括房地产与投资，而在房地产富豪榜中，许家印仅次于王健林家族，以505亿元排名第二，同比涨幅达23%。在许家印的财富构成中，地产无疑占据了相当大的比例。

9月28日，许家印宣布，将"多元化"发展成果——饮品、粮油、乳业业务，全部抛售，"这将使公司更加专注于房地产和其他相关业务"。

按照许家印在今年恒大集团20周年庆典上所言，到2020年，恒大的目标是总资产超3万亿元，房地产年销售规模超6000亿元。这一目标如要实现，恒大地产业务必须在2016年就实现3000亿元以上的销售，并且连续五年保持10%以上的增长。

　　而与地产业务发展并行的，则是许家印财富的另一个重要构成——投资。2016年8月15日晚间，恒大发布公告称，从8月8日起，截至8月15日，通过其附属公司在市场上进一步收购共约2.36亿股万科A股，连同前收购，目前已持有约7.53亿股万科A股，占万科已发行总股本6.82%，总收购代价145.7亿元。

　　市场估算恒大的持股成本为约18元/股。截至10月21日15时，万科A报25.25元/股，仅以此计算，这部分股权浮盈约54.59亿元。

▎低调的"黑马"

　　与常年盘踞百富榜前十的王健林、许家印相比，宝能集团的姚振华以1150亿元排名第四，可谓是今年胡润百富榜中的最大"黑马"。要知道，在去年的百富榜榜单中，姚振华财富仅为125亿元，排名231。

　　什么是姚振华财富暴增的原因？在百富榜中，姚振华的财富构成包括房地产与投资，但在房地产富豪榜中，其地产方面的财富仅为400亿元。这意味着，姚振华有750亿元的财富是来源于投资等领域。

　　作为"宝能系"的实际控制人，姚振华同时也是寿险公司前海人寿的董事长。

　　7月6日，万科A发布公告称，7月5日至6日，宝能系旗下钜盛华通过二级市场继续增持万科股票，本次权益变动完成后，钜盛华及其一致行动人前海人寿保险股份有限公司，合计持有万科A股约27.59亿股，占公司总股份的比例为25%。截至10月21日15时，万科A报25.25元/股。若以此计算，其持有股票市值近700亿元。

　　卓尔集团董事长阎志亦是"黑马"之一。这位来自湖北武汉的地产商人甚为低调，其在2015年个人财富仅135亿元，2016年财富急剧增加至305亿元，以285亿元排名第十。

1972年建党节出生的阎志，曾是湖北省一名著名诗人。1996年，他创立卓尔传媒控股公司，在湖北首创广告代理制掘得第一桶金，而后转战地产领域，创立卓尔集团。2015年开始，卓尔集团积极转型互联网化，陆续推出卓尔购、卓金服、卓集送三大线上交易及服务平台。

互联网转型获得市场认同，卓尔旗下3只股票均受到投资者热捧。以卓尔集团（02098.HK）为例，2015年8月初还在每股3港元，目前已涨到4.89港元每股，以此计算，阎志持有的卓尔集团81.14亿股，其总市值已从243亿港元增加至396亿港元。

富能过几代

虽然现时上榜的富豪风光无限，但一个现实问题也随之浮现，廉颇老矣，富豪们如何顺利将财富交接到下一代的手中？

2013年"新财富500富人榜'上，50岁以上富豪的占比高达60.6%，这意味着，6成以上的中国富人需直面接班人问题。但在中国，交班似乎是个颇具风险的技术活儿。若干年后，当第一代富豪"退位"，接班人能否守住家业？富豪榜上又是否会经历更大程度的洗牌？

现年35岁的杨惠妍毫无悬念地出现在百富榜中，以485亿元位列第22名，在房地产富豪榜中，杨惠妍以355亿元财富位列第八位。她也是榜单中为数不多实现财富顺利交接的人，目前杨惠妍持有碧桂园54.91%的股份。

杨惠妍是碧桂园董事局主席杨国强的二女儿。为培养其日后帮忙打理公司，杨国强选择让二女儿出国深造。在美国俄亥俄州立大学获得市场及物流专业学士学位后，杨惠妍于2005年加入碧桂园担任采购部经理，从基层开始历练。2011年，时年30岁的杨惠妍开始着手集团发展策略的制定。2012年3月27日，碧桂园委任杨惠妍为副主席。

接触过杨惠妍的房地产业内人士评价，杨惠妍做事干练、机敏，有控制能力，她将带领碧桂园完成从家族企业向现代企业的转变。

而在百富榜中排名第十位的许家印，其家族接班人也一直为外人所关注。

来自恒大官网的简介仅透露，31岁的许智健是恒大副总裁，负责集团物业、园林等方面的管理工作，其持有清华大学工商管理硕士学位。

业内盛传，许家印有意培养许智健做接班人。实际上，许智健从海外留学回国后，便进入恒大地产从较小的房地产项目开始做起。而在一家名为上海全筑建筑装饰集团股份有限公司股东名单中，时代周报记者发现，许智健以自然人股东身份入股了这家注册资本达1.6亿元的公司。此外，许智健还曾出资10万元成为广州恒大投资有限公司的股东，出资500万元成为广州亚盛商贸有限公司的股东。而亚盛商贸的另一个股东，则是出资4500万元人民币的广州恒大实业集团有限公司。

和许家印、杨惠妍相比，拥有155亿元财富的香江集团刘志强、翟美卿夫妇虽然排名并不靠前，但却未雨绸缪，早早开始培养自己的儿子刘根森，以便顺利接班。

1990年出生，毕业于美国波士顿大学工商管理学士、拥有金融投资业务基础的刘根森，自23岁起便担任前海香江金融控股集团（以下简称"香江金融"）董事长。

时代周报记者从全国企业信用信息公示系统了解到，香江金融的前身是1999年在深圳成立的香江投资有限公司，注册资本10亿元人民币，法定代表人为翟美卿。在刘根森任职香江金融之前，香江集团先行把以前在集团层面的金融股权和资产全部划拨到金融控股平台之下，作为一个独立板块运作，并最终成立子公司香江金融，为刘根森铺路。

地产圈内为子女铺路接班的例子还有很多。但谁都难以预测，在漫长的交接过程中，谁能富过三代？

根据胡润2013全球富豪榜上的数据显示，有1/4的富豪财富来源为继承，但财富普遍继承到第二代为止，继承超过三代的仅有22位。按照中国中小企业协会常务副会长张竞强所公布的一组数据，我国家族企业的平均寿命只有24年，目前只有不到30%的家族企业能进入第二代，不到10%能进入第三代，而进入第四代的只有大约4%。

中国传统的"富不过三代"的观点从数据上似乎得到了印证。但胡润却不以为然："现在我们所接触的是第一代企业家，即便是第四代，第八代之后，你所说的榜单排名靠前的几个人，肯定还是很有影响的人物。"

（原文刊发于《时代周报》2016年10月25日第411期）

进入质量型增长的白银时代

文／胡天祥

在内地房地产市场显露非理性增长的趋势时，部分地方政府不得不接连制订限购限贷政策，以抑制楼市因投机需求过大形成的疯狂增长局面。

2016年9月30日，北京率先出台新的楼市调控新政，紧随其后，天津、武汉、成都、合肥、郑州、苏州、深圳、南京、厦门、广州等城市均密集表态，先后出台限购限贷等调控措施。同年10月8日上海和南昌加入调控阵营，短短9天时间，全国已有22个城市先后发布新一轮楼市调控意见。

时间不紧不慢步入2017年，楼市调控仍在加码。截至2017年3月底，北上广深四个一线城市全部执行"认房又认贷"政策，且非户籍人口购房门槛均提高至5年。杭州、南京、郑州、成都等二线城市则相继加码限购力度，将非户籍人口购房门槛均提高至2年，长沙、青岛、石家庄依次重启限购，外地人限购一套，同时提高购房首付比。

不止如此，与此前楼市调控多集中在一、二线城市不同，部分一线周边县市及省内热点城市也陆续加入调控阵营。河北涿州、沧州、保定市涞水县、张家口市崇礼区开始限购，浙江嘉兴、嘉善县升级限购限贷力度，广东佛山、中山在限购力度上均有不同程度加码。

"限购+限贷"组合拳下，楼市何去何从？房企又将以何种姿态应对楼市调整？

❝ "房子不是用来炒的"

不同于以往楼市调控"一刀切"，"因城施策"实现差异化调控，也是"新常态"下政府为抑制楼市过高过热增长采取的"新举措"。

2017年3月5日，第十二届全国人大代表大会第五次会议召开，李克强总理作政府工作报告时指出，2017年要因城施策去库存，加强房地产市场分类调控，房价上涨压力大的城市要合理增加住宅用地。

分城施策背后，是一、二线城市"高房价"与三、四线城市"高库存"之间的矛盾愈发明显。

报告中指出，一、二线热点城市房价过快上涨本质还是土地供应不足，下一步各城市仍需加大土地供应力度，提前释放未来的部分供地指标，进一步提升土地供应规模。同时报告要求各城市要加强房地产市场分类调控，房价上涨压力大的城市要合理增加住宅用地，规范开发、销售、中介等行为。某研究机构研报预测，热点城市调控政策愈加严苛，部分热点城市或将加码限购；现有调控城市将进一步扩容。

针对三、四线城市，李克强总理在政府工作报告中提到，目前三、四线城市房地产库存仍然较多，要支持居民自住和进城人员购房需求。

"针对化解房地产市场高库存风险，各省市均提出了明确的目标。海南省计划2017年将商品住宅库存去化周期控制在18个月以内，山西省2017年商品房去化周期控制在10个月左右。"某研究机构预测，去库存将是2017年房地产市场的重要主题，三、四线城市房地产政策层面仍将延续宽松走向，刺激性政策应加紧落地执行，以便更快、更好地实现三、四线城市库存去化。

各类调控举措背后，其目的是要坚持住房的居住属性。"房子是用来住的，不是用来炒的。"早在2016年年底召开的中央经济工作会议中就曾明确了2017年中国楼市发展方向，强调要促进房地产市场平稳健康发展。

融资收紧的机遇与挑战

只有当大潮退去的时候，才能知道谁在裸泳。

2017年3月2日，国务院新闻办公室召开银监会专场新闻发布会，在提及2016年全国一、二线城市上涨过快及对房地产市场的贷款情况时，中国银行业监督管理委员会主席郭树清表示，银行贷款大概1/4投向了房地产，去年新增贷款中有45%是房地产贷款，金融风险里面，房地产泡沫风险也是经常提到的一个风险。为此，郭树清专门指出，在金融调控方面，希望银行从自己的实际出发，稳健、审慎地把握对房地产市场的资金投放，包括对开发商和居民个人。

不只是银行放贷收紧。实际上，自2016年10月份地产调控以来，房地产企业融资就已经被戴上"紧箍咒"。时代周报记者获悉，除银行贷款、公司债（公募+私募）等三要融资渠道外，地产企业股权融资、发行

ABS、地产基金、资管融资等各类渠道也均有不同程度的收紧。

2016年10月开始，上交所、深交所纷纷出台文件明确公司债发行门槛，规范房企发行公司债行为；证监会、银监会提出严禁违规资金进入房地产领域。发改委要求严格限制房企发行公司债用于商业性房地产项目。

2017年2月13日，中国证券★★基金业协会发布《备案管理规范第4号》文件，强调对北上广深等16个房价上涨过快城市住宅项目的私募产品不予备案。根据此前信托业协会数据显示，2016年4季度末，资金信托投向房地产领域的规模为1.43万亿元，占比为8.19%。

2017年2月17日，证监会对《上市公司非公开发行股票实施细则》部分条件进行修订。其中上市公司融资后18个月内不能启动再融资，次新股再融资将受限。此外，融资额度也不能超过上次发行股份的20%。

种种迹象给出了一个清晰的信号，即监管部门正在收紧融资规模，多渠道收紧房企的"杠杆"。

新城控股副总裁欧阳捷告诉时代周报记者，金融形势逆转就包括金融监管更加规范、非标业务受到清理、资金供给有所收紧、资金成本有所增加。

谨防规模增长后遗症

谈及融资政策收紧对房企的影响，新城控股董事长王振华认为，这对大型房企的影响并不大，反而会加快行业整合，同时也是机会。

某研究院智库中心研究总监严跃进告诉时代周报记者，融资渠道收紧后，对于房企来说，势必需要加快销售，因为相对来说，销售依然是房企快速回笼资金的一个很重要体现。不排除今年部分房企通过并购的方式，实现企业规模的扩大，这样也能够降低相应的★★成本和企业经营成本。

2017年3月22日，中国房地产开发企业500强测评成果发布会在北京举行。报告显示，2016年10强房地产开发企业销售总金额约占500强销售总金额的35%，销售面积总计约占500强总销售面积的38%。前50强、100强、200强销售金额分别约占500强总销售金额的60%、70%和90%。此外，500强房企全年商品房销售面积总额达5.2亿平方米，同比增长31.6%，销售金额创下6.3万亿元的新高，同比增长40.1%。500强房企市场份额按面积和金额分别为33.05%和53.35%，分别较上年提升6.33和7.51个百分点。

中国房地产TOP10研究组研报指出，2016年百强企业凭借准确的市场研判、契合主流的市场布局与产品架构，实现销售规模加速提升，市场份额突破四成。同时，大型百强企业规模效应凸显，盈利能力加速分化，行业资源加速向更大规模的企业集聚，"强者恒强、快者愈快"的定律在行业发展中的主导作用更加显著。

研报同时提醒称，部分热点市场布局过于集中的百强企业，若依存度过高的城市需求透支将对其未来销售造成不利影响；部分短期债务集中的高杠杆企业，若集中偿付压力与销售回款压力共存将潜藏财务风险隐患。因此织密扎牢财务安全的保障网，是部分百强企业面临的重要任务。

不过可以肯定的是，中国房地产市场进入白银时代，有质量的增长将取代过去单纯的规模化增长，成为越来越多房企追逐的目标。

越秀地产董事长张招兴则对时代周报记者表示，现在行业集中度越来越高，不进则退，但要把规模定到1000亿元，甚至2000亿元并不现实，"公司追求的是有质量的增长"。

（原文刊发于《时代周报》2017年5月31日第442期）

长租公寓这一年

文／杨　静

长租公寓，已经成为了房地产发展的一个重要趋势和方向，因为广阔的未来前景，吸引了众多的开发商参与。在火爆的背后，长租公寓这块蛋糕的成色与味道究竟如何？事实上，尽管姿态积极，但开发商的观望氛围仍然浓厚，长租公寓还在探索期。

"我自己就住在碧桂园的首个长租公寓里。通过实地感受，摸索着过河。"碧桂园集团上海区域总裁高斌对时代周报记者感慨。

碧桂园是目前宣布推出长租公寓数量最多的房企：以中高端产品打入市场，并在三年内实现100万套。2月2日，碧桂园租赁住房REITs获深圳证券交易所审议通过，并成为国内租赁领域首单达百亿级规模的证券化产品。

不过，硬币的另一面。如何运营长租公寓，成为高斌每日绕不开的思考。同以往开发商的住宅开发模式相比，长租公寓的运作区别很大。大到投资回报周期，小到对公寓里大堂灯光亮度的感知、洗手间打扫频次的研判等方方面面，都要重新学习。

但碧桂园都不想错过这潜在着的"风口"。从培育住房租赁企业、扩大租赁房源供给、鼓励租房租赁需求，到提供金融支持政策等，一系列的政策东风已经向租赁市场吹去。

市场也拥有很大的潜力。数据显示，中国目前的租赁市场GMV（成交总额）为1万亿元，相比美国和日本的7万亿元和2万亿元还有很大差距。

但长租公寓这条路似乎并不好走。

▌ 运营商受挤压

房企的大举进军改变了长租公寓的市场格局，而最早进入长租公寓的一些创业型团队，已然成为了行业"先烈"。

在2017年统计的"阵亡名单"中，GO窝公寓、Color公寓、V客青年公寓、好熙家公寓等在列。

他们多数受2014年前后由创业热、互联网热、投资热的刺激而兴起。"大家刚刚学会爬行，就追求规模，把自己逼上百米赛道。"水滴公寓创始人冯玉光对时代周报记者表示。

分界线在2017年二季度左右，即多数开发商开始集中进入这一行业之前，长租公寓江湖，由创业型团队担纲主角。彼时的市场，鲜有开发商们的身影。

但也是在那段时间，这波创业团队们经历了洗牌。冯玉光的追忆里，2015年下半年至2016年全年，他感受最直接的是资产市场对长租公寓的寒冷

房企进军长租公寓，挤压了运营商的生存空间

态度。"要知道在2014年和2015年上半年，长租公寓团队融资并不难。"

没有充足的流动资金，很多背景弱小的创业团队，在长租领域开始举步维艰。而开发商的到来，更令当中的不少团队面临新的抉择——成为更大更强企业的"盘中餐"。

房东东公寓研究中心全雳体会颇深，他对时代周报记者表示，自2018年开始，关于长租公寓的股权转让和项目转让在不断增多。

尽管不少创业型长租公寓团队消失，但并不意味着开发商们一家独大。开发商和中介、传统酒店、互联网团队一样，依旧是市场的分羹者。

中介方面有链家的自如寓、世联行的红璞公寓、我爱我家的相寓等；传统酒店业有华住的城家、铂涛的窝趣以及亚朵酒店的缤润亚朵等；如魔方公寓、YOU+公寓、水滴公寓等较早一波在互联网催化下起来的创业团队，依旧有着较强的实力。

不过，冯玉光和全雳并不对行业持完全悲观的态度。"处在化学反应中""还在起步阶段"是他们对记者给出的关键词。持同样观点的还有高斌，在他看来，目前长租公寓市场处于群雄并起的状态，各家都是行业的探索者。

有资格用土地开发建长租公寓，是开发商的天然优势，其他平台无法企及。当那些创业型公寓团队历经一年两年甚至更久才能完成从融到资到获取上百套房源时，有的房企只用了半年多的时间，杀入行业，站住脚跟。比如，碧桂园2017年5月成立了长租公寓事业部，当年年底就亮相第一个长租公寓项目，并面向市场推出400套房源，速度迅猛。

但时间上的沉淀，是多数开发商不具备的优势。除了诞生在2015年的万科泊寓和2016年首次面世的龙湖冠寓之外，其他开发商，像朗诗的朗诗寓、旭辉的领寓等甚至成立都没有一年的时间。

事实上，多位业内人士向时代周报记者表示，2017年房企进军长租公寓后处于摸索状态，而2018年可能才是属于地产开发商长租公寓的元年。

❝ 盈利难题

但在黎明前的"暗夜"里，各家逃不开对如何盈利的纠结。

冯玉光对时代周报记者分析表示，长租公寓一是长，意味着投资回收期长，存货周转长；另一个是租，即只租不售，不允许变现销售。这对于开发商而言，是从销售型到持有型的变化，反差极大，需要扭转思路。

"长租公寓行业商业模式中主要的盈利点还是租金差，如果开发商盲目进入，从少的来说，每套房源可以付出不低于1万元以上的学费成本。数量大的话，付的学费会等比例提高，更无从谈盈利。"他说道。

房东东公寓研究中心全雳也向时代周报记者表达了担忧："如果是盲目一窝蜂的进入，很快就会把市场仅有的利润蚕食掉。因为做长租公寓是比较耗时间的慢功夫。"

盈利难，受出租率制约。据行业不具名人士对时代周报记者表示，想要盈利整体出租率要达到95%以上，而目前平均出租率在90%以下。

同时，开发商们还要对投资回报周期有较高的忍耐度。高斌对时代周报记者表示，正因为集团对长租公寓这一创新业务并没有在盈利时间上的苛求，才可以使得上海区域公司不用受太大的约束。

按照时代周报记者的了解，不少开发商在做长租公寓时，财务模型中现金流回正的周期一般设定在五年。但即便是最早进入这一领域的万科，目前都未有五年的发展时间。

收益并不见得高，也是需要面对的现实。万科董事会主席郁亮的表态里可以看出端倪。据他称："从回报率来说，我们能够达到1%～2%的回报率，就已经很满意了。未来长租公寓回报率6%～8%是正常（水平）的话，我们就往这个方向走。"

"开发商进入最大的亮点，就是可以通过资产证券化套现。"全雳对时代周报记者表示。

　　轻重资产并举被认为是可供开发商参考的方式。市场从业人士对时代周报记者指出，可在发展的前期进行轻重资产并举，并在未来视情况逐步增大重资产项目比例，以便于以较小的投入、较低的风险，快速回收成本。同时，在可能的范围内，通过发行类REITs出售收益权，收回资金完成退出。

　　据时代周报记者的了解，目前龙湖冠寓在获取项目资产原有的轻资产和重资产的基础上，提出中资产的概念，根据不同的城市、区域、环境、特点、物业情况，匹配不同的开发模式。在REITs方面，旭辉方面取得了中国首单民企长租公寓储架类权益型REITs的破冰。

运营难题

　　对于开发商来说，如何运营确实不容小觑。

　　出现在公开资料中。链家旗下长租公寓品牌自如CEO熊林表示，要做

长租公寓的运营对传统开发商提出了挑战

好长租公寓，第一关是产品和服务的品质关。

叶茂的研究团队在调研市场后发现几大普遍性问题：供给端，产品同质化严重，60%左右是极小户型，在这部分市场中开发商不具备溢价优势；需求端存在220万间的缺口没有得到满足。

在冯玉光看来，开发商还需要进一步思考社区的概念。"就跟长期住酒店的人一样，是体会不到归属感的。"在他看来，能在社区上做好的开发商，市场也会为增值服务买单。

他向时代周报记者指出，如果能盘活老百姓手上用于租赁的存量房，分散式公寓运营也是块大蛋糕。近期获得华平40亿元A轮融资的链家自如就是分散式公寓的典型。阿里巴巴方面则凭借其平台搭建能力和金融生态链，正在入驻多项分散式长租公寓产品。

不过，对于这些开发商来说，他们的优势更多在集中式公寓运营上，而非分散式运营。

华菁证券在研究了美国市场的情况后发现，在物业运营成本和折旧两项涉及物业本身的成本上，集中式公寓都大幅跑赢分散式。

而开发商本来就自己持有物业，更容易形成品牌效应和标准化体系，建立一定的市场口碑和租客群体。

但要做好运营，需要方方面面的考虑。按照上海万科方面对时代周报记者介绍，已经细到试图去满足租客各种生活需求。

比如，联合饿了么NOW零食架、美团大众洗衣服务、公园盒子无人健身舱、携程超级班车、EVCARD、ofo、支付宝等提供跨界外部资源。此外，公司还开发了一套IT能力与系统支持，一键缴纳房费、水电费，方便快捷。甚至部分门店可以集中办理公积金业务。

阳光城则选择和专业的长租公寓公司寓见公寓进行合作，前者负责为寓见公寓提供更多的房源，后者则负责进行标准化运营和项目管理，包括售前的咨询、预约看房、审核咨询、签约到售后的维修、保洁、换房等一站式服务。

"我们跟其他开发商的一大差别，在开发设计的时候就考虑了后期的公寓运营商的服务需求，提供了专属的服务空间，同时跟运营商有更良好的互动，争取多赢的局面。"阳光城方面对时代周报记者表示。

"运营商冲锋，开发商观望"

尽管起步时间晚，但房企并不甘心，试图用速度与规模来弥补。

比如，碧桂园3年建100万间，万科泊寓则是要在2018年达45万间，旭辉的领域要在5年里达20万间。

值得一提的是，龙湖甚至把长租公寓作为主要航道。"冠寓被定义为上海龙湖的核心业务。"上海龙湖负责人1月26日对时代周报在内的媒体透露，在2020年，集团的冠寓做到行业前三，租金收入要达到20亿元。

按照克而瑞截至2017年12月底的数据统计，在目前已经开拓的房源数量中，万科的泊寓居于首位达8万间，龙湖的冠寓、旭辉的领寓、招商的壹公寓和朗诗的朗诗寓各有1.5万间，剩下的中骏方隅、金地的荣尚荟和远洋的邦舍各有7000、6000和4000间。

不过对比来自中介方的数据，房企推出的长租公寓数量并不算多。数据显示，目前，链家自如已经有50万间，我爱我家相寓有45万间，连排在第八位的寓见也有2万间。而和长租公寓运营商相比，地产开发商已开放房源的数量也较低。领先的魔方已经有4.35万间，并列排在第七位的乐乎和未来域数量有1.5万间。

"运营商冲锋，开发商观望。"上海克而瑞执行总经理兼首席分析师叶茂认为，开发商也在等着真正风口的到来，边做边等边冲锋边掩护。

事实上，部分开发商在长租公寓领域并不冒进。

在1月31日浙江房地产协会举办的论坛上，绿城一位高管在发言时就表示，绿城只有在两个条件满足下才会去做长租公寓，一是选取的城市是人才大幅流入的核心城市且有便宜的地，二是租赁的收益能覆盖财务的费用。

即便在一线城市上海，有的开发商对长租公寓也保持着谨慎的态度。绿地控股虽然曾在2016年四季度对外表示将涉足长租公寓，但截至目前，该公司在上海并未有长租公寓项目的出现。绿地方面对时代周报记者表示，"目前在上海拿下租赁用地的以上海地产集团、张江高科等本地的国企为主。绿地内部较早已经关注到了这一领域，但在上海真正做要看条件成不成熟"。

担心冒进又错失风口，有些开发商则选择战略性合作方式进入市场。例如新城控股方面，据时代周报记者了解，近日中富旅居已经获得新城控股的战略投资。不过截至发稿，该合作并未有具体的合作金额、涉及的项目数量等确切信息。

尽管如此，一些长租公寓业内人士仍然看好开发商进军长租公寓，水滴公寓创始人冯玉光认为开发商具有五大优势：一是加速市场教育程度；二是促进产业链的加快成熟；三是推进政策的落地；四是带来人才和资金的集聚；五是带来集中式公寓供应量的提高。

他表示，正因为有了开发商的加入，行业发生了化学反应，预计在未来，行业会出现头部效应，以开发商为主的这些头部将对公寓进行产品、运营、资产、品牌等各方面的梳理，众多长尾快速崛起。

合作抱团

长租公寓行业本身前景可期。链家研究院院长杨现领发布的《租赁崛起》行业研究报告预测，在2016年、2020年和2025年，中国房产租赁市场租金规模分别约1.1万亿元、1.6万亿元、2.9万亿元，2030年预计会超过4万亿元。

这块大蛋糕产生了巨大的吸引力。而国企的加入，也让开发商们之间的较量出现了新的模式选择，拿不到租赁用地的开发商开始考虑寻求和国企的合作。碧桂园上海区域总裁高斌就有这样的想法。

多位业内人士的观点是，国企更具优势。在1月30日克而瑞举办的论坛上，上海地产战略投资部副总经理金国雄对时代周报在内的媒体总结里，就包含优质土地资源的规模效应和国企基因背景社会效应两大方面。

令民企开发商惊叹的是，像上海地产集团这样的国企也正在向租赁领域进军。

此前，上海地产集团宣布计划向17幅租赁房地块投资180亿元，届时在古北、虹桥、陆家嘴等中心城区供应约2万套租赁房，交付时间定在2020年。按照时代周报记者掌握的最新信息，上海地产集团希望成为住宅租赁领域的龙头企业，在5年内完成IPO，5年实现500亿元，8年实现2000亿元，成为万亿集团。

不仅是上海。1月29日，在国家首批住房租赁试点城市杭州，浙江省首宗租赁房项目宁巢·白石公寓开工建设。这也是杭州首个由市属国有企业打造的长租公寓品牌。

冯玉光相信国企的进入，也会在一定程度上促进行业成长。而叶茂则认为，民企不用过于担心租赁土地获取的问题。他的依据是，一是两年后上海的租赁产品会迎来高峰，2019年会开放租赁用地给开发商。二是拿不到租赁用地的开发商们可以寻求和国企的合作。"区属国企的商办用地在转性，这也是机会。"

和国企合作并非没有可能，上海地产战略投资部副总经理金国雄在当日论坛上就向外抛出橄榄枝，他希望能有其他企业能和上海地产集团合作，弥补和完善国企在长租公寓运营上的短板。

（原文刊发于《时代周报》2018年2月6日第478、479期）

争雄

> 很多人没有想到，碧桂园会登顶成为规模第一的房企，也没有想到，万科在关键时刻会陷入资本恶战。风起云涌，既定的企业战略并不是决定企业命运的唯一。万达的甩卖，融创的激进，富力的觊觎，龙湖的淡然，SOHO中国的精明……无一不是当下房企生存与发展的真实写照。

资本追逐下的万科暗涌

文／温斯婷　　张　勋（实习生）

股权事件纷扰至今，万科董事长王石和总裁郁亮继续选择沉默。

8月22日万科中期业绩发布会上，王石、郁亮并未如预期股出现在深圳大梅沙现场。"他们正忙于处理股权事件"，是万科官方对外的一致说法。

上半年逾1900亿元的销售收入，让万科几乎可以提前锁定全年3000亿元的目标。不过，对于这家国内规模第一的房企来说，相比一路飘红的业绩数据，稳定军心却是它最迫于实现的首要任务。

在业绩会现场，面对包括时代周报记者在内的数十家媒体，万科董事会秘书朱旭强调，经过董事会的讨论之后，万科下半年主要工作确定为"稳定队伍、控制风险、可持续发展"，"这是万科成立32年来第一次没有把拿地开发作为第一要务"。

值得注意的是，作为年初的重头戏，引入深铁重组预案至今仍未在股东层面达成共识，而最终正式方案的推出时间似乎更显遥遥无期。

就在年中业绩会的一周前，8月16日，王石现身万科总部与新员工面对面，在回答"怎么规划职业生涯"时，王石如是回答："我把握两点：第一，尽管做的事情不是很喜欢，但是你把它做好。我当时始终有一种愿景，就是说这不是我未来要做的，但是会为我未来做什么打下基础；第二个要讲你的初心，你真正怎么想的"。

当万科股权争夺战再次升温，各路资本竞相追逐下，这场股权之争似乎有了更多的可能性。万科及其管理层，又将如何做到不忘初心？

就在同一天下午于香港举行的另一场中期业绩会上，面对"如果有一天王石被迫出局，管理层是否想过去留的问题？"的提问，执行副总裁孙嘉坦言：

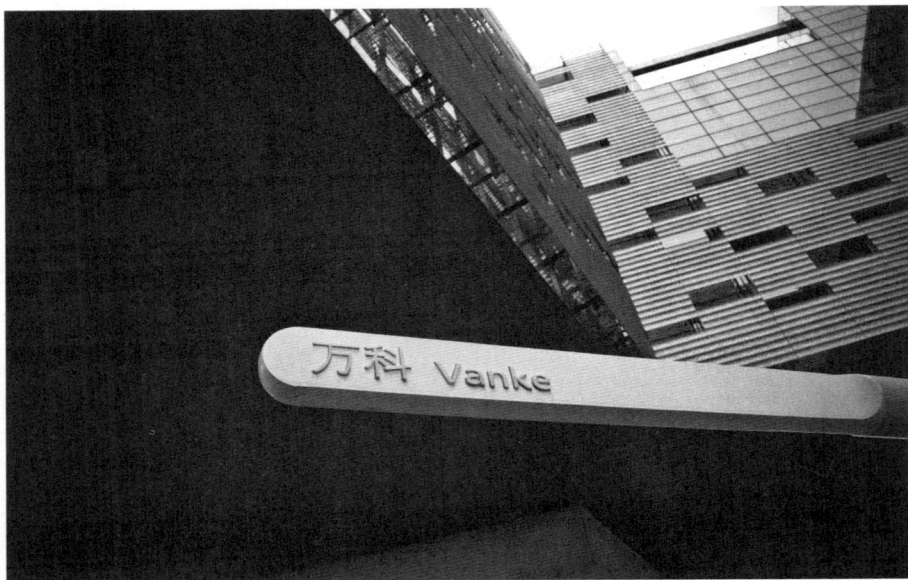

万科股权之争逐渐升温

"管理层会尽全力理性地面对一切局面，那么，如果未来有一天真的发生了管理层自己很难克服的困难，那么相信大家会理解我们所做出的选择"。

▍稳定军心

万科用"特殊的半年"来形容2016年的上半年。但在这一场"特殊"的中期业绩发布会上，自担任总裁后几乎没有缺席过公司业绩推介会的郁亮却并没有出席。

在出席的管理层中，除了董事、执行副总裁王文金经验丰富外，万科执行副总裁张旭是首次参加业绩会，而执行副总裁孙嘉和董事会秘书朱旭则为第二次参加。

谨慎，是四人在面对记者追问时的一致态度。波澜暗涌下，"一切为了万科的稳定和长远发展"在发布会现场被反复强调着。

就在两个月前，6月17日，万科发布公告透露，拟发行股份收购深圳地铁集团持有的深圳地铁前海国际发展有限公司100%的股权，其旗下两块土地资产预估值456.13亿元，股份发行价15.88元/股。这一方案下，深圳地铁未来将在万科占股20.65%，为第一大股东，宝能持股将被稀释至19.25%。

但是，上述方案遭到万科原第一大股东华润集团及其现第一大股东宝能集团的强烈反对。反对的声音一直延续至今，且相关审议进展缓慢。目前资产收购预案未最后确定，仍需通过董事会及股东大会审议后方能实施。

"虽然大家的诉求不一样，侧重点不一样，但为了万科的稳定和长期发展，希望各方走到一起，万科事件能取得妥善的处理结果。"朱旭表示。

股权事件影响的不断扩大，加速了万科的人心动荡。因此，成立32年来，万科首次罕见地将"稳定队伍"提升至了核心要务的高度。

据了解，目前猎头集中针对万科员工挖角的情况已经非常严重，而公司6月、7月份离职率也明显提高。其中便包括在今年6月份离职的万科原高级副总裁、首席人力资源官陈玮。

据万科执行副总裁、首席财务官孙嘉透露，员工对公司前景感觉到迷茫和困惑。今年上半年，万科总部离职率已经达到去年全年的水平。而离职率暴增的同时，公司在招募优秀人才方面的难度也在增加，"经营团队的稳定取决于股权大战的结果"。

亮眼的成绩单或许是股权事件的阴霾中透着的那一点光。

2016年上半年，万科销售面积和销售金额双双实现强势增长。其中，销售面积达1409万平方米，同比增长55.8%，销售金额为1900.8亿元，同比增长69.9%。该销售成绩已经达到郁亮年初透露的全年3000亿元目标的2/3。

上半年万科实现营业收入748.0亿元，同比增长48.8%；实现归属于上市公司股东的净利润53.5亿元，同比增长10.4%。

在公司负债率方面，截至6月底，万科净负债率（有息负债减去货币资金，除以净资产）为14.18%，这个数字在今年一季度末为25.45%。在负债率高企的地产业，万科几乎是最稳健的房地产企业。

而面对恒大近期销售态势的火爆，在回答记者关于恒大是否会在规模方面超越万科时，万科执行副总裁王文金的回答相当微妙："我们不跟别人争第一，即使有股权事件，但我们还是定位在行业的领跑者"。

万科到底值多少钱

谁将是万科第一大股东，是本次发布会的另一个关注焦点。

恒大的突然介入，让本处于混战状态的股权之争更加扑朔迷离。

资本围猎的加速始于8月4日恒大的大举买入。当日恒大发布公告称，持股万科4.68%，总投入91.1亿元，投入金额接近当时恒大市值的15%。8月8日晚，恒大持股达5%，成功举牌万科。8月15日恒大再度发布公告，持股万科已达6.82%，其持股比已经超过安邦，成为万科第三大股东，仅次于宝能系及华润。

公开数据显示，截至目前，万科A股股东持股中，宝能系持股达25.4%；华润集团持股15.29%；安邦持股6.18%，于万科复牌后有少量增持；万科事业合伙人持股（盈安合伙基金）4.43%，金鹏、德赢1号两个资管计划共持股6.2%；恒大持股6.82%。此外，中证金持股2.99%，至于万科H股（02202.HK）占流通股的11.9%。

针对恒大近期购入万科股权6.82%事宜，朱旭表示，万科股票是二级市场公开交易品种，买卖股票是股东权益，而恒大没有透露进一步增持和减持的意图。

图／邝阳升　摄
谁将是万科第一大股东

此前，万科曾向证监会举报宝能系资管计划违法违规，其中提到宝能系九个资管计划的平仓股价约在12.25～17.65元之间，而自从7月初万科复牌之后股价连续下跌，股价一度在17元徘徊，宝能系旗下资管计划面临着巨大的爆仓风险。在此次恒大高调增持后万科A股大涨，宝能系不光缓解了集中爆仓的压力，并实现300多亿元的浮盈。

恒大自身则因增持万科引发的"恒大概念股"集体飙升。短短3个月，恒大在万科A、嘉凯城、廊坊发展上的浮盈已经超过130亿元，而恒大去年一年房地产净利润才105亿元。

相关数据显示，自8月4日中国恒大宣布收购股权后，万科A股股价持续大涨，期间出现4个涨停板，包括史无前例的连续三个涨停，8月份以来累计涨幅超过50%。在A股带动下，万科企业8月份以来累计涨幅超过15%。

截至8月22日，万科A总市值高达2726.67亿元，而招商蛇口、绿地控股市值均在1270亿元左右，保利地产市值1176亿元。而在宝能系举牌之前，万科市值仅在500亿～1500亿元之间。

另一方面，在万科市值估值被资本强行撬起的同时，万科在地产销售额上却出现大幅下滑，7月份仅实现销售金额274.4亿元，销售面积207.7万平方米，分别环比6月下降35.3%和36.4%。这与6月末宝能系提请召开临时股东大会罢免现任万科董事会全体成员不无关系。

作为万科的创始人，王石早在2015年7月就与宝能姚振华交恶，并在12月高调宣战。近来公开资料表明，宝能系企业近来发债融资额高达300亿元用来增持万科股份，即使达成目标的一半，也足以在深圳地铁进入后让宝能稳坐第一股东的位置。而华润在事件中的态度却一直不明朗。

而无论谁在这次股权之争中胜出，万科管理层都可能面临重新洗牌。一旦对万科管理层和万科目前现有的管理架构进行置换，万科将不再是万科，万科本身的价值也将被剥离。

此前万科管理层流出消息，"其实即使能跟华润宝能达成妥协方案，万科管理层的话语权也肯定要比现在下降，跟股东的沟通成本一定会增加，也一定会影响到企业的经营效率，与其这样，不如就此创业更加干脆利索。"万科管理层对此的基本态度是管理层要走就是全体离开。

此前在新华社记者对王石和姚振华采访中，双方分别表示希望避免鱼死网破，找到一种折中的办法实现共赢。然而在资本的重重围剿下，留给万科管理层团队斡旋的时间并不太多。

（原文刊发于《时代周报》2016年8月23日第402期）

万达、融创、富力的48小时

文/刘 娟

一幕商业片演成了悬疑剧，好芒第一季已经落幕。

轻资产化的万达集团，以并购曲线拿地的融创中国，6折接盘重资产万达酒店的富力地产间的637.5亿元重磅交易，在7月19日下午到达了戏剧张力巅峰。

生意场里并非都是零和游戏。今年4月底，万达内部高层会议上，为万达城找买家的议题抛出。这些文旅项目扩张后带来的负债压力，正在影响万达商业回A节奏。今年7月中，王健林找到了买家孙宏斌，一道搭售了万达酒店。一番波折后，李思廉主动入局。

觥筹交错之前，王健林、孙宏斌、李思廉、张力笑容满面站到了一起。这是王健林口中的"三赢"生意：万达一年内收回巨额资金，轻松完成了轻资产转型；融创吃下5000万平方米土储，交易对价减少200亿元，舆论对其负债率、现金流的担心，至少可放下一半；富力得到了它想要的，低价、庞大的酒店群落。

万达要打造百年企业，王健林提出最核心点，是追求长期稳定的现金流。"不管企业销售额多大、企业资产多少，核心的问题是能不能看得见10年、20年、30年以后的现金流在哪里？"

地产曾是万达过去所倚重的，支撑了万达这头资本巨鳄多年的高增长。而如今转型的解决方案，就是把地产项目打包易主。203个万达广场是王健林留下的核心资产。

❝ 融创：150亿元已到万达账上

操着一口山西普通话，第一个上台的孙宏斌紧张又腼腆，规规矩矩念完了他的发言稿。

这不是孙宏斌的一贯风格。镁光灯下，孙宏斌习惯即兴发挥，他很多次都独自撑起整场的答记者问，辛辣苛刻提问来者不拒，全程无尿点。

这一次不同，7月19日北京大望路万达索菲特酒店7层发布会里的把酒言欢，依的是王健林的主场习惯。

在年长十岁的王健林面前，孙宏斌谦逊且低调。他花了大篇幅来感谢王健林的信任，"万达选择融创作为合作伙伴，是对融创团队的认可，是对融创高端项目操盘能力的认可，是对融创判断力、重信用的认可"。

半个月前，万达先向融创抛出了"绣球"，是王健林主动寻找到孙宏斌。孙宏斌并没有犹豫多久，看了三天万达的账本后，就决定努努力吃下这笔632亿元大单。

融创仍然较为激进

"我们一做完这个（13个万达城），公司规模就大了一倍。你说这事儿我该不该干？这事儿我打破脑袋也得弄啊。"发布会前一天，孙宏斌在大董烤鸭店解决完午饭，临时起意找来十多路记者，宣示他的坚定。

折戟顺驰之后，孙宏斌和融创鲜少再提冲击行业排名，但嘴巴不说不代表心里不想。王健林点破甚至利用了孙宏斌的心思，"拿到万达城，两年内，融创可以闯进房企前两强"。

万达城里的大量优质土储，会是孙宏斌团队打未来战役的弹药。这13个万达城位列广州、重庆、成都、青岛、无锡等一、二线省会和重点城市，总建面约5897万平方米，其中自持面积约924万平方米，可售面积约为4973万平方米，可售占比高达84%，每平方米楼面价不足融创公开市场拿地价格的1/3。

按第一上海证券的估算，经万达一役，融创的土储跃升至行业前三，仅次于恒大和碧桂园。截至2016年底，融创拥有土地量7912万平方米，同期国内土地储备前三强分别为恒大2.2亿平方米、碧桂园1.6亿平方米和绿地1.3亿平方米。

过去多年的万科一家独大的房企格局，在去年变成了万科、恒大、碧桂园三强争霸。融创现在有了争跑道的机会，其内部人士张峰（化名）透露："今年消化部分万达城资产，就可能冲击房企第一集团"。

孙宏斌做买卖喜欢"算大账"，跟万达城搭售的万达酒店资产他一并要了，并主动说起，"融创上半年卖了1100多亿元，账上躺着900多亿元现金，我们的股东没有一个人担心我们付不了钱，最担心的是这事儿做不成"。

孙宏斌站到了机会区，也踏在了风险点，他低估了外界对融创的债务担忧。各家银行在融创宣布收购万达系列资产之后，全面排查融创资金风险。标普、惠誉、穆迪这三家国际评级机构，均下调融创的债券评级，以表达对其债务之担忧。

许久未发微博的孙宏斌，再度通过这个平台对外喊话，不要过度担心融创，"一是因现金流失败过，知道现金流的重要性，把公司安全放在首位；二是知进退，在放弃上没有人比融创更决绝，比如去年10月份起不在公开市场买地，比如放弃绿城、佳兆业、雨润；三是有战略更有执行，我和团队一直在一线，听得见炮声，敢拼刺刀"。

但在金融机构介入排查的一周内，孙宏斌还是做了许多动作，他多次面会王健林。两人决定重置原来632亿元的框架协议，引入第三方合作伙伴。这才有了后来富力入局的机会。

"酒店资产包并不在融创的兴趣范围内，迟早是要剥离的，"内部人士张峰称，只是没想到这么快找到买主。

最新协议显示，融创438.44亿元收购13家万达城，富力199.06亿元接盘万达77间酒店。酒店资产包打折的差价部分，被加到了万达城里，还有所提价。

"这个溢价，是可以接受的，也是三方满意的价格，"孙宏斌称，

"新交易方案比原来的有更好的流动性，降低了融创的负债水平。变动之后，融创和万达也不发生借贷关系'。

按照438.44亿元交易对价和454亿元总负债，孙宏斌拿到万达城4973万平方米可售面积的平均成本也只有约1700元/平方米。孙宏斌透露，预计到最终交割时，13个万达城账面上还会有超过200亿元现金。

这笔生意划算吗？

真金白银迅速到账，体现孙宏斌对这笔交易的诚意。7月19日下午那场世纪牵手发布会之前，融创已将首笔款项150亿元支付给了万达商业。

时代周报记者了解到，万达第一批交接给融创的项目有四个，包括西双版纳万达城、南昌万达城、无锡万达城和哈尔滨万达城。目前，双方团队正在进行上述项目的股权交割，和财务账簿、印章印鉴等资料的交接程序。

富力：买了只"下蛋母鸡"

签约结束后，三家企业的四位老板在贵宾厅合了影。

站在王健林旁边的张力和李思廉，嘴角难藏笑意。半路找来谈判的富力，使得这场从631亿元升至637.5亿元的重磅交易，平添了不少戏剧性。

据时代周报记者了解，7月15日那个周末，富力主动联系了万达，表达了收购酒店的意愿。他们从谈判到签约的过程很短，总共历时不超过一周。

富力地产董秘胡杰在7月20日的招商证券电话会议上有过介绍："收购不是长时间谈判，是一个短时间偶然机会，没有预判性，没有在原来考虑的计划内。"

但这场必须要签的协议中，最难估的因素也正来自富力，不确定性自始至终都席卷整个三方交易。

坊间传闻此起彼伏，有几种版本，签约前一天，富力甚至不想加入谈判；签约当天，富力坐地起价，当场要求五折签约；富力要求修改交易条款。

事实上，直到19日签约当天，交易三方仍在敲定合同细节。签约当日上午，三方的执行团队依然紧锣密鼓在谈判，一直谈到原定下午四点签约仪式启动时仍未有结论。

签约仪式最后推迟了一个半小时才进行。索菲特酒店VIP室里的博弈细节至今仍少有人知，摔杯事件成谜。除了孙宏斌神色匆匆进出过两回，其他人不曾出来过。

在这间VIP室和另一间会议室来回穿梭的，是包括富力北京大区总经理张辉，万达集团高级副总裁、法律事务部总经理王宇男和融创等在内的三家公司签约代表，表情凝重、脚步匆忙。

发布会现场背景板上的富力二字，出现、消失、再出现，就是典型的临时变阵。在李思廉演讲过后才压轴登台的王健林说："摔玻璃杯争吵是谣言，他们都在等打印签字。"

富力的收购在很短时间便完成

重新打印合同是事实。据时代周报记者了解，大佬们博弈过程中，确实有提议回归到最初的交易框架，即仍由孙宏斌一并吃下13个万达城和76家酒店。所以才会有第一次更换背景板的发生。

胡杰在招商证券电话会议上还透露："谈判过程里大的东西之前已经谈完了，富力只接受6折。但收购成本确实有变化，到签约前最后一刻才定下来。"

但最后，三方的祝酒高脚杯碰在了一起。76家酒店最终谈到了77家，富力199.06亿元的收购价仅为酒店账面净值6折，低于酒店成本。王健林说，以这种价格批量出售酒店，100年只有一次。

胡杰则称："收购对价不足200亿元，以一年50亿元现金流说，酒店正常经营4年就可以回收对价；和富力其他项目现金流回正率相差无几（3年多）。通俗地说，富力买了只可以下蛋的母鸡。"

富力近年已难追上第一梯队，今日之举被解读为通过酒店打差异化旗帜。收购完成后，富力将持有超过100家酒店，成为全球最大的五星级酒店业主，并有计划在将来对酒店业务做分拆上市的动作。

电话会议内容被媒体披露后，很快，胡杰发表严正声明一则，称本人从未就上述收购事宜接受过任何媒体的采访，亦未公开发布与上述交易过程相关的言论。未经证实的原因是，富力得了便宜还卖乖的表态，让万达上下颇为不满。

❝ 万达：将主要投资放在国内

王健林认为，从企业战略、商业逻辑上看，三方都是赢家。

万达的逻辑很简单：大量减少负债，收回巨额现金。富力入局后，两笔交易同步进行，万达无须再向融创放贷。不出意外，一年之内，万达就将收到637.5亿元款项，而原计划这笔钱要三年内才能全部收回。

时代周报记者拿到的大连万达商业地产股份有限公司2017年度第三期中期票据募集说明书（下称"募集书"）里，披露了万达商业香港退市后的财务数据。2014-2016年，万达商业合并资产负债率分别为72.51%、70.93%、70.26%。截至今年一季度，这一数值维持在70.61%。

截至2016年末，万达商业有息负债规模（包括短期借款、长期借款、一年内到期的长期借款和应付债券）为2244.56亿元，其中银行借款1126.79亿元（开发贷340.66亿元，经营贷786.13亿元），发行债券817.41亿元。

众口铄金之下，王健林在发布会上披露了万达商业的负债情况。

"本次转让后，万达商业的贷款加债券总计接近2000亿元。万达商业的账面现金1000亿元（不含13个文旅项目账面现金300亿元），加上本次转让收回现金680亿元（含回收往来款），现金共计约1700亿元，"王健林称，万达商业决定清偿大部分银行贷款。

此外，万达商业还有1300亿元销售物业存货，全部卖掉也可以收回几百亿元。到年底，万达商业持有3300万平方米商业物业，2018年租金超过

王健林表示，未来把投资放到国内

330亿元。今后5年，预计万达商业租金年均增长20%左右。

"从表面看，万达是变卖资产降负债，实际上万达只是卖了该卖的，留下了该留的，"王健林称，万达转让的文旅项目是地产中回收周期最长，对现金流压力最大的；万达转让的酒店项目是投资回报率较低的，"目前中国，能靠商业中心和文化旅游品牌管理实现规模利润恐怕只有万达"。

203个万达广场是王健林留下的核心资产。今年上半年，万达广场以轻资产方式拓展了26个，新开业的万达广场有9个，占比达3/4。王健林预计，今后每年以轻资产模式拓展万达广场在40～50个。

从投资类万达广场到合作类万达广场，这两年，万达商业的轻资产路线正在衍变。

"别人拿钱下订单，我们负责找地、建设、招商和运营，这种就叫投资类万达广场。"去年，王健林与富力地产联席董事长兼总裁张力握手言欢签下的500亿元投资大单就是这种模式。同样，中信信托、民生信托也是金主，交给了万达商业650亿元大单。

王健林团队的任务是，从2017—2019年，每年要开业交付30个投资类万达广场给投资方，净租金双方分成。

他们慢慢发现了另一条路径，对方出地又出钱，万达只需负责设计、招商、运营等，净租金7∶3分戍。这种合作类万达广场，王健林称之为万达轻资产模式的最高级形式，"连资本化环节都省掉了，还解决了集体用地问题"。

同时，万达城的品牌也已确立，可以品牌输出。未来20年，孙宏斌要付给王健林130亿元万达城品牌许可使用费。

现在，王健林对万达商业的考核发生了变化，既不追求收入规模的扩大，也不追求净利润的高速增长。他的目光盯着"净利润结构"这个关键词，并给万达商业定了一个"小目标"：2017年起，租金年均保持25%增速，在万达商业净利润占比中每年提升5%。

未来，国内的发展会是万达的重头戏。签约后的第二天，王健林对外表态，"积极响应国家号召，我们决定把主要投资放在国内"。

（原文刊发于《时代周报》2017年7月25日第450期）

碧桂园登顶之路

文／胡天祥

从"谷底"到"登顶"，碧桂园用了十年时间。

2008年初，房地产业寒冬已显端倪。当时，万科的王石与SOHO中国的潘石屹等先后在不同场合表明"悲观态度"。

但碧桂园董事局主席杨国强却"不以为然"。是年8月业绩会上，他坚称无意调低公司销售目标，并相信有能力达到320亿元（2007年销售额为177亿元）。8月8日下午，碧桂园还提前一小时下班，以方便员工观看奥运会开幕式。

一切都显得波澜不惊。

但到了2008年9月份，碧桂园内部气氛开始发生微妙转折。那时，有关碧桂园各地工程大面积停工缓建的消息开始接连见诸媒体，亦有员工在论坛上吐槽"被降薪""被离职"。截至2008年底，在"资金链紧张"与"销售困难（布局多为三、四线城市）"双重裹挟下，碧桂园全年仅实现合同销售175亿元，远低于最初设定的320亿元目标。杨氏家族所带领的碧桂园，最终没能成

2017年，碧桂园终于超越万科、恒大"登顶"

为那场"熊市中的赢家"。

危机过后，"痛定思痛"的杨国强决心对公司陈旧的总部集权式、家族化经营"开刀"。他在2009年2月决定逐步下放权力给区域，并从2010年开始加大对外部职业经理人的引入力度"去家族化"。6年间，超过1400名职业经理人陆续空降碧桂园。而在内部人才培养上，杨国强在2013年启动的"未来领袖"招聘计划，已在全球吸纳超过1000名博士（截至2017年底）。

为了加速业绩增长，碧桂园还分别在2012年、2014年推出成就共享与同心共享两项激励制度。杨国强把"成就共享"视作自己的"独创"，并称这是超越对手的有力武器……各项举措背后，杨国强一直希望碧桂园能够"东山再起"。

2018年1月5日，碧桂园发布公告显示，公司2017年共实现合约销售约5508亿元，首次超越万科、恒大，成功"登顶"。

❝ 超越对手的武器

2012年末，杨国强做了一个决定：当公司每个项目实现净利润之后，扣除占用股东资金利息，拿出其中20%分享给经营管理团队。

这个名为"成就共享"的内部激励制度，是杨国强的"独创"。"自己的收入自己说了算"，"碧桂园未来的区域总、项目总的年薪应该在千万元、百万元级别以上，否则就不是一个称职的区域总、项目总"，杨国强在公司内部常说，这是最好的激励办法，也是超越对手的有力武器。

当"成就共享"的弊端逐步显现，如何构建新的长效激励机制"取而代之"，开始在吴建斌心中酝酿。

2014年8月的一天，他带着两位助手，向杨国强陈述了自己的想法：今后新买土地的区域总裁一定要交风险金，至少1000万元。只有这样做，买地的随意性、冲动性及为了"成就共享"而"成就共享"的做法才能收敛。吴建斌后来回忆，当时"老板"并未同意自己的建议。"谁能给公司创造巨大收益，我就按承诺的比例分成。"杨国强告诉他，干得不好的，就拿不到"成就共享"，严重点，公司会做更加严厉的处理。

即便嘴上反对，但吴建斌的建议仍对杨国强有几分触动。一个月后，吴接到通知，让他起草一个合作共赢的规则。

2014年10月初，"同心共享"制度在碧桂园内部正式推出。和主要针对管理层的"成就共享"不同，"同心共享"采用项目跟投的合伙人模式，管理层强制投资，碧桂园的普通员工也能参与跟投。吴建斌说，这是对"成就共享"的修缮，也让关键员工和公司之间，不仅是老板和伙计的关系，同时也是大老板和小老板的关系。这一内部变革，被碧桂园称之为"十月革命"。

时代周报记者拿到的一份"同心共享"实施办法显示，从2014年10月开始，碧桂园所有新获取的项目，总部、区域、项目层面的高级管理人员需认购不超过15%的公司股权。具体到管理层的话，跟投金额会随着职位高低设定上限和下限。其他员工可在不超过投资上限的前提下自愿参与项目跟投。

具体到执行层面，如区域获取新项目后，区域会针对新项目情况，在项目内进行路演，向员工募集资金。当"项目去化率达到80%+经营性净现金流为正+预估经营性现金流持续为正"即可进行首次预分红。一旦员工离职，若"项目"公司预测有盈利，则可退还"本金+8%年化收益率"的收益。此外，针对自有资金不足的强制跟投人员，公司还提供低息借款计划。

也是从2016年起，在房地产市场持续上扬与双享机制（成就共享和同心共享）共同作用下，碧桂园合约销售从1401亿元（2015年）跃升至3088亿元（2016年），同比增长120%。2017年，碧桂园共实现合约销售约5508亿元，同比增长78.34%。

加速周转

在助推业绩快速增长的同时，"同心共享"也让碧桂园的年化自有资金收益率从30%（实施之前）升至78%左右（实施之后），开盘时间从6.7个月缩短至6.2个月。现金流回正周期从10～12个月缩短至8.4个月（上述数据均来自碧桂园2016年财报）。

这正是杨国强乐意看到的，他一直强调，高周转就是化解企业运营风险的关键。所以从成立之初，碧桂园便一直在资产高周转与成本控制上"下功夫"。

在前期，由于项目多布局在郊区和三、四线城市，这使得碧桂园能够获取大面积廉价土地。此外，碧桂园还积极进入土地一级开发，包括建设市政道路、水厂等。通过参与土地前期开发与规划，降低土地价格。

在业务端，碧桂园涉及行业上游的建材、设计、施工，行业下游的装修、家具家电和物业管理等环节，这种全产业链布局将市场交易内部化，从而让碧桂园能够攫取价值链上每一环的利润，并借此实现低成本和快速度开发。

在营销端，从"全民营销"（只要经手或推荐卖出了碧桂园的房子均能获得高提成）到"三鹰计划"（高管组织策略组"金鹰"，优秀基层销售"雄鹰"，及从当地招聘的销售冠军"猎鹰"），碧桂园组织有序的"人海战术"及高佣金激励，也直接加速了项目的销售。截至2017年底，其全民营销线上平台——凤凰通，注册经纪人数量已超850万。2015年4月，碧桂园在引入中国平安成为其第二大股东后，132.5万平安寿险代理人（2017年上半年数据）也同时成为了碧桂园的销售顾问。

所以即便碧桂园毛利率偏低，但其周转率却处于行业较高水平。2016年，碧桂园存货周转率（次）、总资产周转率（次）分别为0.67、0.32，同年，万科分别为0.41、0.33，恒大分别为0.29、0.20。

时代周报记者还从碧桂园内部获悉：在项目进度管理方面，原则上所有三、四、五线城市新获取项目均需按照"456"要求执行，即4个月开盘、5.5个月资金回正、6个月资金再周转；一、二线城市新获取项目均需按"678"要求执行，即6个月开盘、7个月资金回正、8个月资金再周转。

此外，为了实现项目摘牌即开工，碧桂园还在内部实行项目总和综合院长连坐机制，如果达到目标均有奖励，反之都受处罚。莫斌还在内部要求集团大运营和新体系小组一起落实SSGF（工业化建造体系）强制试点工作，实现项目当年开工、当年交楼，快速占领市场最高点。根据规定，截至2018年6月底，所有区域必须强制试点。

在上述发展模式下，中央集权式的管理便成为必然选择，它能最大程度保证模式效率。但随着企业规模不断壮大，这类模式的弊端也开始逐步显现。碧桂园吃过这样的亏。

从总部集权到四级管控

自成立到2007年之前，碧桂园一直是总部高度集权的管控模式，基本所有项目由总部直管。但等到2008年碧桂园加速全国布局后，随着项目数量增多，总部集权式的管理半径开始难以覆盖，随之涌现的便是效率下降、质量等诸多问题。在金融危机和房市寒冬的裹挟下，是年，碧桂园销售与利润均不达预期。

于是在2009年2月，碧桂园召开"项目管理改革启动会议"决定放权：总部仅管理区域，而不再是直接管辖项目。2010年，杨国强还从中建五局"挖来"莫斌，开始了一场更大规模的管理变革。莫斌在履职总裁后，先是在内部推出了"创优100计划"，改善工程质量。此前，碧桂园各地项目频发质量问题。

此后，莫斌又在内部正式提出三级管控模式：即总部是重大决策的平台；区域作为管理中心，负责所辖所有项目资源的配置协调与整合；而项目则是完成任务的中心。在此期间，为了检验管理改革的成效，杨国强还亲自担任江门一个项目总经理，莫斌担任惠州一个项目总经理。

但彼时的碧桂园，仍未平衡好总部与区域间的权责关系。总部认为区域承责能力不足，选择性放权。区域觉得总部对其"束缚"太多。三级管控阶段下的碧桂园，关于"集权"和"放权"两种声音一直在博弈。

为此，碧桂园以业绩作为主要衡量标准，将区域划分为特级区域、一级区域及非一级区域。区域级别越高，其权限也越多。其中特级区域（目前仅有莞深区域）是集团唯一一个不设拿地成本限制的区域；一级区域则可获得集团"9+X"授权，最主要是在拿地方面拥有极大自主权，可直接交由土地决策委员会（碧桂园土地投资事物的最终决策机构）审理通过。2012年5月，广清成为碧桂园首个一级区域。碧桂园相关人士告诉时代周报记者，碧桂园60余个区域中，一级区域数量已超过20个。

　　2017年初，随着区域规模不断壮大，管理半径难以覆盖的问题再次浮现。于是，碧桂园又在"区域"与"项目"两个层级之间增设"城市公司"，各大区域开始权力下放，把项目交由城市公司直接管辖。

　　碧桂园执行董事兼广清区域总裁宋军在一次内部会议上说，接下来区域的管理模式会类似集团，区域总部只作制度标准、管理考核、帮扶城市公司/项目方面的工作。具体的业务由城市公司落实执行，城市公司也相应对城市公司内各项目的管理指标负责。

　　至此，碧桂园管控模式将由"总部—区域—项目"三级管控转变为"总部—区域—城市—项目"四级管控。

　　"大型房企区域布局更广，管理半径更大，实行四级管控将有效减少因区域差异和过度标准化带来的产品不适，降低管理效率损耗等。"新城控股高级副总裁欧阳捷告诉时代周报记者，四级管控还有利于提供更多更大舞台、降低人才门槛、发掘培养人才。

加大人才培养与引入

　　实际早在2010年，杨国强便开始加大对人才的培养与引入，以匹配公司规模化发展带来的人才饥渴。杨国强经常在内部强调，阻碍碧桂园发展的除了思想，就是人才。

　　而在欧阳捷看来，企业有了人才就可以找钱，有了钱就能拿地，拿了地就能盖房子，可以销售，回笼资金和周转，所以人才也是其中的关键。

　　据媒体报道，从2010年到2016年六年间，碧桂园从外部引入的职业经理人数量已达1400多名，其中来自"中国建筑"和"中国海外"的有上百名。同是2010年，"涅槃""领翔"等一系列碧桂园内部人才培养计划亦应运而成。其中"涅槃"计划培养对象为各大区域总裁、副总裁、总裁助理、集团业务及职能中心总经理，"领翔"计划培养对象为项目总经理。

2013年，一项由杨国强亲自拍板决定的人才计划在内部启动。"博士录取率21：1，杨国强等集团高管亲自指导"，这项名为"未来领袖"的招聘计划，截至2017年12月底，已在全球吸纳超过1000名博士。

时代周报记者获悉，"未来领袖"表现优良的两年半之内晋升项目总经理，3～5年内争取培养成为区域总裁，拔尖者甚至会被选去杨国强身边当秘书。培养期间，集团所有会议几乎都对"未来领袖"开放，以保证"未来领袖"们及时了解企业战略和业务发展。

截至2017年12月14日，有超过315名"未来领袖"已经成长为区域总裁、区域副总裁、区域总裁助理、项目总经理等企业核心管理人员。

除上述中高层人才培养计划外，碧桂园还相继启动"展翼""新羽""碧业生"计划，其培养目标为专业骨干与业务经理。其中展翼计划针对中层管理人员，新羽计划针对后备管理人员。

时代周报记者还从碧桂园集团高管会上获悉，接下来集团将支持区域总裁、执行总裁在总部挖人才，同时（职能）中心总要送人才。除此之外，碧桂园还启动了专项的针对大型建筑施工企业的人才挖猎，以满足执行总裁与执行副总裁1+1的招募任务。而针对关键人才队伍的人才招募工作，一位高管则提出要全年不停歇，持续挖猎汇报。而莫斌则在集团高管会上作报告称，人才任用首先是内部自己培养、裂变，最后才是外部聘用。

（原文刊发于《时代周报》2018年2月20日第480、481期）

龙湖地产掌门人吴亚军的理想国

文／刘　娟

"五年内的事他都看看，五年后的事我去想想。"一个多月前，龙湖地产（00960.hk，以下简称"龙湖"）董事长吴亚军当着一众投资者的面，与CEO邵明晓分了工。

几天后，吴亚军去参观了小米公司，雷军向她和刘永好、李东生等32位中国企业家俱乐部理事分享了小米模式和创新发展经验。创新，也恰是吴亚军正在寻找的龙湖新增长点方向之一。

一次痛苦的买房经历，改变了重庆人吴亚军的人生轨迹。她的身份，从女记者跳到了女老板。

巾帼竞风流。20多年里，在房地产江湖的男人帮中，吴亚军将龙湖从西南一隅的小房企带到了全国地产舞台中央。

吴亚军一贯低调，"不签名、不上镜、不接受采访"的三不原则，让人很难直接了解这位女掌门。但透过龙湖战略、市场和外围层面的种种解析，一个新生代中国女企业家的多维形象还是不难勾勒。

在内房股私有化喧嚣中，吴亚军的关注点却放在了龙湖长跑中规模与质量，高周转与持有的平衡上。

这道时间函数题怎么解？企业和人一样，没有理想会死，有理想却没有能力，会死得更快、更难看。这个问题，吴亚军也很害怕。在房地产这个光鲜而凶险的行业，她想聚合更多的人在没有路的地方走出路来，少走弯路、夹脚路。

❝ "吃到周期红利"

"不用去争名次，你进步的原因不是你跑得快，而是别人掉下来了。"五年之后，速度与规模这个游戏，吴亚军给出了同样的回答。

在习惯以规模论英雄的房地产行业，在楼市最疯狂的2011年，吴亚军做出了一个艰难抉择——冷静下来，刹车，并作出"扩纵深，近城区，控规模，持商业"的战略选择。

在这之前，龙湖是西南一隅跑向全国的最快黑马。用最擅长的低密度住宅撕开了全国市场，从10亿元到100亿元规模突破，龙湖用了5年时间，节点在2007年。在2009年登上香港资本列车后，龙湖开始新一轮的高速增长，并经历了2009—2011年间183亿元到383亿元的销售翻番增长，跻身全国十强房企。

龙湖名头虽闯出来了，但许多方面仍有软肋。吴亚军直言不讳，"对自己诚实很重要，我们最早认识到问题，最早向市场低头"。

在日后的《坚定战略，假以时日》5000多字长文中，吴亚军有过解释，2011年，一些城市销售明显放缓，这让她开始正视龙湖内部存在的隐患。

团队更迭带来的组织损耗是其一。2011年，龙湖将三位优秀地区总经理任命为公司CEO、COO、CBO。同一年，龙湖营销大将蔡雪梅、陈凯等分别接到了世茂、复星等抛出的橄榄枝，一批人随之

吴亚军的关注点放到了龙湖的远期发展

而去。

吴亚军面对的是一个需要磨合的新团队，大部分地区总经理基本都是新任职，许多公司PMO（项目管理部）团队也是新人多，或多或少的效率损失、决策损失和组织损失在所难免。

当年与绿城掌门人宋卫平的一番交流，吴亚军也得到了启发，必须加大、优化城市布局。过度布局某一板块，销售风险就会演化为公司风险，这是其二。绿城正是因为重仓长三角，在政策遇冷之后资金链承压走向悬崖。

当楼市大势逆转，热火时的"香饽饽"产品会瞬间变成难消化的"硬窝头"，此为其三，郊区高层、郊区低密、近城区刚需等住宅产品重新划分比例，商业产品如何布局，这也摆在了吴亚军的案头。

发展商业地产，是以失去住宅市场占有率为代价的，要把持有商业物业做实，这意味着龙湖会把大量资金和土地沉淀在商业地产中，周转和扩张节奏也会被打乱。

"就好比饿着肚子赶路，头上有飞机炸弹，后面有追兵。"吴亚军并不相信奇迹，她依据对大势的把握重新部署龙湖的未来之路，她要的是对上、下行楼市周期的预见与应对，是有质量的增长，而不是简单给资本市场送上一条漂亮曲线。

宋卫平不吝啬把溢美之词送给吴亚军，称她既有女人的细腻，又有男人的气魄。

接下来的三年，龙湖年销售规模在400亿～500亿元之间徘徊。政策放宽带来的2015年楼市回暖期，龙湖完成销售545.4亿元。今年，龙湖销售目标设定在620亿元，并在刚刚过去的上半年完成了任务的62%，即385.9亿元。

龙湖正站在房企第二梯队，会不会滑向第三梯队？吴亚军心里清楚外界的种种担忧。她曾经去向香港、日本的大公司取经，老板们送给她的告诫都是："只要持续活着，公司就会做大"。

吴亚军也因此笃信，成为一个穿越周期的公司，龙湖最终就会做大。

在前不久的2016年龙湖境内投资者沟通会上，吴亚军详细解读了龙湖如何做"时间的函数"，她提到了龙湖的周期"三段论"：

早期是扛周期，比如2008年，当时不知道周期多长，只能做最坏准备硬抗，只能做到龙湖存留下来；第二阶段是顺周期，比如2011年抢收华东，抢在行业前头，因为是主动做的，比第一阶段更从容；现在第三个阶段，不敢说逆周期，但可适时利用周期，跟周期共舞，吃到周期红利。

站在所有人面前的吴亚军，全程带笑，说龙湖来到了一个很舒服的规模状态，"体量也够大，但没有大到难以掉头，转型也有资源和余地"。

❝ "给龙湖打80分"

邵明晓给龙湖过去几年的周期表现，打了80分，"周期把握做到100分不可能，做到90分那也是神仙，如果不及格公司就没了"。

邵明晓是龙湖现任CEO，运营工作由他统管。吴亚军做事果断，但选择谁接棒自己的CEO职务，还是困扰了她许久。尤其是在2009年龙湖上市后，淡化创始人和家族化色彩被加速提上日程。

时任龙湖首席人力资源官（CHO）房晟陶给她出了个主意，师从韦尔奇，即票选接班人。20世纪90年代，管理学界大师杰克·韦尔奇用高管层集体投票的方式，选出了GE的接班人。房晟陶引用杰克·韦尔奇的话告诉吴亚军，"一个人两个人会看错，但不会所有人都看错"。吴亚军当即应允。

2011年，在龙湖战略大变革的同一年，比吴亚军小两岁的山东男人——原龙湖北京公司总经理邵明晓登台，接任CEO。

邵明晓心里有一把度量尺，把握市场周期，永远不要只看短期，至少要看三年。当时，很多人笑话他是疯了的举措，时间最后为他作了证明。

在2016年龙湖境内投资者沟通会上，邵明晓举了几个例子，3年前，龙湖就开始管理外汇敞口，去年优势开始体现，汇兑损失相对行业较小；

3年前，存货还没有成为行业难题的时候，龙湖就提出"存货即癌症"，开始设计供销存管理体系。

去库存被龙湖内部当"军令"执行，他们和工厂一样，通过一套IT体系，进行指标化存货、供货、去化管理。2013—2015年年报数据显示，龙湖的存货保持在103亿～110亿元低位水平，货龄结构中前一年存货与当年新增存货基本在6：4。

吴亚军接过邵明晓的话茬，谈她对地产战略价值的理解。她是开放而谨慎的人，龙湖内部不设副职，没有秘书，在龙湖之外她也以不混圈子而闻名。吴亚军更喜欢站在圈外打量这一行，更多考虑的是如何让龙湖活得更久，更好。

她下令龙湖要吃到两个东西，第一个是时间，但风口是抓不住的，应该做好准备等风来；第二个是空间，从小空间价值吃到大空间价值。

龙湖内部在这几年搭建城市地图和客户研究体系，就是围绕着这两项命令开展。

"通过一张张反对票，让龙湖抓住市场机会，"2015年龙湖业绩发布之后，被称为龙湖"最强大脑"的客研部浮出水面。这个部门的口号是"把户型设计还给客户"，并自始至终专注一件事——模拟购房者，专心投反对票。

对城市地图与客群的切片式研究，龙湖在拿地之前就能明确将来房子卖给谁，这基本主导了龙湖的择址、产品研发等一系列战略。

在这轮主流房企的大比拼中，每家都手握一个"杀手级"产品系。万科翡翠系、融创壹号院系等，都加入精准的客户研究，希望"最好的产品卖出最快的速度和最佳的价格"能成为标准动作。

龙湖对应的，是原著系。今年上半年，北京西宸原著拿下龙湖内部的销售之冠，个人购买单套金额最高达5900万元。西宸原著、长城原著、双珑原著等项目为龙湖上半年业绩贡献匪浅，而下半年要出场的重头戏是景燊原著等。

龙湖副总裁、北京龙湖总经理宋海林，前不久为景燊原著站台。他对时代周报记者说，这是龙湖在北京做的第4个原著产品，与双珑原著同处孙河板块，打破了龙湖以往在一个板块只做一个原著的惯例。

利用新一代中高端产品，创造一部分高利润市场，龙湖也开始步入一条新"微笑曲线"。2011—2015年，龙湖核心净利润分别为45亿元、54亿元、62亿元、66.1亿元、69.5亿元，年复合增长率11.5%。去年，龙湖归属于股东的净利润89.9亿元，赚钱能力相当于11个绿城。

这背后，吴亚军对土地成本的控制和低成本融资术是为关键。截至2015年底，龙湖土储总建筑面积3486万平方米，权益面积3054万平方米。总土储平均单价3165元／平方米，仅占当期销售均价24.7%。

慢下来的龙湖，看上去更安全了。截至2015年底，龙湖综合融资成本创历史新低至5.74%，净负债率降至54.6%，在手现金181.6亿元。

龙湖首席财务官赵轶称，龙湖保持长跑姿态，债务结构到了历史最好状态，且已把今年、明年和2018年上半年到期的外币债务提前还款。

❝ 蓄水池和压舱石

行业下半场，对谁都有压力，吴亚军为龙湖未来增长留了一张船票。

7月初，北京大兴龙湖时代天街开业，这座体量15万平方米的全业态商业综合体，是龙湖在北京的第二个天街项目，也是龙湖持有的第18座开业商场。

把鸡蛋放到不同篮子里，对冲风险，这是龙湖商业地产的初始逻辑。2011年末，吴亚军最终把商业地产作为龙湖的战略目标：未来每年销售回款的10%将用于商业物业投资。

接到任务后，"新官"CEO邵明晓非常认真地把凯德置地的人看了一遍。现任龙湖商业地产总经理李楠，前一份工作抬头就是凯德商用华中区域总经理。

一旦度过相对艰险的"养商期"，龙湖对商业地产的要求将不再保守，其中天街的沉淀，更是被视为龙湖未来利润增长的"蓄水池"。

"龙湖今年还将开业两个天街，一个在重庆，一个在上海虹桥，到年底，天街数量将到20个，总体量近200万平方米。"李楠向时代周报记者透露，龙湖今年商业物业租金目标是20亿元，到2020年要达到50亿元。

国内商业地产跑马圈地的时代已经过去，精细化运营正在考验每家公司的敏捷度。国际咨询机构仲量联行、世邦魏理仕都曾有过提醒，2012—2015年，中国60强城市的购物中心总量几乎翻了一番，过剩风险带来的优胜劣汰正在加剧。

吴亚军与邵明晓让商业地产团队签了军令状：在重点城市、关键位置站住脚，变戏法经营好赚钱。

他们正把过去针对住宅开发设计的客研系统运用到商业地产开发及运营中，在李楠眼中，这也是龙湖做商业地产的最大优势。据时代周报记者了解，除了传统商业地产运营打发之外，龙湖今年还组建了创新事业部，希望用新技术去承接线上到线下的新业态。吴亚军找来了大悦城原CEO韩石在龙湖创新业务发展上把关。

做大与做强的选择和成功的概率，让龙湖人才分量变得越来越重。与万科、中海一样，龙湖在人才梯队培养上下了大本，甚至走得更远。

龙湖要成为百年老店，首先是不翻船，除了船长、水手、发动机外，还有一种不起眼却非常重要的东西——"压舱石"，否则卸载之后船就会翻覆。吴亚军能写出几百个老员工的名字，称他们是令她唏嘘感动的底色，是龙湖的压舱石。

房晟陶是龙湖"仕官生"和"仕官生2.0"计划的设计者，更是龙湖人才战略的重要代言者。他主导的依赖内部培养与提拔的人才文化，为龙湖全国化布局输送了大量中高层管理者。

2012年，房晟陶离职后，吴亚军一篇长文《或相濡以沫、或不忘于江湖》回忆与房的往事：他的思想，令我深感"吾道不孤"；他的专业，可以帮助龙湖发展；他的直率和诚恳，可以矫正我作为"老板"与生俱来的"灯下黑"式的思考和决策、自以为是导致的无知、成功者的骄傲和懈怠。

如果说前任房晟陶的使命是选人和用人，面对"遗憾离职率"，现任CHO李朝江给自己的定位是"育人"。确切地讲，把人变得值钱和更有能耐。

位于烟台的龙湖集团领导力发展中心就是李朝江的主要"政绩"，该中心下设工程学院、运营学院、研发学院，吴亚军和邵明晓都要亲自上台授课，目的是做厚人才链，形成公司战略支撑和管理团队的代际升级。

❜ 老板、老师与学生

在内部，龙湖人更愿意称吴亚军为"吴老师"，吴亚军不仅是龙湖的董事长，实际还是龙湖的校长。

在选人和用人上，吴亚军竟是亲力亲为，但她不怕有同事被同行挖走，她关心两个问题，企业最想留的人留下了没有；有没有更好的人来替代。

龙湖员工点评这个老板是"虽遥远但没距离"，因为朋友圈的吴亚军，也和所有女人一样，热衷美食又关注减肥。

吴亚军崇尚平等、反对搞特权，骨子里有重庆女人天生的麻辣劲，却又不失胸襟。

她曾让员工直呼自己吴亚军，但大家觉得别扭而作罢；她的办公室只有十几平方米，装修也很普通；她没有私人秘书，重要的讲话稿都是自己写；员工论坛里员工可以匿名发表言论，甚至找她吵架。

"在很多民营企业里，老板基本上都是至高无上的。而在龙湖，吴亚军是可以批评的，"房晟陶回忆说，"你在开会的时候要跟她争论专业的问题，她会很开心，听到特别开心的时候她会哈哈大笑"。

"在龙湖平台上，大家讨论问题可以针锋相对，甚至吵到摔门而去。"邵明晓说，这在其他公司很难想象。

创业至今，吴亚军一直在向别人学习。20世纪90年代中后期，她曾专程去深圳拜访王石，向他讨教房地产的门道。除了地产商，她拜访政府、金融等各行各业的高手。

这一次，不知道雷军拿出了什么看家本领来为吴亚军传道授业解惑？

（原文刊发于《时代周报》2016年7月19日第397期）

潘石屹与SOHO转型的五年

文／胡天祥

8月22日，香港，最近一直饱受关注的SOHO中国董事长潘石屹出现在SOHO中国2017年中期业绩发布会上。一身笔挺西装、一副黑边工艺眼镜再加上标志性的笑容，"老潘"看起来心情不错。

2012年8月从散售模式转型持有收租，及至2015年推出共享空间——SOHO 3Q向互联网企业转型，经历多年业绩持续下滑的SOHO中国，终于向投资者交出了一份不错的成绩单。财报显示，2017年上半年，公司实现营业额10.7亿元人民币，同比增长47%；租金收入约8.18亿元，同比上升17%；净利润约39.82亿元，同比增长565%。

"现在是2017年8月份，到2012年8月份，正好五年时间。回过头来，更可以看清楚我们5年前的决定是对的还是错的，五年前这个时候，你跟媒体、分析人员说不信你，但今天都不用说，从给他们分的红就可以看得出来，证明SOHO中国转型是成功的。"潘石屹在接受时代周报记者采访时，回顾一手主导的SOHO五年转型之路，脸上带着"得意"。

但当被媒体问及公司变卖旗下资产之后的资金去向时，潘石屹的表情开始变得严肃。2014—2016年三年时间，潘石屹通过出售旗下业务套现236亿元。在这段时间内，SOHO中国并未购置一个新项目。

潘石屹解释说，项目变现的钱，一部分是还了贷款，一部分是用于公司从重资产模式向轻资产模式、平台化共享经济模式（SOHO 3Q）发展。

3Q是除潘石屹外，业绩会上另一个主角。短短25分钟业绩解析中，有超过15分钟是在介绍3Q，公司还特意在现场播了一段3分钟短片来推介它。业绩会前的8月9日，潘石屹从杭州出发，途经南京、深圳，最后抵达广州，其目的便是为3Q"背书"。潘石屹还称，SOHO中国出售项目所得资金也将用于3Q的扩张及利益分红。

在潘石屹看来，SOHO 3Q业务目前还处在成长中，尚不能称之为成功。他告诉时代周报记者，他们到现在还不披露营收数据，是因为3Q今天的盈利状况还不是非常的大，它还只是一个实验室。

SOHO中国在产品推广上基本是按潘石屹个人意思进行，并且绝大一部分由其个人"主持"。在普通人的眼里，潘石屹是一位成功的房地产开发商，也是一个传奇。而这次推出3Q，他需要再续传奇。

❝ 告别散售

SOHO中国2012年中期业绩会上，潘石屹宣布公司从散售模式转为持有收租，并称三年后，公司的盈利将主要来源于租金收入；五年后，现有150万平方米物业的租金年收入将超过40亿元。

在高调宣布转型的同时，SOHO中国还宣布了一份并不亮丽的半年报。中期业绩的营业收入为12.22亿元，同比下降54％；核心利润为6.13亿元，同比下降65％；合约销售额为60亿元，同比减少27％，远低于年初制定的销售目标230亿元；在此之前，SOHO中国营收已呈现明显下滑趋势。2010年，SOHO中国的销售额达到历史最高的238亿元，2011年受地产调控影响，SOHO中国销售额拦腰斩至109亿元。

数字背后，宣告着SOHO中国实行17年的散售模式将无法再持续。所谓散售即开发商不持有物业，而是全部分割为产权式小商铺分散出售，对企业而言，其优势在于加快资金回笼，最大程度提升资金使用效率。更为重要的是，这种分散出售的方式满足了富裕人群的投资性需求。

这决定了SOHO中国的客户呈现两大特点，一是可以接受低回报率，但要求风险要低，不能亏本；第二是资金量大，投资标的总价要高。在国内金融业不发达特别是私人投资渠道匮乏的情况下，这些投资客有力地支撑着SOHO中国散售的生意模式。2008年，在多数地产商陷入资金危机的时候，潘石屹却持有超过100亿元现金。

但作为一种常见商业地产运作模式，其是否合适和有效，也一直是业内争论的焦点之一。一方面SOHO中国把产权卖给了业主，然后业主再出租给商户，直接的后果便是经营权、管理权产权分离导致业态混乱。其次便是该模式在缺乏统一的业态规划的前提下，造成商铺大量空置，甚至沦为商业烂尾。

兰德咨询总裁宋延庆认为，在散售模式下，作为开发商的SOHO中国赚取了高额收益，甚至在某种程度上透支了未来的物业增值收益，进而导致所有者难以获得预期投资。在高房租压力下，经营者也难以获得预期经营收益。大凡单赢的模式，都不可能持续太久。以大肆收购烂尾楼控制成本，以品牌成功的惯性高价转卖，以散售模式迅速回笼资金，造就SOHO中国高速增长的业绩。

2010年5月，北京官方出台禁止物业散售政策，给了SOHO中国"沉痛"一击。

更让潘石屹感到头疼的是其过去赖以成名的"大客户营销"，由于经济不景气，在2011年之后也已风光不再。

在SOHO中国的客户群体中，鄂尔多斯、温州、山西等地的能源客户及其他实体经济老板是其忠实购买者。在位于北京的三里屯SOHO项目，排在前20名的客户几乎都是煤老板，单笔成交过亿。曾有河北铁矿老板一次买下两层共四五十个单元商铺，成交金额4.5亿元。

"但2011年受整体经济下滑冲击，上述富豪们的财富缩水，无力再一掷千金地大肆买楼。SOHO中国的客户名单中，这类客户消失了一大半。"财新网在此前的报道称。

而在宋延庆看来，除上述原因外，市场布局和产品结构过于单一、项目数量少会因结算资源不均衡导致业绩波动大、商业租售市场的此消彼长都是SOHO中国决定转型的显性原因。

这迫使潘石屹不得不思考公司下一步的转型战略。在国外长达两个月的学习交流时间里，潘石屹表示，大量的数据、案例在告诉我们，写字楼的租金整体上涨了60%，这是从来没有过的，以往都是上涨5%左右，这是极其反常的现象。

为此，SOHO中国宣布从散售模式转为持有收租，并列举了转型的三个原因：持有物业提升资产价值、盈利稳定收窄NAV（资产净值，通常按资产及负债的账面值计算得出）折让，以及转售为租可减轻税负。在潘石屿看来，SOHO中国的转型就是要把土地变成房子之后，把房子再变成一单一单的生意，在具体的每平方米的建筑面积上产生出来更大的价值，让SOHO中国持有的物业像能生蛋的鸡一样永远为公司创造价值。

从北京到上海

转型不到三年，潘石屹再次"变卦"。这次他要把持有的项目卖掉，它们大部分位于上海。

SOHO中国大力拓展上海是在2009年，彼时北京官方出台禁止物业散售政策，使得SOHO中国获取项目难度愈发增加，进而转移战线至上海。2009—2013年，SOHO中国在上海共收购12个项目。2013年11月，潘石屹在微博上称，SOHO中国在上海投资近500亿元，占总量的75%。

形势到了2014年急转直下，曾对上海市场信心满满的潘石屹开始大举卖出旗下项目。2014年SOHO中国以30.5亿元出售上海凌空SOHO一半项目给携程。2015年，金融街以52.32亿元收购SOHO中国位于上海的静安广场和海伦广场。而后数年，SOHO中国又相继出售外滩地王股权（84.93亿元）、SOHO世纪广场（32.97亿元），其中出售世纪广场项目获得5.02亿元的毛利润。

"做生意永远不变的规律就是低的时候进货，高的时候出货。SOHO中国这么多年发展时间里，永远在遵循这样一个原则。"潘石屹如是称。

但该举动也引发业内对其上海战略失败及公司转型遇阻的猜测。易居（中国）控股公司执行总裁丁祖昱告诉时代周报记者，从2012年潘石屹提出"SOHO不再散售，改为持有物业并出租"开始，标志着SOHO销售模式的溃败。而从SOHO中国出售上海项目则说明其上海战略进入全面调整。

SOHO中国在上海水土不服一方面是原先擅长收购烂尾楼改造后再出

售的模式发展进入瓶颈期；二是从北京到上海，SOHO中国面对的是不同的消费者和市场，公司没有针对在上海市场推出有效的本土化产品和营销措施，导致项目开发销售的效果并不好。

根据SOHO中国2013年中报显示，公司有9个项目处于在建或规划设计状态，仅世纪广场满租。亦有分析认为，SOHO中国出售上述项目的主要原因在于未来收益的不确定性。以如今的成本，SOHO中国上述项目租金减去大楼维护和管理费用后，回报率可能不足5%。

上海最终没能为SOHO中国重振业绩作出贡献。2014年，SOHO中国的营业额约为60.98亿元，较2013年的146.21亿元下降了58.3%；毛利润为30.78亿元，与2013年的81.14亿元相比下降62.1%；净利润为40.8亿元，同比下降44.8%。

从2012年8月宣布转型正好三年后，SOHO中国发布2015年度中期业绩显示，SOHO中国当期内营业额约为人民币3.93亿元，较2014年同期的47.5亿元下滑92%。公司权益股东纯利1.35亿元，较2014年同期26.97亿元下挫95%，若除去投资物业的评估增值，核心纯利约为0.72亿元，较2014年同期的12.24亿元下降94%。不过，这是业务转型后业绩中首次不包含物业销售的贡献。

对此，SOHO中国解释称，主要原因是集团业务由"开发—销售"转型为"开发—持有"，从而导致物业销售收入下降所致。而毛利润的下降主要由于物业销售收入下降导致的整体营业额下降。

利润持续大幅下滑反映出SOHO中国转型阵痛，进而"迫使"潘石屹不得不进行第二次转型。

"我还是个开发商"

2015年2月，寄托着SOHO中国二次转型希望的新产品——SOHO 3Q

正式推出市场，并为创业者们绘出了一幅蓝图：在这里，你可以只租一个办公室甚至一张办公桌，时间可以是一个月，也可以是一周，无需考虑装修或者配套等问题。此外，3Q还免费提供会议室、咖啡等服务。

3Q的灵感来自Uber和Airbnb。"Uber没有一辆车，Airbnb没有一套房，通过互联网技术手段，打通了推广、销售、激励刺激等环节，闲置资源得到高效整合。"潘石屹说，"中国不缺商业，不缺办公楼，缺的是把这些资源很好的利用起来"。

潘石屹说，我详细看了一下二线城市办公楼空置率、没租出去的办公楼空置率有50%，只有50%在使用，可是这50%在使用的，也没有好好用起来。"于是我们做了一个共享（众创）空间，名字叫SOHO 3Q。"潘石屹如是说。

那一年也被称作是中国众创空间元年。是年，为推动经济结构调整和经济增长方式转变，"创客"首次被写入政府工作报告，"众创空间"俨然成为2015年中国经济新常态的热词。

潘石屹的3Q业务搭上了国家政策的便车。潘石屹说，自从做3Q开始，自己的工作量最少变成了原来的5倍。在整个转型过程中，潘石屹给SOHO定了三个基本原则：第一，听政府的话；第二，不要和市场较劲；第三，要向美国学习。

美团创始人王兴认为，SOHO在和亚马逊在做相似的事情，亚马逊是将服务器云端化，而SOHO是将办公室云端化，亚马逊是美国一家网络电子商务公司。而在更多人看来，3Q的模式更像是WeWork。后者是一家位于美国主打办公场地租赁服务的众创空间公司，目前估值达到200亿美元。它的盈利一是通过写字楼"整批零租"获取差价，以会员费及配套服务形式收费，二是通过周边地价的溢价、对种子公司投资等隐形回报获利。

但双方在基因上又有不同。潘石屹从2015年初开始陆续将旗下物业加入WeWork模式——北京望京SOHO、上海的复兴广场都专门开辟楼层改造成3Q。这使得3Q更多依托自己的商业地产基础打造了广泛的办公空间，和毛大庆的优客工场以及王胜江所打造的洪泰创新空间类似，他们都属于办公共享市场中的地产流派。这意味着WeWork更多是基于移动互联网的增值思维运作，而3Q目前更多是基于传统地产的租金思维运作。

共享办公空间其根本就是互联网与房地产租赁之间的结合，地产流派的优势在于他们过去都从事房地产方面的经营，经验丰富的同时还拥有大量资源。更为重要的是，房地产的那段经历也让他们更容易获得政府的支持。

SOHO中国希望借助3Q业务扩张提升业绩，但自2015年以来，SOHO中国并未在财报中透露3Q具体营收及利润情况。媒体能从财报中获悉的便是，截至2017年6月底，3Q在北京和上海的自持物业里面开设了19个中心、近1.7万个座位，平均出租率达约80%。

潘石屹告诉时代周报记者，现在SOHO 3Q跟SOHO中国的上市公司没有分开，还在一起的。另外SOHO 3Q今天的盈利状况还不是非常的大，原因是现在SOHO 3Q还是一个实验室，只有1.7万个座位，还把一半地下室都利用起来了。但潘石屹表态称，SOHO中国出售项目所得资金也将用于3Q的扩张及利益分红。

未来，在潘石屹的规划中，3Q要与传统地产公司划清界限，并谋求独立上市。但潘石屹仍有保留，在他心里，永远不能销售的，只有两个项目，"上海外滩SOHO位置太重要了，还有望京SOHO，它太漂亮了，我很喜欢，里面住得满满的，租金很高"。

"所以这两个项目在，我就还是一个开发商。"潘石屹称。

（原文刊发于《时代周报》2017年8月29日第455期）

闽系房企崛起

尽管很多地产商总是认为房地产市场的天花板已现，但闽系地产商却不认同，他们屡屡扮演了行业的黑马。短短几年内，闽系地产商便惊人的速度席卷中国房地产市场，无论是拿地还是产品，都透露出"凶猛"的气场。但这种闽系地产商的快，绝不是鲁莽，他们全国的布局有着前瞻与战略性，产品能够与多年的实力开发商抗衡。同时，他们善于借助资本，运用各类平台与工具融资，这是闽系开发商迅速崛起的重要原因。

泰禾黄其森的院子梦

文/杨 静 刘 娟

11月5日晚，浓郁的中国元素和醒目的中国红包裹了上海展览中心。信达地产和泰禾集团合作开发的上海新江湾城地王地块正式对外发布，取名信达泰禾·上海院子（以下简称"上海院子"）。

前一天晚上刚从美国纽约飞抵上海的泰禾集团董事长黄其森难掩喜悦。要知道，从这一天开始，泰禾便填补了"院子系"产品在上海的空白。这家从福建走向全国的房企，在过去的时间里，曾在中华土地上掀起了浩浩荡荡的"造

黄其森对泰禾的产品寄予厚望

院运动"。旗下院子系产品的"官宅缔造模式",是泰禾引以为傲的砝码。

10城17院的成绩,也使得外界看到了泰禾对"造院运动"的坚持。"高成本、大投入"是泰禾操盘"院子系"产品的教条。属于"院子系"产品的布局范围敲定在了一、二线城市,但值得注意的是,这并不足以囊括全部。

在温和谦逊的外表背后,这一次,黄其森向外界传递一个重要的信号:未来,"院子系"产品将被寄望能走向世界。"风从海上来,大院为君开。我希望通过泰禾的努力,有更多更好的'院子系'产品在世界各地生根开花结果。"他说。

❝ 院子文化牌

"文化筑居中国",是泰禾对外宣称的理念。对中国文化的骄傲之情,是串起泰禾"院子系"产品主线条。

泰禾的"院子系"产品，最早追溯至2003年。就在那一年，北京通州"运河岸上的院子"（2014年更名为"中国院子"）诞生，宣告了泰禾从福州走向全国的开始。

历年来，"院子"系成为泰禾在住宅领域的顶级明星产品线。效仿官邸建筑形制，再融入紫禁皇城的气宇和福州三坊七巷的隽永，泰禾的"院子系"产品形成了"坊巷""门头""庭院"三大造院体系。而凭借"院子系"产品，泰禾也在豪宅市场立得自己的一席之位。

关于产品的建造初衷，黄其森曾有过一个解释："一个东方老国的城市，在建筑上，如果完全失掉自己的艺术特性，在文化表现及观瞻方面都是大可痛心的，因为这事实上代表着我们文化的衰落"。

为此，他带领着泰禾扛起了中华文化在建筑界的复兴大旗。从历史文化古都到一、二线城市，截至目前，泰禾共计有17个院子。不光如此，泰禾还出版了《院子里的中国》，并邀请冯小刚执导同名纪录片。

而今年，堪称是"院子系"产品的集中公开年和收获年。据时代周报记者了解，除了上海院子之外，还有南京院子、杭州院子、丽春湖院子、西府大院和姑苏院子5大新项目。南京院子已经在今年上半年入市。西府大院和丽春湖院子9月已经在北京揭幕。在上月，杭州院子也对外露出。不久之后，姑苏院子将在苏州对外公开。随着这些项目的入市，泰禾方面预期，公司住宅板块的业绩贡献比例将有显著提升。

黄其森的解读里包含着对匠心精神的坚持。"凭借中国人的智慧和勤奋，是不会缺乏好产品的。但需要更多的耐心和毅力。"他在5日当晚如是说。

发力一、二线

除了以深耕一线为核心战略之外，今年泰禾也正式将目标转向一线城市周边具有高成长性的"准一线城市"。后来便有了外界现在看到的泰禾的奋起直追。

今年5月24日，泰禾以30.99亿元拿下江苏苏州2016-WG-28地块。就在拿下苏州地块一周之前，泰禾还在广东佛山落子，拿下了佛山顺德区的一幅商住用地。

目前，泰禾的开发项目遍及福建本土及以北京为中心的"京津冀"地区、以上海为中心的"长三角"地区，此外，已将项目拓展至深圳等华南强势区域。

截至今年前三季度，公司依然保持着首创证券分析报告中认为的"较为激进的拿地和开发节奏"。反映在账面上，购买商品、提供劳务支付的现金流同比增长256.24%至267.08亿元，其中便包括总价57.2亿元的深圳坪山地块，以及上海长兴岛两幅总价47.44亿元的地块。

国金证券研究报告认为，泰禾的存货含金量较高。目前，其在福建、北京、长三角和珠三角未结算项目的建面分别约403万平方米、151万平方米、116万平方米和102万平方米，如果按照当前的房价水平计算（不按最新地价），在以上四区域的存货价值分别为691亿元、888亿元、539亿元和353亿元。

按照黄其森的解读，正是因为这些年的精准布局使得泰禾有了一个比较快速的发展。而他本人对一线市场持续看好，泰禾方面将坚守一线城市与核心二线城市的战略不改变。

黄其森有着骄傲的理由。从财报数据看，泰禾今年的表现着实打眼。

按照最新发布的第三季度报告来看，在营业收入、净利润等各项指标上均再创新高。其中，营业收入方面同比增长翻番，达48.22亿元，102.75%。归属上市公司股东的净利润达4.39亿元，较去年同期大幅增长七成，增幅为70.19%。今年一至三季度，泰禾累计实现营业收入114.40亿元，同比增长74.82%。

值得一提的是，通过股权收购间接获取项目资源以及合作开发方式，成为泰禾今年的一大亮点。据时代周报记者不完全统计，2016年上半年新增的11个项目中，8个为合作开发项目。合作伙伴包含了信达地产、珠海华发、大名城等。其中，和信达的合作项目达到了两个。

地产的护城河

事实上，"院子系"产品推出的同时，泰禾本身也在经历着自省与更生。综合来看，黄其森所言的"院子系"产品走向世界并不是没有可能。

今年3月底，收购美国纳斯达克上市公司阿莱恩斯医疗服务公司一事，是泰禾在国际化道路上迈出的重要一步。

值得庆幸的是，在这一轮地产热潮中，黄其森为泰禾找到了"泰禾式的护城河"。

以金融思维拓展房地产核心主业的发展空间，正在执行中。兼具闽系房企擅长资本运作的基因，泰禾目前已经实现了银行、证券、保险等方面的布局及金控平台搭建。海峡人寿、平潭金控已经进入搭建筹备。未来，将进一步开启多元融资，借力资本市场，以股权融资、债务融资、资产证券化等多种方式进一步优化公司资产负债结构，降低整体经营成本。

此外，泰禾在金融领域的尝试将成为反哺地产主业的重要力量。通过入股的福州农商银行、福建海峡银行、中城投资、东兴证券等，泰禾有望每年享受到分红。此外，通过东兴证券作为集团40亿元定增的主承销商，泰禾更有望实现上市市值的大幅增长。

黄其森还为泰禾未来增长留了一张船票——商业地产。从6年前涉足以来，泰禾已经在福州、泉州等地开发5个泰禾广场。尤为可喜的是，目前商业项目有着不错的业绩呈现。以福州东二环泰禾广场综合体项目为例，该项目2015年实现销售近50亿元，是业绩的一大增长点。

此外，泰禾还在尝试通过收购一卡通、吉屋等上下游产业链项目拓展房地产销售。泰禾方面认为，一卡通的收购，使公司初步搭建起"商业支付"的商业管理平台。而投资深圳吉屋，其互联网销售模式，则可为泰禾拓展房地产销售新途径。

行业下半场，对于泰禾而言，已经进入一场比决心、比实力、比速度、甚至比运气的竞赛，虽然惨烈，但它已经在起跑线上发力了。

（原文刊发于《时代周报》2016年11月8日第413期）

禹洲地产千亿之路

文/杨　静

上海浦东金港路299号禹洲广场25楼，站在禹洲地产总部办公室落地窗前，汇聚了浦东金桥板块浓郁商业气息的高楼尽收眼底。这是禹洲最早进入上海的区域。禹洲创始人、主席兼执行董事林龙安把总部从厦门安置到这，就是希望能抓住风云变幻的时代脉络，再创发展。

2017年，禹洲地产正式吹响了千亿元的号角。到2020年，这家今年前十月实现合约销售金额324亿元的公司，要向1200亿元销售规模发起冲击。

11月15日，禹洲一众高管再度向外界披露公司千亿元战略的最新进展。

可喜的是，禹洲的千亿底牌逐渐清晰：此前的全国化征程已经进入实质性收获阶段，五大城市群布局已经打好了根基，接下来是区域深耕上的延展；发展的重心将是朝着都市圈运营商的转变，在这一蝶变过程中，核心的逻辑是"珍惜土地资源通过运营提升单位产出"；当然，较低的负债率、较高的派息率等不错的财务表现为公司在稳健地运营上、融资上、争取投资者信心上等方面巩固基础。

❛ 区域深耕

谁能想象，在此之前禹洲只是一家在福建发展的区域性房企。而现在，其资产迅速膨胀，变身为横跨35个城市，手握86个项目，聚焦长三角城市群、海西城市群、大粤湾城市群、长江中游城市群、京津冀城市群和中原城市群的公司。

可以看到的是，在禹洲全国化发展战略过程中，公司销售额在持续增长。从2013年公司销售破百亿到今年上调目标至400亿元，短短不过4年时间。在未来四年里，公司希望能保持年均复合增长率50%以上。

这并不足够，按照蔡明辉的介绍，禹洲要做的是"区域深耕的先行者"。按照时代周报记者了解，禹洲给出的内部准则也以细化，分别是：业务集中在经济活力强劲的城市；争做各个城市的TOP10；对项目进行合理的定价。

"禹洲的模式追寻的是从投资、运营升值、建设、价格提升到交付的路径，而并非常规的投资、建设、销售、交付的链条。"蔡明辉当天总结表示。

践行区域深耕，禹洲收获了市场地位。在新进的城市南京，禹洲用了不到两年的时间跻身南京房企销售榜单前十；在厦门，禹洲勇夺今年上半年厦门房企成交面积和成交金额"双冠王"，市占率达11%；至于集团新总部上海，仅今年上半年，禹洲上海即贡献了逾29亿元合约销售，根据克而瑞资料显示，位居上海房企权益销售金额前列。

既然已经将做都市运营商作为自己未来再次雄起的良机，有预见性的土地储备对于禹洲来说，是头等大事。

长三角，是禹洲2016年重点关注，乃至战略转移指向的区域。截至今年10月30日，长三角区域占1067万平方米总土地储备的54%，战略地位不言而喻。

长三角是禹洲生长的好地方。在公司今年前十月的合约销售额中占据了58%。近期，禹洲已经进入了浙江舟山、福建漳州、山东青岛，另据时代周报记者了解，接下来公司会在苏州姑苏区以及园区拓展优质土地。

不过，城市的布局深耕只是一个方面，接下来，公司将逐步增加包括酒店、商场及写字楼在内的多元化商业物业组合，围绕地产开发主营业务，向经营、服务和金融等产业链上下游方向延伸，完成由住宅开发商向城市运营商的转变。

三级管控架构

步调起得高，但是想在千亿军团中谋得一席并挖掘长期价值，如何进一步提升自我必不可少。公司架构如何调整来适应新环境，是一方面。

按照禹洲管理层当天的披露，公司已经将原先的两级管控架构改变为"总部—区域公司—城市公司"的三级管控。

集团总部下设环渤海、华东、华中、华南和海西五大区域公司，各区域公司下设城市公司。蔡明辉认为，这样的架构，实现了在管理上提升、在运营上提速，在资源整合上，达到更高更快更强，能适应快速发展的需要。

同步配备的是一个高效的投资团队。概括来说，内部组建了"1+6+N"的投资团队，1为集团总部资深投资管理团队，6代表长三角、海西、大湾区、华中和京津冀五大区域投资扩展团队和一个收并购团队，N则为每个城市公司组建的投资支持团队。

在具体的操作上，集团设立投委会进行运筹帷幄，下面管辖集团总部投资管理团队，五大区域投资扩展团队和收并购团队对总部汇报，同时，城市公司投资支持团队提供支持。

在这样的架构下，禹洲能快速进行投资决策，实现项目的快速反应：拿地24小时之后就能召开项目的准备会议，7～10天内完成投资事宜，刚需项目能快速进入开盘。当然，这样的管控架构也在成本控制和产品品质上做管控。

避开招拍挂市场拿地的锋芒，禹洲已经在并购的战场开拓了新的土地储备。7月，禹洲收购了华南的惠州地块，目前，华南区域公司已经成立，按照蔡明辉对时代周报记者的回应表示，接下来也将加大在珠三角大湾区的投资。

截至今年年中，禹洲通过公开招拍挂和并购方式共获得了10个地块。公司管理层当天亦表示，未来公司会积极参与地块出让或合作开发，对于具备一定体量和规模效益的住宅项目进行收并购，做到公开市场、二手市场各占一半的拓展储备。

"规模不是目的，我们也追求能实现更多利润。"蔡明辉当天表示，规模之外，项目品质、融资能力、分红能力也是禹洲的核心关注点。

值得一提的是，对比当下千亿元规模房企额融资成本，禹洲是较低的一家，按照年中报显示，目前加权平均融资成本5.99%。此外，禹洲的财务表现堪称良好，毛利约为23.9亿元，较2016年同期上升77.51%，净负债比率为72.61%。

良好的销售规模、盈利和土地储备之间的平衡，是评级机构给予增持的最佳理由，而更好的评级也意味着低息的融资成本。8月底，标普给出了公司上调的评级并展望为"稳定"。

（原文刊发于《时代周报》2017年11月21日第467期）

阳光城千亿量级展雏形

文／杨　静

一纸任命。阳光城再迎一大将加入。

这份落款时间为11月13日的内部公告昭示：在中建系统中待了30年之久的胡书仟正式就职阳光城，担任集团副总裁，全面负责集团建筑事业部日常运作及行政管理工作。

值得一提的是，建筑事业部亦在11月27日挂牌成立，担纲公司建工体系业务，由朱荣斌一手组建。新晋大将胡书仟则向朱直接汇报。

今年，朱荣斌和吴建斌的联手加入，使得阳光城倍受关注。在外界看来，这样的安排指向一个"碧桂园规模"版本的阳光城诞生。而这并不足以囊括全部。

按照朱荣斌在内部会议上的说法，新千亿级的阳光城将在"规模上台阶，品质树标杆"。

接下来要怎么走，阳光城的下一步，牵动人心。

建工板块的新拆分

胡书仟任职并不算意外。

事实上，阳光城本身在管理内核上已经形成了由前中海地产（以下简称"中海"）高管组成的明星团队。

排列在名单上的就有不久前升任为执行董事长兼总裁的朱荣斌、执行副总裁吴建斌和10月加入的执行副总裁阚乃贵。管理层的调整与变更，既伴随着阳光城的新思路，也预示着阳光城的新方向。连锁变化的是再度引发外界对阳光城要成为"小中海"的猜想。

离不开的是中海本身的光环。它堪称地产界黄埔军校，出自中海的职业经理人扎堆各大行业领头地产公司。盈利能力强，是中海身上显眼的标签。

当然，中海本身也离不开中国建筑（以下简称"中建"）在成本控制上的优势。向中海对标，阳光城要在结构上调整，成本上进一步管控。

这也成为建工板块单独成立的初衷。"由公司自己的建筑公司来承建，这样既能保证运营节奏，保障供货，也在周转率上有保证，也是对产品质量的提升以及成本上的控制。"阳光城内部人士对时代周报记者表示。

由此看，胡书仟正是不二人选。

按照时代周报记者获得的内部资料显示，现年51岁的胡书仟为科班出生。自1988年从重庆建筑专科学校的建筑工程管理专业毕业后，就一直在中建系工作。

从中建八局工程承包部施工员、中建八局青岛公司副总经理、到中建八局有限公司董事、副总经理、党委常委，以至后来中国建筑工程总公司巡视组组长，正局级干部，手持国家一级建造师资格证的胡书仟一路走来，完成职业生涯的蝶变。在去年中建的第二期股权激励计划名单中，胡书仟的名字赫然在列。

加入阳光城后，他的直接汇报对象朱荣斌的实力更是不容小觑。

朱荣斌的职业生涯，就是从中海起步。23岁的他即以清华大学建筑系硕士身份入职中海，历任香港中海国内部副总经理、中海北京董事副总经理、中海广州副总经理及总经理、中海华东区总经理，被业界评价为是颇具资历的行业通才。

师出名门，又有在中海的浸润，朱荣斌在成本控制、产品设计等方面颇有建树。以其在富力地产就职期间为例，他曾一手成立内部成本控制中心，大力推进区域销售，促使富力的利润在几年内直线提升。

事实上，向房地产上下游搭建产业链已经是阳光城降低成本的举措之一。不久前，公司已经收购了一家建筑工程公司和一家园林公司。按照吴建斌自己的表述，是要在设计、建筑、装饰、建工、销售、园林等领域完成产业闭环，推进高周转、高品质、低成本的商业模式。

▌ 精英治理

现在，阳光城的内部，一个牢固的千亿量级团队渐现雏形。

豪华阵容的明星团队各有分工：朱荣斌全面、专业，眼光远、运筹帷幄；吴建斌分管财务、金融、法律、信息化；阚乃贵则在工程及合约管理上有优势。

职业经理充分授权的背后，是阳光城老板林腾蛟的放权。阳光城奉行的"三权分立"是地产公司中为数不多的企业治理方式。这给了职业经理人施展空间。总结在公司文化手册中，即为坚持顶层设计的先进性，包含精英治理和三权分立。

"N年过去了，企业很多高管已经把公司当做他们自己的事业了。"在公开场合林腾蛟曾如是表述，他希望空降兵们将工作当成是一份事业，更进一步把公司带到新的高度。

在他看来，历史上曹魏时代的群星璀璨、能人辈出与曹操的"吾任天下之智力，以道御之，无所不可"的策略有非常大的关系，故而"把所有做事的机会都让给社会上的精英"，他说。

正因为在不同的时期启动不同的职业经理人，阳光城迎来自身的成长。正因为这些在千亿房企就职过的大将，阳光城可以向管理要绩效。

谁能想象，在2012年阳光城刚启动全国化之际，只是一家年销售只有几十亿元的公司，而现在，2017年前三季度达到了596.9亿元的销售额，在未来将向千亿发起冲击。

匹配千亿规模的离不开人才队伍的建设。在诸多公开场合，林腾蛟均表达了对人才的渴望。

按照时代周报记者的了解，阳光城制定了双向人才机制：一方面，广泛招募各方的精英，另一方面，通过内部的"光之子""光之翼"一系列人才培养计划大胆使用有能力的新人。在阳光城的企业文化里，信奉的是兼具中华优秀传统文化、西方现代治理体系与市场经济丛林法则的企业文化。

朱荣斌曾在今年8月向时代周报记者吐露，不管今年的业绩如何，阳光城今年要搭建一个千亿级企业标准的管控体系和人才队伍。此之前的每天，他一直在面试，为阳光城新计划进入的20个区域匹配了20位区域负责人。

在朱荣斌的管理下，阳光城也在给予员工们激励，内部称之为"双赢"制度，又堪称是升级版碧桂园"双享"制度。这意味着，接下来从管理层到基层，从集团到子公司、平台公司、配套公司及业务板块全面推行"双赢"制度；其次是项目上确权做到位，只要现金流回正就可以分钱。

推行这一机制就是将公司利益和员工利益紧密结合在一起，实现利益共享，责任共担，从而提升企业发展质量。截至目前已经在26个项目上落地，未来所有的新项目均将纳入"双赢"制度。

▌降本提效

萦绕在管理层心间的梦，或许就是让外界看到阳光城的成长性。

除了规模上，新管理团队给阳光城划了更高的追求。量级配比背后，是对管理效能提高的追求。按照吴建斌的表述，处在调结构中的阳光城，目标是在1~2年内把净负债降到100%，"我也很开心了。"他说。

现在，一切按照设定的目标在推进中。吴建斌并不避讳阳光城以碧桂园和中海为对标。降本提效，是留给新管理层的命题，为此他们马不停蹄。

土地策略体现在全新的战略称谓上是三全战略。一是全地域拿地，在此前的布局战略下，以核心城市为根据地，向周边环辐射。此外机会型进入三、四线城市，选择点开花式进入，而不是满天星式铺开。第二是全方式拿地，除了招拍挂，还包括并购、一级整理、三旧改造、产业引导、特色小镇等方式。而第三块是全业态发展，住宅、产业等各种业态都会积极推进。

更高一层的是"五圆"企业战略：核心是人才、土地、资金，通过良好的运营管理体系，做到人等地、地等钱、钱催人。朱荣斌认为，这是阳光城走上快速发展道路的基础模型。在他看来，这五个圆拥有着自身的内部循环和相互关系，把这五个圆做好了，公司能走上快车道，实现良性循环。

截至2017年三季度末，阳光城的存货达1259亿元，较2016年末增长68%。接下来的三年，阳光城每年的投资任务不小，预期是将要完成17500亿元新增土储，平均每年4000亿元。

"当下的环境，企业不一定是赢在起点，更可能是赢在转折点。阳光城的千亿图谋并非难以实现。"全国工商联房地产商会理事李骁对时代周报记者表示，就像佛教所言的因果关系一样，要在不能走错的那一步，做对战略，走对步子，"当然也有赖于天时地利人和"。

（原文刊发于《时代周报》2017年11月28日第468期）

隐退

> 万科的王石，王石的万科，在万科三十年多的历史中，王石留下了太深的印迹。乘着改革开放的东风，王石创立万科，群雄逐鹿，多年后他已经成为中国民营企业家的一个符号。但时代总是浪与浪的更迭，王石也要交棒，潇洒的转身，这就是他最需要的。
>
> 同样令人瞩目的还有"超人"李嘉诚的退休，他七十年的工作时间被外界看作是一部中国商业史，他眼光独到、思路清晰，很难找到一个人能够像他一样在每笔生意上这样成功。他工作勤奋、行事简朴，是企业家中的翘楚与榜样。
>
> 事实上，随着第一代企业家的年龄增大，退休与交班的情况将逐渐增多，旧去新来，留下的又是怎样一段商业故事？

王石挂印

文／温斯婷

王石在万科的董事会名单中没有再出现。

2016年6月27日，万科2015年度股东大会。在这一场超过3个小时的股东大会上，王石危坐台中央。

"我曾经说过,我的成功,应该是没有人再需要我。从现在来看,我还不太成功……我希望郁亮能代替我,如果郁亮成为董事长,我同时辞职——如果我还没被罢免的话,这是不错的一个建议。"王石表示,个人荣辱去留并不重要,也认为可以在合适的时候退休让位于郁亮。

时隔一年,这个很久以前就存在的建议变成了现实。

2017年6月21日清晨,王石在个人朋友圈宣布,将退出万科董事会,不参与新一届董事的提名。

如无意外,万科将在本月最后一天举行的股东大会上正式完成这家企业成立以来的第一次掌舵人交替,郁亮将成为万科历史上第二任董事长。

在万科三十三年的历程中,王石是一个标签。以他的传奇为核心,构筑了一个庞大的世界。在这个世界里,有规则,有组织,有精神内核。

资本的围猎,打破了王石构建的世界。经历了宝能的凶猛、华润的摇摆、恒大的强势,这一场史诗级的争夺随着"白武士"深圳地铁的引进而画上句点。

作为"一个集体的作品",万科再一次站在了十字路口。这一次,66岁的王石选择对万科放手,对自己放手。

规则

王石似乎一直都在构筑着自己的世界,那个世界有着自己的规则。在那个世界中,王石是企业家,是探险家,是慈善家,亦是广告代言人和娱乐八卦男主角。但他最成功的角色,仍然是"万科的精神领袖"。

对于高干子弟出身的王石来说,按部就班的人生并没有吸引力。1983年,他辞去了在广州机关的"铁饭碗",孤身一人前往当时还是一片荒山滩涂的深圳特区，开始了他的创业梦。

第二年，他一手参与创办了深圳现代科教仪器展销中心（即万科前身），并担任经理一职。

这一年被认为是中国公司的元年。当时，十二届三中全会通过了《关于推进经济体制改革的决定》，继农村改革之后，城市改革成为中国经济的主战场，创办现代企业成为可能。和万科一起横空出世的，还有联想、海尔、健力宝、科龙等一大批带有中国改革开放烙印的企业。

和母公司深圳市特区经济发展公司之间的分歧不断，让王石开始意识到产权清晰的重要性。1986年，深圳特区国企股份化规定发布，股份化改革成为了王石谋求独立的最佳路径。

两年后，37岁的王石主动放弃了公司股权，万科在股权改制下成为当时市场上的"异类"——一个奉行混合所有制的企业。

1994年，君安证券突如其来的一击，尽管最终被成功击退，但仍让王石深深意识到股权分散可能带来的危险。

不过，王石并没有因此而改变他定下的规则，这种股权分散的局面一直持续到今日，并且成为万科遭遇二次狙击的最大根源之一。

"君万之争"发生逾二十年后，姚振华带领下的宝能系表现得更为"狼性"。对于宝能系的举牌，王石的第一反应是"不"，因为这并不符合他所设计的路线。

在2016年1月31日举行的2016年天山峰会上，王石毫不掩饰这种抗拒："这么多年来，（万科）一直是国有股占第一大股东，我过去设计是这样的，现在是这样的，将来也会是这样的。所以民营企业，不管我喜欢你，不喜欢你，你要想成为万科的第一大股东，我就告诉你，我不欢迎你。"

世间万物，皆是圆点。

王石曾表示，1988年股改对万科的重大意义就是产权上确定了这个公司的所有人。不过，随着"国"字头深圳地铁成为第一大股东，"重回体

制系统"的质疑不可避免地出现在万科身上，而万科对此作出的回答是
"坚持混合所有制不改变"。

这一坚持，得到了深圳地铁的支持。

❝ 时间

万科文化，是这个世界的另一根支柱。

"我做的事情不仅和万科和股东利益相干，而且是非常相干。"2016
年11月19日，六年来第一次参加公司媒体沟通会的王石说，"之所以我有
底气，是因为我捍卫的就是万科的文化，万科文化就是有底线，现在有底
线还不够，还应该承担责任，包括环保责任"。

万科文化，是以职业经理人自居的王石在2016年底接连两场媒体拜票
中的关键词。

从2016年下半年开始，"稳定队伍"便一直占据着万科各项工作的首
位。文化，成了万科凝聚军心最大也是最终的理由。

"稳定队伍"紧迫性的加重，始于宝能系的一场"逼宫"。

2016年6月26日傍晚，持股24.29%的第一大股东宝能系向万科董事会提
出12个议案，意图改变其在董事会暂无一席之地的尴尬局面。其中，提议
罢免包括王石、郁亮在内等7人的董事职务，罢免华生、罗美君等3人的独
立董事职务以及两名现任公司监事。

恒大的强势杀入，增加了这种不确切。

直至2017年3月末，随着华润集团与中国恒大相继出让手中股权，深
铁集团坐稳第一大股东，股权事件危机才算得以解除。

根据万科最新股权结构，在受让华润和恒大股份后，深铁持股比例达
29.38%，宝能持股25.40%，安邦持股7.18%，万科事业合伙人持股4.14%，
万科企业股中心持股2.98%，自然人股东刘元生持股1.21%，再加上其他机

构股东和H股，万科A在市场中的流通盘只有10%左右。

尽管宝能目前是万科的第二大股东，但其一直欲进入万科董事会的愿望却仍有可能落空。

就在王石宣布退位之际，6月21日清晨，万科连发数则公告，称于6月19日收到深圳地铁出具的《关于万科企业股份有限公司2016年度股东大会增加临时提案的函》，深圳地铁提请在2016年度股东大会审议事项中增加《关于公司董事会换届暨选举非独立董事的议案》《关于公司董事会换届暨选举独立董事的议案》《关于公司监事会换届暨选举非职工代表监事的议案》三项临时提案。

万科第十七届董事会已同意将上述三项临时提案提交2016年度股东大会决议。

6月22日，万科发布关于2016年度股东大会的第二次提示性公告，称6月30日将召开股东大会，该次大会审议事项共21项，包括建议选举郁亮为公司执行董事，建议选举林茂德等为公司非执行董事，建议选举刘姝威、吴嘉宁、李强为独立非执行董事。

根据公告，新一届董事会的11名董事候选人中，万科管理层占3席，深圳地铁占3席，并无来自"宝能系"的人选，同时独立董事将全部更换。而在上一届万科董事会中，来自万科管理层的3位分别是王石、郁亮和王文金，而最新一届提名中，王石退出，张旭进入公司最核心的董事会。

身处漩涡中心，65岁的王石扛起了捍卫万科文化的大旗。为了这种捍卫，在整个2016年中，他不得不加快与时间赛跑。现在，他跑在了前面。

道路

步入知天命之年的郁亮，在万科已经服役超过27年。

1988年，王石正忙着万科股改，而刚从北大毕业的江苏青年郁亮则决定南下。两年后，怀着一颗求变的心，郁亮毅然从大国企深圳外贸集团跳槽，加盟万科。

2001年，郁亮从财务负责人升任万科总经理。那一年，万科销售额只有20多个亿。时至今日，这个数字已经突破3000亿元。

在郁亮掌舵的17年间，在万科的发展方向上，他与王石并非没有分歧。但他们对"分歧"的态度却较为一致——可以有分歧，但不能被误读。

最大的误读，是关于商业地产发展的态度上。王石早年曾表示"专注住宅，不碰商业地产"，但郁亮则认为，万科应该多条腿走路，在他的主政下，万科涉足商业地产、物流地产、教育、养老、体育等领域，并积极开拓海外业务。

"在战略方面，万科从20世纪90年代到今天从来没变过。"郁亮表示，我们是为了住宅而做商业，不是为了商业本身，"换句话说，我们并不是看好商业地产的前景而做，更不是因为商业地产会回避调控而做，我们纯粹是为了做好住宅而做商业地产"。

自称为"普通人"的郁亮，一直努力地在万科的发展道路中寻求破与立。

地产进入"白银时代"，万科需要被重新定义。

2014年时，郁亮正式提出，万科将由传统的住宅开发商向"城市配套服务商"转型。当时给出的时间表是，三年试错，未来十年新业务将占据万科盈利的半壁江山。

"新生态会带来混乱，无论是总部、一线还是区域都要有这个概念，我们将在未来三年之内允许混乱的存在，允许打架的存在。创新业务如果没有冲突，创新几乎不太可能。所以我们需要准备迎接冲突的到来。"郁亮在万科集团2014年终述职会上曾如此说道，他甚至还当场布置了读书任务，首推凯文·凯利的《失控》。

现在摆在郁亮面前的现实是，各项新业务相对独立，如何打通所有环节实现聚合，从而在客户、信息以及资产上形成一个生态闭环，仍在等待催化剂。

数字化技术，是万科未来的底色之一。

在去年11月举行的2016年万科广深区域媒体会上，王石首次透露，万科已从传统的房地产开发公司转型到技术公司，与互联网连接，"万科真正的业绩增长现在才开始，这不是时间问题了，万科已经确定"。

实际上，从2013年10月开始，郁亮便带领万科管理团队，接连拜访腾讯、阿里、小米等互联网公司，学习互联网思维。与信息化相关的战略措施，也在万科内部陆续开展。

道路长且阻。允许混乱的三年期限将至。在失控到格局重构之间，万科亦将步入"郁亮时代"。

"今天，我把接力棒交给郁亮带领下的团队，我相信这是最好的时候。他们更年轻，但已充分成熟。我对他们完全放心，也充满期待。"

（原文刊发于《时代周报》2017年6月27日第446期）

"超人"终谢幕

文／蔡 颖

2018年3月16日下午16时36分，90岁的李嘉诚退休了，在他勤奋工作了

75年之后。

在这一刻，长江和记实业有限公司及长江实业集团有限公司举行业绩发布会，曾经的华人首富李嘉诚满面笑容地走向职业生涯中告别的舞台，步子稳健有力，没有任何搀扶。

在聚光灯下，李嘉诚宣布退休以及长子李泽钜将接任长和董事会主席的消息。随后长和及长实集团港股正式发布主席及执行董事退任的公告。至此，历时多年的退休传闻终于尘埃落定。

这位商业巨子的职业生涯一目了然：15岁独立谋生，做过茶楼伙计、公司学徒、五金店推销员。1950年，也就是李嘉诚22岁时创业，30岁进入地产行业，其后生意越做越大，直至成为华人首富。从白手起家到退休，李嘉诚用超过半个世纪的时间，打造了一个市值万亿的商业帝国。

"回望过去，非常感谢这一生有这样子的福分，创立了长江集团，为股东创造价值，这是我最大的光荣。日后我会做集团的资深顾问，同时还会披上我新的战衣，投入到基金会的工作，特别是医疗和教育。衷心感谢大家多年的支持。"李嘉诚如此感慨自己的商业生涯。

此次宣布退休，李嘉诚已经准备多年，现场呈现出水到渠成的平静交接画面。早在2012年，李嘉诚将三分之二家族信托分配给李泽钜，其名下资产超过2900亿港元，李泽钜一跃成为香港新首富。

交银国际研究部联席董事刘雅瀚亦表示，李嘉诚退休对长和系未来业务经营影响不大，更重要的是李泽钜加入公司多年，主动参与各项业务，过去他主持分析员会议时都讲得头头是道，相信他出任主席后，长和系公司估值不会出现管理层折让。

李嘉诚的退休恰逢香港经济需要转型时，在新经济时代下，这个庞大的商业帝国迎来新的掌舵人，一直低调潜伏在父亲光环下的李泽钜能否延续荣光创造新的商界传奇？长和系这艘巨舰未来又将驶向何方？

◢ 新掌舵者李泽钜

同弟弟李泽楷频频登上娱乐头条相比，李泽钜要低调得多，在网上相关的新闻更是少得可怜。同李泽楷我行我素、桀骜不驯的性格截然不同，李泽钜更多地继承了父亲沉稳、低调、务实的秉性。显然，对于一个已经成熟的商业帝国而言，"稳定"更为重要。

似乎从一开始就被当成家族产业的接班人来培养，身为长子的李泽钜有着与生俱来的家族使命感和责任感。还未到十岁的时候，李泽钜便同弟弟一起出席董事会议，接受商业启蒙教育。

17岁时，李泽钜前往美国斯坦福求学，遵照父亲安排选了土木工程专业，之后又攻读了结构工程硕士学位。众所周知，长江实业是房地产业起家的，从专业选择来看，李泽钜已将自己的未来同家族事业紧密联系起来。

21岁，李泽钜正式加入长和集团，从基层岗位做起，学习经商之道。经李泽钜亲手运作的资本项目不胜枚举，而长江基建则是其经典作品。1996年，李泽钜负责分拆长江基建上市，获得超额认购25倍的功绩。

李泽钜多年来稳扎稳打，商业上的表现日臻成熟，用了10年的时间，将家族的资产放大了10倍，并在2003年，被《时代》杂志评为年度全球商界最具影响力人物之一。

谈到如何做生意，李泽钜的经验是不断学习。在获得加拿大西安大略大学授予的荣誉法学博士学位时候，李泽钜分享了其经商之道："我喜欢《论语》的'三人行，必有我师焉。择其善者而从之，其不善者而改之'。从其他人身上学习，这是一个永不停止的学习过程。"

长实集团前董事局副主席麦理思曾这样评价李泽钜：谦虚好学，一点都不像世界级富豪的公子。

李泽钜的接班人潜力还体现在1996年被绑架事件上。事发第二天，李泽钜便泰然自若地出现在公司中，仿佛一切都未曾发生过，从此行事更加低调稳重。如此强大的内心世界足以支撑其成为集团的掌舵者。

在婚姻家庭上，李泽钜也跟父亲一脉相承，从未有任何负面消息见诸报端。2013年4月在接受香港总商会下属的《工商月刊》专访时李泽钜说："我有四名子女，我们一家与我父亲同住，这个传统中国大家庭的模式，让我们可以彼此分享黄金时间。"

李泽钜太太王富信也曾对媒体公开表示："太太顺从老公，老公尊重妻子，这就是我同李泽钜的关系。"

航行中的商业帝国

目前，长江和记实业集团主要有五大业务领域，分别是电讯业务、零售业务、基建业务、港口业务和能源业务，业务范围遍及世界多个地区。根据3月6日公布的财报显示，截至去年12月底，这五大板块的息税前利润（EBIT）占比分别为12%、18%、35%、4%、26%。

近几年李家不断抛售内地和香港的产业，据不完全统计，从2013年开始，李嘉诚家族卖掉的内地、香港资产约1761.53亿港元。

针对撤资内地的说法，李嘉诚在发布会现场再次"申冤"，并表示地产卖出去是非常正常的，会有更好的投资。过去两三年在香港扩建了两三家酒店，还购买了商场。同时在南海也有了400亿元的项目，项目规模还会加大。

另一方面，李氏帝国海外资产稳定增长，开启多元化经营之路。早在20世纪80年代中期，李嘉诚便斥资32亿港元收购加拿大赫斯基石油公司52%的股权。

自2000年进入长和系核心管理层之后，李泽钜便积极拓展海外市场。2010年在美国入股第三大天然气公司。2013年08月，李泽钜斥资77.53亿港元收购了英国天然气供应商WWU，控制英国天然气近三成市场。2017年以400多亿港元收购澳洲能源公用事业公司DUET GROUP。

从2000年至今斥资超过2000亿港元海外收购了11项英国、加拿大和澳大利亚等国的基建项目，涉及电力、水务、天然气供应、物业管理等业务资产。

我们可以清楚地勾勒出李家资产的投资路径，可以简单概括为：重心加速向西，有业内人士分析称，这或许与李泽钜自身经历相关，其毕业于美国斯坦福大学，对西方社会了解较多，所以更加偏爱投资海外的资产。

当然，随着实体经济日渐式微以及互联网科技的蓬勃发展，李嘉诚家族也凭借敏锐的商业嗅觉开展了诸多科技投资。早在2000年，李嘉诚就开始关注科技领域。直到现在，李嘉诚已经投资了近60多个科技项目。

除了全世界第一大社交网络Facebook之外，李嘉诚还投资了很多科技股，包括当年未成名的科技公司、设计技术、网站和手机应用，例如语音软件Siri、音乐软件Spotify等。

2017年7月，"长江实业地产有限公司"改名为"长江实业集团有限公司"，直接去掉了其中的"地产"二字，这一做法引发媒体对于集团未来将要去地产化业务的猜想。

李泽钜强调并不会离开地产本业，日后长实在业务发展上，会视乎回报率以决定投资在地产项目或是其他业务，若是非地产项目回报率较地产项目为高，自然会多参与非地产项目。

李泽钜的接棒，究竟会给李氏家族的产业和投资布局带来哪些新变化？

李泽钜曾在去年打趣地说道："一个人吃饭只吃一种食物，不吃其他的，这样就会偏食，自然就营养不良。"16日的发布会上，他也表示，物业永远是系内其中一个主业，但这个主业有时可以多做，有时可以少做，资源在手上，有选择就可以灵活一点。这似乎可以映射出未来长实集团的发展趋势。

据港媒透露，李泽钜其后出席分析员会议时重申，希望公司未来发展更像新经济公司。

而担任长和系顾问达15年的高盛投资银行部董事总经理Raghav Maliah表示，集团未来在李泽钜的领导下，会继续发展非凡及创新的业务。

长实集团发文称，预料在未来一年，将进一步巩固集团固定收入基础，如无特别意外，其所带来的新增固定收益将可以抵销因土地发展收益减少之影响，提供进退自如之弹性，充分体现集团发展中不忘稳健的基本政策，同时建立关键性策略平台，为集团迈向另一台阶奠定有利基础。

新舵手李泽钜，将带来长和系的新故事。

（原文刊发于《时代周报》2018年3月20日第484期）

第五章

建言

十九大过后，中央为房地产行业未来的发展指明了方向。十九大报告提出，"必须把发展经济的着力点放在实体经济上，把提高供给体系质量作为主攻方向，显著增强我国经济质量优势"。"坚持房子是用来住的、不是用来炒的定位，加快建立多主体供给、多渠道保障、租购并举的住房制度，让全体人民住有所居。"

在快速发展的中国经济中，房地产行业举足轻重，城镇化发展带来了巨大的改变，同时，作为民生产业，让房地产回归居住属性，有利于社会保障。建立房地产长效机制有利于解决房地产现存的矛盾和问题，特别是解决一些深层次的矛盾和问题，有利于抑制房地产泡沫，防止出现大起大落，实现房地产长期稳定健康发展。

如何建立起长效机制？怎样的长效机制能让住房回归居住属性？并没有固定的方程式。

调控

> 尽管2018年前几个月的房价调控政策一轮猛过一轮,多个城市的相关负责人被约谈,但多个城市的房价仍然出现快速上涨。一方面是治标不治本的调控政策,另一方面是越来越浓厚的买房热情,短期内的房价抑制可能会带来房价更快的上涨,土地财政的局面仍然未有改变。但对于地方政府而言,土地财政是立竿见影的财政收入与经济发展来源。但究其本身,是非常复杂的问题,调控房价并不难,调控房价走势不易。

土地财政面临巨大变革

文/冯 科

2008年9月18日,总面积超过23万平方米,位于广州市花都区风神大道南的两块商品住宅用地,因无人竞价,最终流拍。而在一年前,经过114轮激烈竞价,香港嘉华(中国)投资有限公司才以2.06亿元获得了花都区建设北路一幅住宅用地。相隔一年,两次土地拍卖遭遇截然不同的结果,着实让许多人唏嘘不已。

土地市场今非昔比,国土资源部土地宏观调控课题组撰写的《2008年上半年土地市场运行的经济分析报告》指出，今年上半年全国土地供应总量同比减少25.27%。但在供应量减少的同时，供应的土地并未如期成交。

据国土资源部下属全国地价监测中心的统计，今年上半年，全国流标、流拍的土地达到出让总数的10%。截至今年4月底的统计数据显示，自去年10月后的半年内，全国范围内的土地流拍数量不过40幅。直至今年9月，全国各城市的土地流拍数量呈激增态势。

20个大中城市至今已有超过120幅土地流拍、流标或未成交。然而，蔓延全国的已远不止于土地市场的低迷，一些地方政府的土地财政收入也开始剧减。

自2004年到2007年，土地出让金逐年增加，土地出让金占地方财政收入比一直居高不下，尤其是2007年，土地财政平均占到地方财政的40%以上。

财政收入锐减最大的原因就是今年土地出让的低迷。上海、北京这类一线城市从早些年开始已经逐渐减少财政收入中土地出让金的比例，但二、三线城市由于对土地出让金的依赖性强，压力要更大。但是土地财政锐减为地方政府带来的一系列压力仍远未结束。土地市场严重低迷，已经影响到了地方政府的财政收入。

按照现行政策，各地土地招拍挂收入的10%或15%将用于保障性住房建设。土地收入缩减带来的地方财政收入减少，就意味着基础设施建设以及经济适用房、廉租房等保障性住房的建设存在困难，地方政府将面临经济和社会的双重压力。不仅如此，地方银行也将承担极大的风险。土地一级开发市场上的投资大多是占用银行资金，如今土地市场市况不佳，资金回收期因此被无限期拉长，由此而引发的金融风险也会被放大。

其实包括地方政府在内，都早已意识到土地财政的不可持续性。目前整个经济形势和土地市场的不佳表现更向政府敲响警钟，土地收益分配的改革势在必行。

改革的方式有，中央也参与到土地出让金的分配当中来，这样就从制度上减少了地方政府运营城市、卖光土地的冲动。地方财政收益的不足，可以通过分税制改革来弥补。中央在参与土地收益分配后，相应地要提高地方政府在企业所得税和增值税上面的留成比例，以平衡地方财政收支。

另外的建议是，通过开征物业税，改变原先土地出让金一次性收取的模式。

开征物业税首先要实行新老划断。就是对保有物业，还按照老办法实施，而对新划分的地块，把土地出让金由一次缴纳变为分摊在物业税当中，按年缴纳，房地产开发商只负责交纳其开发房屋期限内的土地出让金，剩余的土地出让金则由业主逐年交纳。土地出让金逐年收取为地方政府保证土地收益的持续性提供了选择之路，这样就极大地降低了地方政府卖光中国土地的冲动。

（原文刊发于《时代周报》2008年12月15日第4期，作者时任北京大学经济所副所长、房地产金融研究中心主任）

物业税并非调控房价灵丹妙药

文／匡贤明

当前，社会关注的焦点问题是物业税。是否开征，如何开征等成为争论的焦点。但从制度分析角度看，物业税还远没有走到技术细节上争论的层次。

❛ 巨大缺口推动房价上涨

提出物业税的根源，不外乎希望调控过高的房价，使房价快速上升的势头有所缓解。但能否达到这一目标，却需要逐条分析房价上涨的制度性因素。从现实情况看，房价上涨的制度性因素至少包括以下几个方面。

我国正处于城市化快速发展的时期，这客观上对土地提出了更大的需求。但由于城乡二元的土地制度，农村大量土地、尤其是宅基地难以进入城市开发。这使得有限的城市土地承担着越来越多的住房需求，住房价格由此上涨。

当前我国住房制度实质上仍然是典型的二元体制。一元是纯市场化供给，即通过市场解决住房问题；一元是半福利化供给。后者以各级政府机关、事业单位最为典型。二元住房体制客观上促进了住房的价格上升。一方面，半福利化的供给，使相当一部分人，能够以低于市场的价格获得福利，既造成社会不公，又使这部分节约出相应的购买力流向体制外。

同时，由于垄断的根深蒂固，住房已经成为资本品。任志强说，"当住房价格下降时，你还敢买吗？"其潜在的含义是，住房已经成为资本品，是用于保值增值的。庞大的社会资本只能在房地产和股市等有限的空间内投资。

此外，地方政府的财政结构，决定地方政府只能依赖于土地财政。

另一个引人注意的是，住房的供求结构。这是一个技术性的问题，只是以上问题的一个集中体现而已。这一点可以从我国的家庭数量和商品房存量比较得出。2008年我国家庭户均人口3.16人，折算城镇家庭共有1.9亿户；1997—2008年我国商品房销售总面积为39亿平方米，按当前我国户均60平方米算，住房存量为0.65亿套。这还是比较乐观的估计，不考虑一户多套的情况，也不考虑城市化进程带来的家庭数量的增多。供求缺口依然巨大。

物业税或推房价上涨

从上述因素看，开征物业税是有作用的，但把调控住房价格的大部分希望寄予物业税，即便不考虑许多专家提到的技术问题（如标准、征收方式等），恐怕也是不现实的。

一方面，开征物业税是极有必要的。从微观上说，它是扭转开发商盈利模式的一个切入口；从宏观上说，它是理顺中央地方财政关系的一个必要条件。物业税最大的作用在于理顺中央地方关系，使地方政府获得稳定的财源，降低地方政府对土地财政的依赖。有学者评论说，极有可能出现的情况是，地方政府既收到物业税，又收取土地出让金。这个担心是可以理解的，但开征物业税可以为降低地方政府对土地的依赖开辟新的途径。换言之，如果物业税不开征，地方政府不可能摆脱土地财政。

另一方面，对物业税的作用不能估计过高。物业税很难解决另外四个问题：城乡二元的土地制度；二元化的住房供给制度；国进民退式的垄断；供求结构的巨大反差。这几个问题影响下的住房价格上升，是很难通过物业税来调控的。很有可能出现的情况是，物业税开征后，住房价格反而上升。

结构性改革必不可少

对抑制房价过快上涨，不少专家从不同方面提出了相关的建议。系统性的结构改革必不可少。例如，一是推进土地制度改革。在保障18亿亩土地红线的基础上，更多地盘活农村宅基地，既增加农民的财产性收入，又增加城市可供开发的土地。二是进一步推进市场化改革，打破二元的住房供给体制。在增加廉租房、经济适用房的同时，杜绝所有福利性分房。三是打破垄断，使社会资本可投资的领域大大拓宽。需要改变当前流动性过度集中在局部领域的现象。

（原文刊发于《时代周报》2010年1月25日第62期，作者时任中国海南改革发展研究院经济研究所所长）

斩断货币流向地产的管道

文／尹中立

"两会"后三个央企在一天之内制造了三个地王，充分显示了央企在房价上涨过程中拥有的巨大能量。国资委随即"下令"主营业务非房地产的78家央企在规定的时间里退出房地产市场。央企以国家的信用作为背书去银行融资，再推高地价和房价，不仅没有尽到央企应尽的社会责任，反而与民争利，理当退出。但究其根源，导致房价上涨的原因，最关键的还是货币因素。

▌ 过量货币助推房价

1979年末中国的银行存款是1000亿元人民币，1989年末为1万亿元人民币，1999年刚刚超过10万亿元人民币，而2009年末超过60万亿元人民币，即货币数量每十年涨十倍，在过去的30年里货币增加了600倍，而GDP增长不到20倍。

虽然货币的增长有合理的成分，但过多的货币正通过住房按揭和开发贷款这两个渠道，源源不断进入房地产市场，并助推了房价泡沫。

2007年以来，政府调控房地产时，已经充分关注到按揭贷款这个"通道"，出台了相应的政策去堵这个通道。但另外一个"通道"——房地产开发贷款政府关注甚少。

房地产开发贷款是如何影响住房价格的呢？按照常理，住房开发贷款影响的是住房供给，此类贷款越多则住房供给越多，住房价格上涨压力越小，因此，要控制遏制住房价格的上涨就应该鼓励房地产开发贷款。但实际的传导逻辑却是这样的：开发贷款多刺激开发商高价拿地，刺激房价上涨。

2008年至2009年，我们已经清晰地看到了开发贷款对房价的影响和传导途径。2008年初之所以出现以万科为代表的房地产开发企业大幅度降价促销行为，主要原因是这些企业存货多、资金周转出现问题。自2008年11月份中央开始实施适度宽松的货币政策以来，房地产开发商的资金紧张情况很快得到了缓解，使不少大型开发商捂盘惜售并高价拿地。

严控开发商贷款

这里需要注意的是，在房地产市场，开发商是主动定价者，买房者是价格的被动接受者，当开发商有了信贷资金的支持，在市场定价过程中更加主动，住房价格必然上升。

考察房地产开发贷款可以给我们找到银行资金流向地产业的另外一个"绿色通道"。

商业银行为控制风险，对房地产开发贷款项目需要一定比例资本金，于是，上市公司和央企或地方国企成为银行青睐的对象。

首先看上市公司。房地产类的上市公司目前有100多家，房地产行业第一阵营的公司几乎都是上市公司，这一群体对房地产价格影响巨大。

2005年至2009年，随着房价不断上涨，房地产类上市公司盈利大幅度增加，于是股价也大幅度上涨，上市公司可以以较高的价格从资本市场融资，再配合银行信贷资金从土地市场高价拿地，刺激房价上涨。政府可以严格控制房地产类上市公司的再融资行为，上市公司没有资本市场的廉价的资本补充，就无法获得商业银行的信贷资金支持，上述循环就难以演绎了。

其次，央企不仅有雄厚资本，而且有国家信用支撑，它们获得银行信贷比任何公司都容易，是银行信贷资金进入房地产业的重要渠道。要遏制房价上涨就必须让所有央企从房地产市场撤出。

在央企队伍里，保险资金也是需要关注的，保险公司的保费收入和可运作资金增长速度非常快，未来将是影响房地产价格的主力之一，政府应该慎重开放险资进入不动产市场的大门。从台湾地区20年前控制房地产泡沫的经验和教训来看，限制险资进入不动产是十分必要的。而我们有关部门却逆潮流而动，正在开放保险资金进入不动产市场。决策者需高度关注此事。

从银行贷款的第三类公司是地方国企，这其中很多是所谓的地方政府的"融资平台"。

总之，只要政府下决心控制银行资金通向地产的通道，货币就不会在房地产领域泛滥。

（原文刊发于《时代周报》2010年4月5日第72期，作者时任中国社会科学院金融研究所研究员）

机制

> 仅仅是2017年，全国范围内便出台了200多次房地产调控政策，2018年上半年，全国各地发布的房地产调控政策已经多达125次，房地产调控又站到一个高度紧张的博弈期。
>
> 2018年被看作是长效机制的建设年，而如何建立房地产行业的长效机制？一些专家观点认为，2018年土地、金融、税收等方面的调整，租赁市场的破局，将是决定房地产长效机制建立的关键所在。

陈淮：长效机制并非专调房价的机制

文 / 赵　卓

一面是北上广地王频出、多地房价快速上涨，一面是空城鬼城不断，资源被大量浪费；一面是房地产行业四强企业拿走全国近一成的市场份额，一面是中小房企在转行、破产中艰难前行。2013年，房地产市场注定迷雾重重。

另有消息指出，住建部等部门将赴成都等地展开新一轮调研活动，目的在于收集相关信息，总结各地调控楼市的经验教训，在十八届三中全会后房地产调控升级预期可能将趋浓，酝酿已久的房地产调控长效机制将逐渐浮出水面。

明年中国的宏观经济走向将会如何？房地产调控长效机制将会起到怎样的作用？以限购为主的行政手段是否会因此取消？为此，时代周报记者专访了中国社会科学院研究生院城乡建设经济系主任、住房和城乡建设部政策研究中心原主任陈淮。他认为，不能以为长效机制就是调节房价的机制，是随时让房价符合主观意愿的机制，要走出对于长效机制的四种不正确认识。

▌ 长效机制并无标准答案

时代周报：如何看待明年及未来三年中国经济的走向？

陈淮：7月30日中央政治局会议指出，当前"国内外发展环境十分复杂"。判断2014及此后一个中期范围内中国经济的走向，不是一两句话能够说清的。

简单地说，中国已经走过了工业化初中期，生产手段的大规模更新有了非常明显的进步；中国的城镇化帷幕刚刚拉开。因此，就经济系统自身因素说，中国不缺内生的经济增长动力。这和正处于深度调整的发达国家经济体不同。欧美最大的问题就在于找不到内生的经济增长动力。

但潜在的经济增长动力能否变为现实，取决于三个重要因素。一是，向市场经济的改革能否迈出实质性步伐，例如大力发展民营经济、小微企业，打破垄断，抑制政府权力和发挥市场机制的资源配置作用。二是，新一轮国际竞争中能否取得主动权，例如在国际货币定价权上，在大国重新瓜分资源利益上，在高科技成果的普及应用上占据主导地位。三是，争取一个内部稳定、外部和平的发展环境。

时代周报：如何理解房地产调控长效机制？

陈淮：目前长效机制是个诸说纷纭的话题，并无一个标准答案。

我理解的长期机制，一是充分发挥市场机制资源配置的主导作用，让供求关系形成自我调节能力的机制，让优胜劣汰充分实现的机制；二是不断促进社会公平，保障多元、多样、多层次的住房需求得到最大程度的满足，实现住有所居的机制；三是有利于及时调整多方面社会利益矛盾，让长远利益和眼前利益之间、局部利益和整体利益之间、城乡之间、穷富之间、政府和市场之间、中央和地方之间的矛盾关系不断趋于协调的机制；四是促进最新科学技术成果不断得到应用，节约资源、人和自然关系趋于和谐的机制。

我认为有四种认识是不正确的。一是认为长效机制就是找到一种不断强化的政府权力，形成一个政府指哪打哪的机制；二是以为长效机制就是调节房价的机制，是随时让房价符合主观意愿的机制；三是把长效机制当成"打土豪分田地"的机制，力图重建平均主义"大锅饭"的机制；四是指望形成一种不触动既得利益集团，不打破垄断，让底层群众来承担代价的机制。

❝ 城市群战略不能解决高房价问题

时代周报：新型城镇化被社会各界寄望于拉动未来几十年中国经济增长。你认为中国新型城镇化建设应该"新"在哪里？

陈淮：新在数亿农民工的市民化上，新在形成合理城市结构，实现大中小城市的协调发展上，新在城市竞争力、综合承载力向国际先进水平趋近上，新在人民群众日益成为城市资产的所有者上。

时代周报：新一轮城镇化规划中，城市群作为未来城镇化发展的主体形态被赋予更多的关注，太原、宁夏沿黄、江淮、北部湾等10个区域都被列入重点发展的城市群，你认为这种城市群的打造，有助于解决一线城市高房价的问题吗？

陈淮：城市群是城市化发展到较高阶段的必然产物，也是实现资源优化配置、提高城市承载力、集约利用资源和基础设施的重要途径。因为中国最大的国情就是发展不平衡，城市群战略也是一种因地制宜、对中国特色城镇化之路的一种探索。

近年来，人为划定的城市群非常多。我不认为这些人为划定的区域合作战略有多大成功的机会。甚至可以说，大部分都只有概念意义。和城市群一样的还有一个同城化战略，我也不很看好。20世纪80年代我们造就了珠三角，20世纪90年代造就了长三角。每10年中国造就一个经济增长极，再有二三十年，中国已经很了不起了。

调整城市结构，缩小二、三线城市和一线城市的发展差距，肯定有助于缓解沿海少数特大城市人口过度涌入的压力。但把城市群战略和解决高房价问题联系在一起，这是一种牵强附会。

█ 限购在部分城市将长期存在

时代周报：王石曾多次提到"中国楼市存在泡沫，非常危险"，如何看待？

陈淮：抱歉，我从不评论个人说的话。

什么是"泡沫"？恐怕天天炒作此说的媒体自己也没有弄清。一些城市供不应求，房价上涨，媒体说是"泡沫"；另一些城市供大于求，房子卖不掉，媒体称之为"鬼城"，也说是"泡沫"。到底供大于求是"泡沫"，还是供不应求是"泡沫"呢？

"泡沫"这个经济学概念不是简单能说明白的。但可以说，没有不含"泡沫"的资产价格。因为资产价格不取决于形成这个资产要花多少钱，而是取决于这个资产未来能挣多少钱。举个简单例子，一亩能打500斤粮食的肥地和一亩只能打100斤粮食的薄地，它们的价格显然不会一样。为什么？因为这两块地作为资产，它们的产出效率不一样。一方面在城市中投入大量钱挖地铁、改善城市居住环境，另一方面把房价上涨说成"泡沫"，这恐怕难以自圆其说。

中国的楼市"泡沫"大不大我不敢、也不想妄言；但中国楼市中"泡沫"的概念外延，肯定是被很多半懂不懂、似懂非懂、不懂装懂的声音过分夸大了。

时代周报：在当前一、二线城市的楼市仍继续呈现"高温"状态，但是部分三线城市经济下行压力增大，房地产仍较为低迷，你认为这些非省会城市限购有可能松绑吗？

陈淮：我理解，限购的目的有两个，一是在供求严重失衡时抑制过度需求，减轻供求失衡的程度；如果没有这种供不应求的严重失衡，限购自然也就没有了意义。二是抑制人口向少数特大城市、沿海城市过度涌入。这后一个目的所决定的限购必要性，在部分城市将长期存在。

时代周报：很多专家认为，2013年开始的未来十年，包括旅游地产等在内的产业地产将迎来黄金时期，你怎么评价产业地产的发展？

陈淮：未来多元、多样、多层次的地产开发都仍处于黄金期。

目前旅游地产，或者说产业地产的发展，和黄金期与否没有必然联系。很多炒作旅游地产的，其实核心问题是想规避现行的土地政策。

旅游业发展需要四个方面：一是旅游资源，就是去了看什么干什么的依据；二是旅游产业，如旅行社及其旅行产品；三是旅游服务设施，也就是人们说的"硬件"；四是客源。其中，和旅游地产相关的只是第三方面。现在很多开发商并不真正关心其产品在旅游业发展中能够发挥什么职能，而只关心以一个好价钱把其产品卖出去。这对旅游产业发展未必有利。

（原文刊发于《时代周报》2013年10月18日第255期）

王珏林：房产调控的精髓是税收和法治

文/赵 卓

中国指数研究院最新数据显示，11月全国百城住宅环比上涨0.68%，这已经是房价连续第18个月环比上涨，其中北京等十大城市住宅均价为18748元/平方米，环比上涨1.16%。中国房地产市场究竟有没有泡沫存在？房地产长效机制何时才会出台？为此时代周报记者专访了住建部政策研究中心原副主任王珏林。

合理配置区域资源才能解决高房价

时代周报：王石先生几次用泡沫来形容中国的房地产市场，理由之一是现在部分地区房价收入比已经高得离谱，你认为中国楼市泡沫大吗？

王珏林： 一线城市的房价是高，但究竟有没有泡沫，要看咱们对于泡沫的解释是什么？要是从价格成本认定的话，房价肯定是有泡沫，因为这个房子不值那么多钱，不管加上它的教育价值和它的各种附加价值，再加成本也不可能这么高；但是从一线城市房地产的实际需求和购买力上看，它又没有泡沫。

或者说这种泡沫存在却不一定会破灭，破灭是什么？是由于我们投资比例过高，我们把房价给炒上云的，像梯子一样越弄越高，一旦一撤梯子就咔嚓一下全完了，但是现在这个梯子还没上几个呢。现在北京的购房政策那么严格，还依然有那么大的刚性需求。这个说明几点：一是北京对于这些刚性需求还是比较大的，二是我们在三个市场管理和规范上面还有问题，发展得也不够完善。如果我们的租赁市场、我们的二手房（房源、代理、租房）市场、我们的新房市场都能合理地发展，也不会有这么大的压力。

时代周报： 目前北京市内城二手房的成交价格都已经达到每平方米4万元，房价还有下调可能吗？

王珏林： 究其原因，我们现在的城市建设方式也值得探讨了，老城区的二手房为什么这么贵？以前人们买房子是求新求大，所以自然住得就远了，但是各方面的不便利开始显现，人们在现实面前，只能是求近求小求方便，所以现在北京市场上交易的户型大部分都是五六十平方米的小房子，但即使只有五六十平方米都价值不菲啊，但是为了工作、交通、教育、医疗等问题，只好如此。所以从整体上来说，一线城市的高房价还是我们在城市化过程中会遇到的必然的问题。

这个必然的问题从外表上看，是整个区域布局的不均衡造成的，我们教育不均衡、我们就业不均衡、我们医疗不均衡、我们消费也不均衡，大家都会往大城市去，往大城市的中心去，而城市不可能因为住房的问题而无限扩大，这是一个复杂的系统问题。

所以我们还是应当从各方面分解城市压力，如果昌平、怀柔、平谷这些卫星城建设得比北京城区更好就业、教育资源和医疗条件也够，环境又比大城市还好，谁还需要到北京市区呢？如果其他城市也是如此，谁还需要来北京呢？所以我们应当从区域产业布局上、从市政的配套设施着手，把交通、教育、就业等问题解决好，才能真正解决大城市病的问题。

将调控纳入法制化和市场化轨道

时代周报：过去十年，房地产市场快速发展，目前各方都对房地产长效机制充满期待，对此有何看法？

王珏林：这个不是那么简单的事情，长效机制既是为了改变我们现在的短期管理办法，出台这个东西后解决的时间要长一些，即使两三年不调不变，市场也能稳定。

最关键的是，你不管用什么手段，用什么办法，都能在这个市场充分地表现它。但实际上现在要解决这个问题，出台长效机制，确实有一定难度，还是需要一些时间，但是这个东西早晚要决定。

这些年出台了很多调控政策，该用的办法里面已经全有了，这些政策实施起来，也能解决很多问题，但会碰到更复杂的问题，我们还有各种更加复杂的利益链，解决问题的办法不是没有，难就难在各个利益链条都在为自己争夺利益。比如消费贷款这一块，我们只给一套房，对于第二套严格一些，市场马上就平静下去了。再比如说开发企业，我们只给那些有针对性的、有项目的、正在开发建设的企业放贷款，这也能解决问题，但现实并非如此。

现在的房价涨幅主要城市已经冲击两位数以上了，这个是非常可怕的，而且这还是普计数据，和一些实际上的楼盘还是有一些差距。

所以说要解决这些，还要推进改革，从各个方面来推进，还是我们的市场不成熟、还是我们的管理不到位、还是我们住房的分配没有解决好。

我们的政府要解决这些问题，肯定要解决一个长效的机制，但是说要用手段的话，可能我们会通过税收来调整，但是还是要有一个比较好的中国的住房分配制度，因为我们还是存在多种住房形态，可能大家对政府的依赖要强一些，我们要深入地研究思考，多从制度和法制上想办法。

时代周报： 长效机制中可能最先出来的会不会是房产税？

王珏林： 房产税是法制管理的一个方向，市场管理的一个手段，房产税并不是单纯地为了平抑房价，如果就是为了收钱，那样的话这个事情又失败了。市场发展如何管理，就是两种方法，一种是按市场的规则管理，也就是靠法治；二是在市场不成熟的时候，就要加强法制建设，用行政来管理，我们现在正处于这种阶段，因为我们还没有走向一个完全发展到法治管理市场的程度，而且市场也不成熟。

我们的土地资源是不能自由配置，税收主要调整供求关系，但是可能在求的方面调整得比较多，供应方面的不能自由调整之后，那么显示出求的方面就更加重要。

房产税是一个方向性问题，不会马上实施，目前住建部还在地方调研，下一步会找一些城市扩大试点，逐步推进。目前的重点是建立统一的不动产登记制度，这个可以解决异地购房的问题。

时代周报： 最近也有专家提出征收遗产税，你怎么看待遗产税的征收？

王珏林： 对于遗产税的话就需要比较慎重，因为这个涉及每个家庭、每个人，如果家里就一套房子，但是没有什么存款，你让人家怎么交几十万的税金？所以我认为无论房产税还是遗产税，短期内都不会开征，但是通过税收等市场和法律手段调节房地产市场，则是方向和未来，也是房地产长效机制的精髓。

（原文刊发于《时代周报》2013年12月13日第263期）

许小年：房地产不可能支撑中国经济

文／杨凯奇

经济下行压力大，产业转型升级日益迫切。政府先后出台多项政策"去产能、去库存、去杠杆"，引导扶持实体经济发展。但近段时间全国地王频出，资金持续流入房地产领域，与振兴实体经济的目标相背离。在这样矛盾的局面下，应如何看待政府"三去"政策、产业政策、财政政策？

9月下旬，著名经济学家、中欧国际工商学院教授许小年接受时代周报记者采访，在谈及房地产的持续高烧，他忧心忡忡："内部的风险超越临界点的时候，就有可能出现债务危机，和资本市场的大幅度调整"。

时代周报：近年经济下行压力大，今年一季度的经济指标有所好转，下行压力似乎有所减轻，你对当前经济形势，如何判断？

许小年：今年前几个月经济暂时好转，这是实施传统凯恩斯主义政策的结果，增加货币、信贷投放，政府上马投资项目，经济似乎企稳，但这只是一种无法持续的表象。

5月份，有关部门发布权威讲话，扩张性政策的势头得到抑制，但是从六七月份到八月份的数据来看，讲话的精神并没有得到认真的落实。

时代周报：近段时间，全国各地地王频出。人们预估楼价会继续疯涨，纷纷入市。房地产的盛宴会把中国社会带向何方呢？

许小年：货币和信贷的投放，大多进入了房地产市场，实体经济依然不景气。从数据上看，7月份新增贷款4000多亿元人民币，几乎全都流向了房地产市场；8月份新增贷款9000亿元，其中6700亿元是住房贷款。信贷如此集中在房地产，这是前所未有的，需要引起警惕。房地产一个行业不可能支撑中国经济这么大的体量，而且房价不断上涨，使得市场的风险越来越高。

如果不能在"三去"（去产能、去杠杆、去库存）上取得显著的进展，中国经济内部风险积累越夹越多，对经济的长远发展十分不利。风险一旦超过临界点，资产价格大幅度调整，有可能引发企业和地方政府的债务危机。

目前市场上流行一种错误观点，认为中国的居民部门负债率并不高，可以在企业和政府去杠杆的同时，增加居民负债。如果对比世界上主要的经济体，中国居民部门的负债确实不算高，但是这种横向比较没有太大的参考意义，因为中国的社会保障相对落后，居民部门不得不通过私人储蓄以弥补公共保障的不足，居民储蓄率与福利国家是没有办法对比的。

时代周报：世界经济疲软，不少国家施行超低利率政策、负利率政策，但是收效甚微。这一货币政策对中国有何启示呢？

许小年：世界各国的中央银行进行发钞票的竞赛，实行零利率甚至负利率的政策，荒唐到了不着边的地步，但是印钞票并没有使得这些国家摆脱萧条。希腊的债务危机反复不断地爆发，意大利最近又遭遇银行危机。事实证明，去杠杆是一项艰巨的任务，仅靠中央银行发行货币，解决不了问题，需要政府、家庭和企业部门承受短期阵痛，认认真真地削减债务，核销坏账。低利率只能减轻一点还款负担，不能解决债务的存量问题。

去产能、去杠杆、去库存的政策是一个整体，现实中看到的是加杠杆，银行贷款和社会融资总量在继续上升。加杠杆的结果是推高过剩产品和资产的价格，特别值得注意的是推高房地产价格，政策性扭曲的价格给企业送去错误的信号，诱寻企业增加产能，增加供应，结果是更多的过剩产能和更多的库存，用加杠杆的方法不可能实现去产能和去库存的目标。

房地产市场就是一个突出的案例，在高房价的引导下，开发商看好未来的销售，频频拍出地王，这意味着未来供应的增加和存货的增加。

时代周报：近日，林毅夫、张维迎两位经济学家就"产业政策"争论了起来。你对"产业政策"这个争论焦点有何观察？

许小年：产业政策建立在一个假设的基础之上：政府官员能够比企业、企业家更好地识别未来的新兴技术和新兴产业。在这样的假设前提下，政府调动资源，投入到这些新兴产业中去，加速它们的发展，带动其他产业升级和经济的增长。但是我们知道，这只是一个美好的假设，这个假设能否成立取决于三个条件。

第一个条件是政府官员比企业和企业家拥有更多的信息；第二个条件是官员比企业家具有更好的判断能力；第三个条件是官员比企业家有着更强的激励，扶持和发展新兴产业的激励。很遗憾，这三个条件在现实中都很难成立。

新技术和新产品的开发是一个不断试错的过程，企业和企业家在市场的实践中，经过多次反复的尝试，才找到或者感觉到未来的技术和产品方向。

第三个前提条件是激励，激励包括正向的和负向的。正向激励就是创新成功所带来的收益，新产品、新技术的开发一旦成功，企业的销售和利润大幅度增长，企业家积累个人财富，因此他有非常强的激励投入创新活动，识别未来有潜力的技术和产品；所谓负向激励就是承担失败的后果，企业研发创新失败，不仅研发的投资和人力资源的投入无法回收，而且有可能因为错失机会，企业经济发生困难甚至倒闭。比如说诺基亚在智能手机的研发上慢了一步，曾经销售额世界第一的企业因此而倒闭。换句话讲，企业家每天都处于必须创新的压力下，创新事关企业的生死。

（原文刊发于《时代周报》2016年9月20日第406期）